Arquitetura contemporânea e automação: prática e reflexão

Organizadores
Gabriela Celani
Maycon Sedrez

Editor
João Gaspar

São Paulo
2018
1ª Edição
ProBooks

Celani, Gabriela.

Arquitetura contemporânea e automação: prática e reflexão/
Gabriela Celani e Maycon Sedrez - São Paulo: ProBooks, 2018.

256 p.: il. 21,5 cm.

ISBN: 978-85-61453-56-5

1. Computação aplicada (Arquitetura). 2. Computação Gráfica.
3. Obra de referência. I. Sedrez, Maycon. II. Título.

CDD 22.ed. - 720.3

Índice para catálogo sistemático:
1. Computação Gráfica : Programas : Processamento de Dados
2. Computação aplicada (Arquitetura)
3. Obra de referência

Arquitetura contemporânea e automação: prática e reflexão

Organizadores
Gabriela Celani
Maycon Sedrez

Editor
João Gaspar

Capa
João Gaspar
Leonardo Reitano
Filipe M. de Campos (imagem)

Diagramação
Leonardo Reitano

Colaboração
Hingrid Silveira Soares
Lucas Gallo
Marina Altúzar

Versão ePub
Leonardo Reitano

A publicação deste livro teve o apoio da
Fundação de Amparo à Pesquisa do Estado de
São Paulo (FAPESP) processo nº 2016/25475-0

Agradecimentos

Gostaríamos de agradecer a todos os autores aqui reunidos, que contribuíram para a formação de um substancial corpo de conhecimento na área de design computacional no Brasil.

Ao colega e amigo David Sperling, por seu constante apoio ao nosso trabalho e inspirador texto do prefácio.

Ao nosso querido editor, João Gaspar, por sua dedicação e profissionalismo no preparo deste livro, bem como ao Abilio Guerra, editor da Vitruvius, que publicou algumas das entrevistas aqui reproduzidas e que gentilmente nos autorizou a republicá-las

À FAPESP, pelo constante apoio financeiro a todo o trabalho científico desenvolvido por nosso grupo de pesquisas no Laboratório de Automação e Prototipagem para Arquitetura e Construção (LAPAC), da Faculdade de Engenharia Civil, Arquitetura e Urbanismo da Unicamp.

Organizadores

Gabriela Celani

imagem por Bia Celani (2013)

É formada em Arquitetura e Urbanismo pela Universidade de São Paulo – USP (1989) e mestre em Arquitetura e Urbanismo pela mesma universidade (1997). É doutora em *Architecture: Design and Computation* pelo *Massachusetts Institute of Technology* – MIT (2002). É professora da Faculdade de Engenharia Civil, Arquitetura e Urbanismo da Universidade Estadual de Campinas – Unicamp e fundadora do LAPAC – Laboratório de Automação e Prototipagem para Arquitetura e Construção. Tem extenso trabalho de pesquisa em design generativo, prototipagem rápida, fabricação digital, digitalização 3D e automação do processo de projeto arquitetônico. É membro do Comitê Assessor da Sociedade Iberoamericana de Gráfica Digital – SIGraDi, e pertence ao comitê científico de várias conferências sobre CAAD, como eCAADe, CAADRIA e DCC, e de revistas como IJAC, Automation in Construction, AIEDAM e Design Studies.

Maycon Sedrez

imagem por Maycon Sedrez (2017)

É formado em Arquitetura e Urbanismo pela Universidade Regional de Blumenau – FURB (2002) e mestre em Arquitetura e Urbanismo pela Universidade Federal de Santa Catarina – UFSC (2009). É doutor em Arquitetura, Tecnologia e Cidade pela Universidade Estadual de Campinas – Unicamp (2016).
Atualmente é professor assistente e pesquisador na *Braunschweig University of Technology* (Alemanha), com foco em Urbanismo Computacional no Instituto de Urbanismo Sustentável (ISU).

Prefácio

David Sperling

A organização deste livro celebra os dez anos de existência do LAPAC (Laboratório de Automação e Prototipagem para Arquitetura e Construção) da Unicamp, concebido pela professora Gabriela Celani e gerido por ela e sua extensa equipe de orientandos, representada na co-organização desta publicação por Maycon Sedrez. Não devemos entender, no entanto, que a palavra laboratório deva ser interpretada como se desse significado, meramente, às instalações físicas nas quais se desenvolvem atividades de pesquisa, o que, em se tratando do campo da arquitetura e do urbanismo no Brasil, não seria menor. Neste caso, trata-se de algo maior, da junção fecunda e retroalimentadora entre labor, conhecimento e experimentação em seu melhor modo de conexão: a articulação entre teoria e prática com o objetivo de tensionar o conhecimento para além do perímetro do senso comum.

Se, historicamente, a articulação entre conceitos e técnicas constitui o desafio pelo qual a arquitetura se aproveita dos problemas que lhe são postos para atualizar a inteligência humana dirigida ao projeto e à construção dos espaços da vida, e que se reinstaura a cada ação projetiva e construtiva, há que se pensar sobre o que permanece e o que se altera diante da incorporação, neste jogo, de aparatos tecnológicos controlados por processos numéricos. Esta, talvez, seja a principal questão de fundo que vem movendo Celani, em meio ao cenário atual de apelo fácil ao novo e de elogio dos incrementos tecnológicos, por um lado, e por outro, frente à crítica mais feroz a qualquer desestabilização do *modus operandi* de um campo disciplinar assentado tradicionalmente.

No contexto deste livro, para além da eficiência do uso das tecnologias digitais de projeto e construção (em qualquer dos seus níveis, energético, estrutural, ambiental, espacial, formal, etc.) que ora se enfatiza, as pesquisas aqui reunidas se afirmam por partilharem um território comum, o das tecnologias de projeto, ou melhor, o do projeto de tecnologias para projetos. Em consonância com esta questão, o que se apresenta aqui não é a abstração de soluções projetuais sem arquitetos, resultantes de ações realizadas por computadores autônomos, mas a investigação de situações em que o pensar e o fazer arquitetura são potencializados por pares, arquitetos-aparatos tecnológicos.

De resto, há uma aposta em curso da qual partilham vários autores dedicados à arquitetura digital, a de que os arquitetos-aparatos tecnológicos vêm reduzindo significativamente algumas disjunções entre projeto e produção da arquitetura, automação e variabilidade, complexidade e precisão, assim como aproximando todos os termos entre si. É fato que as contradições inerentes às realidades dos sistemas produtivos não permitem sustentar a visão de um "*digital master builder*" - como vislumbrou, anos atrás, Branko Kolarevic - mas, por outro lado, é inegável que outras condições vêm se apresentando ao trabalho do arquiteto, e que abrem espaço para a invenção.

Tensionando esta condição estrutural, a partir da realidade do ensino de arquitetura no Brasil, da indústria da construção e do parque tecnológico brasileiros, Celani e Sedrez - munidos dos textos dos pesquisadores aqui arrolados - propõem que se abram interstícios para a invenção nesta mesma realidade, procurando reduzir a sua distância em relação a contextos de países estrangeiros.

O livro, estruturado em duas partes - a primeira, subsidiária de pesquisas orientadas por Celani acerca de conceitos, tecnologias e operacionalizações em processos de projeto de arquitetura, e a segunda, dedicada a captar aspectos do pensamento e da produção de arquitetos brasileiros e estrangeiros vinculados à arquitetura digital - articula dois preceitos caros aos organizadores: o desdobramento de teorias e tecnologias em casos práticos no ensino de projeto e o aprendizado possível a partir de contextos mais avançados, ambos almejando a ampliação do conhecimento na área.

Os textos apresentam aspectos-chave da relação entre arquitetura e automação em processo de projeto, enumerando uma variedade de tecnologias que residem sob os nomes: complexidade, design generativo, procedimentos algorítmicos, gramática da forma, geometria fractal, autômatos celulares, algoritmos evolutivos, controle com base em regras, geração automatizada de leiautes e fabricação digital. Em boa parte dos capítulos o leitor poderá encontrar o que denominei de "projeto de tecnologias para projetos", ou seja, a apresentação de procedimentos em situações projetuais (organização espacial e articulação formal, desenho de fachadas e leiautes de edifícios, análise de conforto ambiental, projeto de estruturas, desenho de unidades e de espaço público em conjuntos de habitação social, desenho urbano), que podem ser ajustados e testados em casos similares. Ao mesmo tempo em que apresentam a contemporaneidade dos conceitos, os quais talvez se mostrem um pouco herméticos para um iniciante na área, são um convite à sua exploração em profundidade.

O leitor perceberá que as relações entre arquitetura e automação vêm sendo cada vez mais suportadas por máquinas de controle numérico (computadores e equipamentos de fabricação digital) quanto mais os conceitos que as sustentam vêm sendo apropriados das ciências exatas (algoritmo, fractal, etc.), ciências naturais (complexidade, processos generativos, etc.), ciências humanas e artes (complexidade, performance, etc.).

A colocação em perspectiva das relações entre arquitetura e automação solicita que as dimensões tecnológicas da questão sejam, par-e-passo, acompanhadas de suas dimensões sociais e culturais. Kiel Moe (2006), em "*Automation takes command*", apontou quatro aspectos a serem considerados nesta direção: 1) toda tecnologia é social antes de ser técnica ou física; 2) quando uma tecnologia torna-se física, ela não é uma reserva benigna de soluções técnicas; ela produz seus próprios riscos, possui problemas constitutivos; 3) nenhuma tecnologia é nova; é processo/resultado ininterrupto e ubíquo. Ou seja, toda tecnologia tem um longo período de preparação social, cultural, técnica e prática; 4) toda tecnologia é indeterminada antes que seja situada dentro de um amplo contexto econômico, social e cultural que a pressupõe e a engendra. Pouco se saberá sobre as capacidades e culpabilidades de uma tecnologia se for estudada apenas em termos de performance na produção de edifícios.

Portanto, assumindo as posições de Moe, assumimos que a asserção feita por Cedric Price em 1966, em que afirma "a tecnologia é a resposta. Qual foi a pergunta?", poderia ser revista criticamente da seguinte forma: "politizar a tecnologia é a resposta. Qual foi a pergunta?", incorporando um convite que permanece sempre atual, feito por Laymert Garcia dos Santos (2003) em seu livro "Politizar as novas tecnologias". Assumir novas perspectivas para o ensino de projeto de arquitetura no Brasil apontando a necessidade, por um lado, da superação de preconceitos internos à disciplina e, por outro, de engajamento em um "desenvolvimento tecnológico e industrial intrínseco", como faz este livro, dialoga com parte da resposta. Cabe-nos, portanto, atentar para quais são, mesmo, as perguntas que vêm sendo feitas.

Referências

MOE, Kiel (2006). "Automation Takes Command". In: CHENG, Renee; TRIPENY, Patrick J. (eds.). **Getting Real**: Design Ethos Now. 94th Association of Collegiate Schools of Architecture Annual Conference, 2006, pp. 103-107. Disponível em: *http://apps.acsa-arch.org/resources/proceedings/uploads/streamfile.aspx?path=ACSA.AM.94&name=ACSA.AM.94.14.pdf*. Acesso em 20 de janeiro de 2018.

SANTOS, Laymert Garcia dos (2003). **Politizar as novas tecnologias**: o impacto sócio-técnico da informação digital e genética. São Paulo: Ed. 34.

Depoimento de uma egressa

Regiane Pupo

Na condição de egressa da Unicamp, após um doutorado e um pós-doutorado (com bolsas da FAPESP), ambos supervisionados pela professora Gabriela Celani, a Gabi, posso afirmar que o LAPAC faz parte da minha vida profissional, e de tantos outros alunos, de forma bastante enraizada, sendo até hoje a principal influência em minhas pesquisas relacionadas a fabricação digital. Foi em 2007 que a paixão pelas novas tecnologias de materialização em mim se instalou, durante meu doutorado, após ter a oportunidade de colaborar com o professor José Pinto Duarte, no Instituto Superior Técnico de Lisboa, nas atividades relacionadas à implementação do ISTAR (Laboratórios IST de Investigação em Arquitectura).

No retorno ao Brasil, naquele mesmo ano, o LAPAC iniciava seus trabalhos com uma impressora 3D (Z Printer 310 Plus, da Z Corp.) e uma cortadora a laser (X-660, da Universal Laser Systems). Como primeiro laboratório de fabricação digital para arquitetura do Brasil, o LAPAC tinha a responsabilidade de testar, replicar o aprendizado e difundir a nova tecnologia para outras universidades, bem como para diferentes áreas do conhecimento, como ensino, pesquisa e extensão. A partir desse momento o ensino de arquitetura no Brasil passava por transformações que mudariam os rumos da forma de se pensar, agir e projetar. Abriam-se oportunidades para o vislumbre da materialidade da forma real e acessível. Trazia experimentações e conceitos que, até então, ou não conhecíamos, ou eram praticamente impossíveis de serem alcançadas.

1
Parte da equipe do LAPAC em maio de 2013.

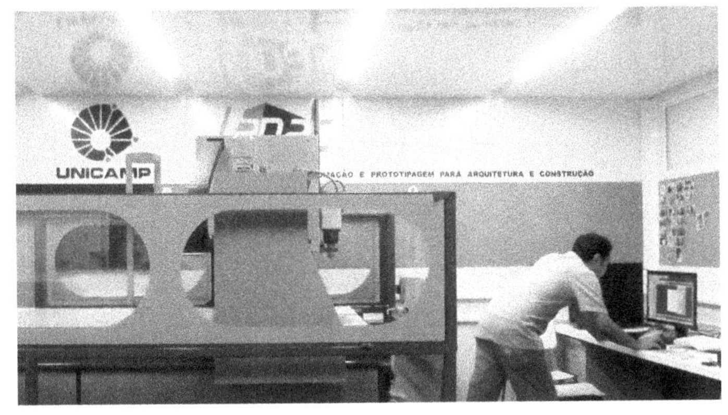

2
Testes com a CNC no LAPAC.

As pesquisas ali iniciadas estreitaram as distâncias entre universidades de todo o país e no exterior, em oportunidades únicas de intercâmbio e troca de ideias e conhecimento, de forma muito intensa. Recebemos delegações de professores e estudantes de arquitetura da Universidade Federal do Ceará, Universidade Federal de Pelotas, Universidade Federal do Mato Grosso do Sul, USP São Carlos, os “guris” da Universidade Federal do Rio Grande do Sul, dentre tantas outras, que nos honraram com a participação em palestras, *workshops* e cursos de capacitação.

Enquanto nossas atividades de repasse de tecnologia se desdobravam entre o LAPAC, os locais onde éramos convidados a palestrar e a apresentação de artigos em congressos, as pesquisas internas do laboratório se mantinham em pleno andamento. O espírito colaborativo que se formou entre os graduandos, mestrandos e doutorandos presentes foi fundamental para que novas frentes de pesquisa fossem abertas, novas experiências fossem testadas e novas formas de projetar fossem assimiladas.

A Z Corp., carinhosamente chamada de Sr. Miyagi, era nosso brinquedo mais surpreendente e disciplinado. “Como, antes, ninguém tinha pensado em juntar uma finíssima camada de gesso que se aglutina com uma cola para montar um objeto em 3D?", era o tipo de questão que nos intrigava. A resposta parecia ser muito fácil, depois que alguém transforma a ideia em realidade. E nossa curiosidade em explorar materiais, testar a resistência dos modelos, ou mesmo a tentativa de protegê-los para evitar que se desintegrassem com a dissipação do pó, nos custaram algumas horas de sono e inúmeros parafusos soltos! Certa vez, tivemos a ideia de testar materiais alternativos que pudessem substituir o pó de gesso, com o objetivo de diminuir os custos de impressão. Foram testados talco, amido de milho e gesso de protético; infelizmente, nos custou um cabeçote da máquina e diversas impressões mal sucedidas. Para a proteção e integridade física do modelo impresso em gesso, acreditávamos que seria preciso aplicar um produto que pudesse minimizar o desgaste do material: foram testados, entre outros, goma-laca e até laquê de cabelo. Este último, por sinal, serviu única e exclusivamente para deixar o laboratório cheiroso! Não havia limites para experimentações; a cada experiência, bem ou mal sucedida, a satisfação de se ter descoberto algo era contagiante. Nestes ensaios contamos com a então mestranda Érica Pinheiro, cuja dissertação culminou com a pesquisa “Produção digital de maquetes arquitetônicas: um estudo exploratório”, fonte bibliográfica para muitos outros trabalhos.

Se a Z Corp. nos surpreendia, a cortadora a laser (batizada de Kill Bill) fazia seu serviço rápido, com precisão e, às vezes, com certa violência. Sem dúvida era a tecnologia mais utilizada, por não ser dependente de um material especifico, aceitar uma infinidade de opções de mídia, ser rápida e, ainda, aceitar somente desenhos 2D. A última "vantagem" citada era um fator que, na verdade, diminuía a barreira de acesso aos alunos que,

3
Regiane Pupo apresenta uma CNC a estudantes no LAPAC.

na época, ainda exploravam programas de modelagem 3D com certa cautela.

Havia, portanto, nesse momento, a urgente necessidade de atualização em métodos generativos para arquitetura, tais como a modelagem paramétrica, grafos, gramática da forma, algoritmos genéticos, entre outros, que nos fornecessem meios de obtenção de formas e soluções inovadoras a serem testados nos equipamentos de materialização. E foi o que aconteceu.

Dois orientandos de mestrado da Gabi, Gelly Rodrigues e Fabio Azevedo, eram alunos de ciências da computação e colaboraram diretamente para esta nova etapa do LAPAC. O Sergio Righetto, as Déboras (Cruz e Cypriano) e a Giovana Godoi iniciaram as pesquisas com a gramática da forma. A Leticia Mendes investigou a utilização das tecnologias da informação e da comunicação (TICs) no processo de projeto. Os temas foram se intensificando no sentido de suas complexidades e, com o Carlos Vaz, os sistemas generativos foram abordados. Jarryer de Martino abordou os algoritmos evolutivos como método para desenvolvimento de projetos de arquitetura. A primeira fase do LAPAC, que antecede o conteúdo desta publicação, culmina com a dissertação de mestrado do Wilson Barbosa Neto, que combina os novos métodos de geração da forma à fabricação digital.

E eu? Eu adorava tudo aquilo! Fiz do LAPAC minha morada a partir da volta de Portugal (metade do doutorado) até o final do pós-doutorado, que durou seis anos. Meu doutorado tratou da inserção da prototipagem e fabricação digitais no processo de projeto, explorando todas as técnicas aplicáveis à arquitetura. A pesquisa do pós-doutorado se concentrou na fabricação digital aplicada, e foi nesse momento que pudemos domar uma CNC de grande porte (apelidada de Taz Mania) que, apesar de muita dor de cabeça, nos ajudou a conduzir e apresentar uma das primeiras disciplinas de fabricação digital com aplicação na arquitetura no Brasil.

Assim, com uma história brilhante, e que está longe de terminar, orgulho-me de ter participado desta caminhada junto ao LAPAC. Este breve relato tem importância quase histórica para pessoas que, como eu, tinham grande vontade de aprender fazendo, de descobrir o novo, frente a um enorme desafio, ao mesmo tempo em que éramos contagiados pela vibração e incentivo de uma orientação catalisadora, motivadora e entusiasta. As experiências desta época, hoje, se refletem nas atuações deste grupo de pessoas, em universidades importantes no Brasil e no exterior. Que as novas gerações tenham a mesma felicidade, assim como tivemos, de ter passado por um processo de aprendizado com um conteúdo sólido, responsável e inovador, que viabilizou a concretização das nossas ideias.

SUMÁRIO

A01

Uma nova era para a arquitetura

Gabriela Celani

A arquitetura e o urbanismo brasileiros viveram momentos de glória no século XX: criamos uma cidade planejada onde não havia nada, nossos edifícios foram expostos como obras de arte em um dos museus mais famosos do mundo e dois de nossos arquitetos receberam o prêmio Pritzker, a maior distinção na área. O Brasil foi visto, durante esse período, como um país do futuro. No entanto, se essa fama foi boa por um lado, por outro criou uma certa acomodação por parte de nossos arquitetos. É muito mais fácil repetir a fórmula que sempre deu certo a pensar em novas possibilidades. Essa atitude foi adotada na prática profissional e no ensino; como resultado, acabamos chegando ao final do século como um país de arquitetura nostálgica e de métodos de ensino tradicionais, exatamente o contrário da imagem que tínhamos há 50 anos.

Segundo Krista Sykes (2010), editora do livro *Constructing a New Agenda – Architectural Theory 1993–2009*, a agenda da arquitetura do século XXI inclui necessariamente questões como o impacto das tecnologias digitais, os novos modos automatizados de produção, os novos materiais e as implicações da globalização e das redes de informação para as cidades. O Brasil tem estado à margem dessa discussão, que só pode acontecer como resultado de um processo de desenvolvimento tecnológico e industrial intrínseco, o que, infelizmente, demora a acontecer. Em muitos dos segmentos da indústria continuamos dependentes daquilo que os países mais desenvolvidos nos permitem assimilar. Na construção da Arena das Dunas, construída em Natal para a Copa do Mundo de 2014, por exemplo, tivemos de importar da Alemanha partes da cobertura metálica que possuíam dupla curvatura, pois não tínhamos equipamentos para executar tais peças. Mesmo quando possuímos os equipamentos, é comum que os arquitetos não saibam de sua existência. Um exemplo disso é a Arena da Amazônia, cuja estrutura metálica, cortada a plasma, também foi importada da Alemanha, embora pudesse ter sido produzida no Brasil, provavelmente porque os arquitetos alemães não tinham conhecimento do parque industrial disponível no país. Diversas arenas construídas para a Copa, realizada no Brasil, foram projetadas por escritórios de arquitetura estrangeiros, que possuíam um *know-how* muito superior ao dos brasileiros em termos do uso de novas tecnologias.

A discussão sobre tecnologia e arquitetura no Brasil ficou travada no preconceito contra a arquitetura *blobby* e tem, em geral, se limitado apenas a tentativas, por parte de escritórios, de adotar programas utilizados em sistemas de trabalho baseados em BIM, e de criar padrões de uso para eles. Costumo dizer a meus alunos que eles podem amar ou odiar o Guggenheim de Bilbao, isso não importa muito, mas não podem ignorar que esse edifício marca a aplicação em larga escala, na arquitetura, de técnicas de produção ligadas à terceira revolução industrial.

Enquanto isso, nos centros realmente avançados, novos métodos de criação e de representação são investigados, que vão muito além da geometria tradicional (ver, por exemplo, a obra *Architectural Geometry*, de Pottman et al., 2007). Equipes multidisciplinares desenvolvem novos métodos matemáticos de descrição de superfícies complexas e as diferentes maneiras de subdividi-las e de produzi-las, adaptam conceitos da ciência e da inteligência artificial para a solução de problemas de arquitetura e urbanismo, como os sistemas de fachadas que respondem ao meio ambiente, de modo análogo à pele de um animal, ou autômatos celulares que possibilitam a modelagem e a previsão do crescimento das cidades (ver, por exemplo, *The New Mathematics of Architecture*, do casal Burry, de 2010, e *The New Science of Cities*, de Michael Batty, de 2013).

4
ICD/ITKE Research Pavilion 2014/2015.

Nossa hipótese é que, se a formação de nossos arquitetos fosse mais arrojada, poderíamos vislumbrar, a médio e longo prazo, um real avanço em nossa arquitetura e uma retomada, se não da liderança que já tivemos, pelo menos de uma participação mais ativa nas discussões internacionais. Para isso precisamos urgentemente estimular o trabalho interdisciplinar nas escolas de arquitetura. O Brasil possui excelentes pesquisadores nas mais diversas áreas — física, química, biologia, computação, mecatrônica, engenharia de produção, etc. — e cabe a nós, arquitetos, chamá-los para iniciar esse debate.

Um exemplo interessantíssimo de desenvolvimento de um sistema construtivo de maneira interdisciplinar foi conduzido recentemente no *Institute for Computational Design* (ICD) da Universidade de Stuttgart. O trabalho teve início com a participação de um biólogo, que descreveu como um determinado tipo de aranha utiliza uma bolha de ar dentro da água para criar seu casulo. Uma equipe formada por arquitetos e engenheiros adaptou o conceito e desenvolveu um sistema construtivo em que um robô aplica fibras embebidas em resina contra a superfície interna de uma grande bolha inflável, resultando em um pequeno pavilhão (fig. 4). O diretor do instituto, professor Achim Menges, pretende patentear um sistema construtivo leve e adaptável a diferentes situações, com base nesta experiência, e levar esta ideia para a indústria.

Nas ciências da computação, e em especial na área da inteligência artificial, existem inúmeros exemplos de teorias e métodos que podem ser aplicados à arquitetura e urbanismo. Neste livro reunimos alguns desses conceitos e sua potenciais aplicações, além de exemplos de como as formas complexas podem ser produzidas industrialmente. As experiências aqui retratadas constituem um conjunto amplo de abordagens de novos métodos e usos de novas tecnologias no projeto de arquitetura.

A primeira parte do livro apresenta trabalhos resultantes de pesquisas de mestrado e doutorado desenvolvidas entre 2011 e 2016 por colaboradores ligados ao Laboratório de Automação e Prototipagem para Arquitetura e Construção (LAPAC), na Faculdade de Engenharia Civil, Arquitetura e Urbanismo da Universidade de Campinas. Esses trabalhos, ligados aos temas design generativo, complexidade, otimização e fabricação digital, foram desenvolvidos com o respaldo financeiro da Fundação de Amparo à Pesquisa do Estado de São Paulo (FAPESP), do Conselho Nacional de Desenvolvimento Científico e Tecnológico (CNPq), da Coordenação de Aperfeiçoamento de Pessoal de Nível Superior (CAPES), entre outras agências, que ofereceram bolsas e auxílios para viagens, organização de eventos, aquisição de equipamentos e de material. Os organizadores e autores deste livro agradecem a todas as agências financiadoras por seu apoio.

A segunda parte apresenta entrevistas realizadas entre 2011 e 2016, algumas delas já publicadas no portal Vitruvius (*www.vitruvius.com.br*), e gentilmente cedidas para republicação neste livro, que colaboram para a compreensão da relação entre arquitetura e tecnologia.

Referências

BATTY, M. **The new science of cities**. Cambridge: MIT Press, 2013.

BURRY, J.; BURRY, M. **The new mathematics of architecture**. New York: Thames and Hudson, 2010.

LITTLEFIELD, D. **Space craft**: developments in architectural computing. London: RIBA, 2008.

POTTMAN, H.; ASPERL, A.; HOFER, M.; KILIAN, A.; BENTLEY, D. **Architectural geometry**. Exton: Bentley Institute Press, 2007.

SYKES, K. **Constructing a new agenda**: architectural theory 1993–2009. New York: Princeton Architectural Press, 2010.

Como citar este capítulo

CELANI, M.G.C. **Uma nova era para a arquitetura.** In: CELANI, M. G. C.; SEDREZ, M. (Organizadores). Arquitetura contemporânea e automação: prática e reflexão. São Paulo: ProBooks, 2018. p. 17 a 20.

A02

Complexidade e arquitetura

Maycon Sedrez

"Os projetos complexos são aqueles que não podem ser descritos por termos geométricos básicos; são formados por peças simples – componentes geométricos – interligadas entre si. Os modelos complexos podem resultar de processos de projeto experimentais ou simplesmente de um conceito arquitetônico. Em ambos os casos, a equipe de projeto precisa ser inovadora e inventiva para criar uma estratégia que permita construir esse objeto arquitetônico."

Jalal El–Ali (Littlefield, 2008:15, tradução nossa).

A complexidade de formas na arquitetura tem sido explorada intensamente por arquitetos e engenheiros nas últimas décadas (JOHNSON; ZAMENOPOULOS; ALEXIOU, 2005; KOLAREVIC; KLINGER, 2008). É difícil definir o significado de complexidade na arquitetura, uma abordagem que empresta conceitos da teoria da complexidade e cujo escopo certamente envolve a criação de formas complexas. Jencks (1977) explica:

> *"Nesse processo, a qualidade emerge espontaneamente com a auto–organização, significado, valor, abertura, padrões fractais, formações ao redor de atratores, o que (geralmente) aumenta a complexidade (e o grau de liberdade)"* (tradução nossa).

Alguns sistemas generativos clássicos, como os fractais e outros sistemas baseados em regras, vêm sendo estudados e implementados com o auxílio da computação desde a década de 70, abrindo um novo horizonte para o projeto de formas complexas. Além disso, novos meios de fabricação controlados por computador permitem que tais formas sejam produzidas. Diversos tipos de máquinas estão sendo utilizadas: desde simples dobradeiras, passando por impressoras 3D, até braços robóticos, que agora estão sendo aplicados à construção.

Tais tecnologias tem provocado os profissionais a refletirem sobre novas possibilidades, levando-os a pensar em diferentes abordagens de projeto, desde sua concepção. Schreurs (2015), ao explicar o projeto A2 Cockpit[1], enfatiza a importância da programação para arquitetos. Segundo ele, seria impossível, por exemplo, desenhar todos os elementos construtivos deste projeto à mão, em tempo hábil. Neste caso, um programa de computador produz automaticamente o desenho dos dez mil elementos do projeto, que são enviados diretamente para a produção em equipamentos de CNC. Este novo cenário constitui, claramente, um grande desafio para os profissionais de arquitetura e urbanismo.

Teoria da complexidade

A teoria da complexidade é um campo da ciência que estuda os fenômenos complexos e tem sua origem nas ciências naturais, especialmente na física e na biologia. Em sua formulação original, a teoria da complexidade lidava com sistemas complexos, emergência[2], dinâmica não-linear, teoria do caos e auto-organização[3], conceitos desenvolvidos nas décadas de 60 e 70. Contudo, desde a publicação do livro Complexidade e Contradição na Arquitetura, de Robert Venturi (1966), os termos complexidade e complexo adquiriram novos significados, em consequência de seu uso em teoria arquitetônica, como destacado por Burry e Burry (2010): "complexidade é um termo que tem sido usado em referência a qualquer coisa que não seja simples" (tradução nossa). Isso vem criando simplificações e muitas vezes um entendimento errôneo do termo.

Um dos fundamentos principais desta teoria afirma que as partes de um sistema formam o todo a partir de regras simples. Sendo assim, alterações no estado inicial provocam resultados imprevisíveis. Sistemas complexos geralmente apresentam comportamentos emergentes e auto-organização, o que pode resultar em formas muito interessantes, que vêm atraindo a atenção dos arquitetos. Essas geometrias diferem daquelas criadas com base no sistema euclidiano, tradicionalmente adotado em arquitetura; portanto, são entendidas como mais adequadas para simular formas naturais (OSTWALD, 2009). Bovill (2000) destaca o grande interesse dos arquitetos pela teoria da complexidade:

> *"De Charles Jencks, na Inglaterra, a Itsuko Hasegawa, no Japão, a imprensa arquitetônica tem discutido sobre o caos, os fractais, a teoria da complexidade e a auto-organização"* (tradução nossa).

Segundo Jencks (2002), alguns teóricos da arquitetura e urbanismo, como Venturi e Jacobs, demonstravam interesse pela complexidade desde os anos 1960. O fractais, por exemplo, começaram a ser utilizados na arquitetura nos anos 80, quando se estreitaram as ligações entre as ciências e os estudos da complexidade. Jencks (2002:210), ao observar o direcionamento científico para esse pensamento, afirma que a "arquitetura fractal" está ligada à teoria da complexidade:

> *"Daí o título deste capítulo e do próximo, sobre fractais, uma das ciências-chave da complexidade que surgiu para explicar a geometria da natureza"* (tradução nossa).

Um exemplo de complexidade na arquitetura, segundo o autor, seria a casa Bavinger, projetada pelo arquiteto Bruce Goff, onde uma espiral organiza o programa.

Em um livro anterior, *The architecture of jumping universe* (1997), Jencks mostra que alguns arquitetos utilizam a teoria da complexidade para projetar com uma linguagem orgânica, se apropriando de curvas e dobras, ondas e fractais, usando a autossimilaridade ao invés da repetição exata. Tratava-se de uma maneira de obter variedade e diversidade por meio de um novo processo criativo, situado entre a ordem e o caos, que permite entender os processos naturais não lineares e o conceito de realimentação. Aqui, Jencks trata da complexidade de uma maneira específica. Para ele, existiriam duas Teorias da Complexidade, a científica e a arquitetônica, que, apesar de terem surgido na mesma época, carregariam significados diferentes. Além da crítica à sociedade moderna e à arquitetura modernista, Jencks enfatiza a geometria fractal, a não linearidade e a complexidade como o coração do movimento pós-moderno. Nas últimas quatro décadas a teoria da complexidade tem sido aplicada a diversas áreas do conhecimento. Herr (2002:16.1) afirma que, para os arquitetos, *"[...] o advento desta nova ciência oferece o desafio, assim como a oportunidade, de se repensar as abordagens de projeto tradicionais e de inventar novas estratégias, fundamentadas em novos paradigmas"* (tradução nossa). A atividade de projeto é, por si só, complicada; lidar com questões sociais, ambientais, culturais e físicas requer um conhecimento amplo do arquiteto. A teoria da complexidade possui ferramentas para abordar tais problemas, como a emergência de formas.

Herr (2002:16.1) explica essa relação: "A teoria da complexidade foca nas relações complexas entre os elementos, que não são aleatórias, mas sujeitas a mecanismos que geram ordem em vários níveis de organização" (tradução nossa).

Essa abordagem de projeto utiliza sistemas generativos que trazem consigo uma nova estética, com o objetivo de responder com qualidade às questões sociais e tecnológicas.

Referências

BOVILL, C. Fractal geometry as design aid. **Journal for Geometry and Graphics**, v. 4, n. 1, p. 71–78, 2000.

HERR, C. H. Generative Architectural Design and Complexity Theory. In: International Conference on Generative Art, 2002, Milan. **Proceedings**... Milan: International Conference on Generative Art, 2002, p. 16,1–16,13.

JOHNSON, J.; ZAMENOPOULOS, T.; ALEXIOU, K.. In: European Conference on Complex Systems, 2005, Paris. **Proceedings**... Paris: ECCS – Embracing Complexity in Design, 2005.

JENCKS, C. **The new paradigm in architecture**: the language of post-modernism. New Haven: Yale Press University, 2002.

_______. **The architecture of the jumping universe**: a polemic, how complexity science is changing architecture and culture. London: Academy, 1997.

_______. The death of modern architecture. In: **The language of post–modern architecture**. Nova York: Rizzoli, 1977.

KOLAREVIC, B.; KLINGER, K. R. **Manufacturing material effects**: rethinking design and making in architecture. New York: Routledge, 2008.

OSTWALD, M. **Fractal architecture**: knowledge formation within and between architecture and the sciences of complexity. Saarbrücken: VDM Verlag, 2009.

SCHREURS, P. Entrevista concedida à Maycon Sedrez em 04 mai. 2015. Escritório ONL - Rotterdam. One building, one detail. **Entrevista**, São Paulo, 16.064, Vitruvius, 2015.

VENTURI, R. **Complexidade e contradição em arquitetura**. São Paulo: Martins Fontes, 1995. Tradução de: Complexity and contradiction in architecture. 1966.

Como citar este capítulo

SEDREZ, M. **Complexidade e arquitetura**. In: CELANI, M. G. C.; SEDREZ, M. (Organizadores). Arquitetura contemporânea e automação: prática e reflexão. São Paulo: ProBooks, 2018. p. 21 a 24.

A03

Sistemas generativos

Maycon Sedrez e Jarryer A. de Martino

Um sistema generativo (SG) é uma definição ou método de obtenção de uma solução para um dado problema com parâmetros em aberto, que permite a geração de múltiplas alternativas, a partir da entrada de valores para esses parâmetros. Os SGs podem ser formados, por exemplo, por conjuntos de regras que podem ser aplicadas em diferentes ordens e combinações ou por modelos geométricos paramétricos. Eles podem ser utilizados em um processo exploratório ou podem ser completamente automatizados. Tamke e Thomsen (2009:329) definem os SGs da seguinte maneira (tradução nossa):

> *"Sistemas generativos: eles estão em todo lugar ao nosso redor. Aparecem na natureza como sistemas que estruturam a ordem e o crescimento e emergem nos alicerces que governam nossas cidades. Como estratégia de projeto, os sistemas generativos são uma maneira de lidar com a complexidade."*

Uma explicação mais detalhada desta metodologia de projeto é dada por Fischer e Herr (2001) (tradução nossa):

> *"O projeto generativo é um método de projeto que difere dos demais pelo fato de que, durante o processo, o projetista não interage com os elementos e produtos de maneira direta (mão–na–massa), mas por meio de um sistema generativo".*

Existem diversos SGs cujos conceitos derivam da matemática e da computação: autômatos celulares e fractais, por exemplo. A aplicação destes ocorre na arquitetura de maneira a prover soluções para um dado problema, mas seria um erro acreditar que agem sozinhos. As definições presentes em um SG são criadas por um arquiteto e, a partir de certo momento, as soluções geradas por ele necessitam de sua análise e sensibilidade desse, ou de outro arquiteto. Enquanto em processos tradicionais de projeto o arquiteto trabalha diretamente na solução, na abordagem do projeto generativo o arquiteto atua sobre o sistema que está gerando soluções. Os SGs podem gerar uma família de soluções para um mesmo problema (fig. 5).

Fischer e Herr (2001) afirmam que os SGs são conhecidos por três características. A primeira é sua capacidade de geração de múltiplas soluções, o que permite analisar e estudar um projeto exaustivamente. A segunda é a possibilidade criativa despertada pelos SGs, pois com um grande número de soluções a chance de se encontrar uma solução inovadora tende a aumentar. A terceira é o fato de que os SGs podem levar à obtenção dos melhores projetos, o que seria possível a partir de definições muito precisas para um dado problema. Além disso, os SGs podem gerar formas complexas a partir de regras simples que são aplicadas sistematicamente. Grobman e Neuman (2011:11) explicam (tradução nossa):

> *"Um método deste tipo, como a gramática da forma, pode levar a uma maior complexidade da forma resultante, à qual se terá de atribuir um significado nas etapas subsequentes do projeto, enquanto se examina o modo como essa forma atende aos diferentes requisitos de desempenho."*

Os conhecimentos necessários para a geração de formas com SGs são diversos e em geral associados à teoria da complexidade. Fischer e Herr (2001) e Fasoulaki (2008) apontam alguns conteúdos importantes para a compreensão do projeto generativo:

5
Sistemas generativos com múltiplas soluções.

sistemas emergentes, auto-organização (autômatos celulares *swarm modelling*), gramáticas generativas (*L–systems*, gramática da forma), geração e crescimento algorítmico (fractais), projeto paramétrico, produção de algoritmos (algoritmos genéticos, processos seletivos), etc.. O mesmo pode ser confirmado em Rashad e Alfaris (2012) que explicam (tradução nossa):

> *"Além da gramática da forma, diversos sistemas generativos foram emprestados da matemática e da computação e aplicados a um contexto arquitetônico".*

Os autores citam como exemplos os autômatos celulares, os fractais e os *L–systems*.

Se por um lado os SGs podem contribuir para a criação de alternativas de projeto, por outro há uma preocupação com o uso do computador em arquitetura. Ostwald (2010), pondera sobre essa questão (tradução nossa):

> *"Em última instância, se o projeto generativo quiser encontrar um lugar legítimo no vocabulário criativo do arquiteto, este deve evitar o uso excessivo do computador; ele não pode se esconder na caixa preta de um software ou sob a máscara do jargão biomimético. Acima de tudo, precisa ter cuidado não apenas na definição do sistema, mas também na apresentação e explicação da proposta, demonstrando que existe um rigoroso protocolo de avaliação, que tem como objetivo auxiliar o projetista a escolher o melhor resultado de um conjunto de inúmeras possibilidades geradas pelo computador."*

Em 2001, Fischer e Herr notaram que ainda existia pouco material introdutório disponível a respeito dos SGs; em 2002, Herr afirmava que "o projeto generativo ainda é uma abordagem nova no projeto de arquitetura". Rashad e Alfaris (2012:183), por outro lado, afirmam que esses conceitos já estavam presentes, de alguma maneira, na arquitetura do século XX (tradução nossa):

> *"A geometria e as teorias sobre os fractais [...] tiveram uma grande influência na arquitetura ao longo do século XX, especificamente no desenvolvimento do conceito de projeto generativo."*

A presença dos SGs no projeto arquitetura pode ocorrer de duas maneiras, como explica Fasoulaki (2008:7) (tradução nossa):

> *"Dois paradigmas de projeto dominantes governam as tendências atuais do projeto mediado pelo computador em arquitetura: o projeto generativo e o projeto baseado em desempenho (também chamado de projeto performativo). O projeto generativo pode ser definido genericamente como um processo algorítmico ou baseado em regras, através do qual diversas soluções potenciais podem ser criadas."*

Stavric e Marina (2011:10) confirmam a possibilidade de uso de algoritmos na arquitetura contemporânea, influenciada pela tecnologia digital e pelo interesse dos arquitetos em abordar conteúdos de outras disciplinas (tradução nossa):

"Por um lado o projeto arquitetônico foi inspirado pelas diversas possibilidades das tecnologias digitais. Por outro, diversos tópicos de diferentes campos têm influenciado o projeto. Algoritmos matemáticos e geométricos, formas e estruturas que até há pouco tempo eram "invisíveis" para os arquitetos são agora visíveis e espacialmente compreensíveis e, portanto, utilizáveis."

Finalmente, parece ter ficado claro para os arquitetos que os sistemas generativos não provocam a substituição do projetista pelo computador como autor de projetos; ao contrário, auxiliam os arquitetos a ampliarem a capacidade criativa e as possibilidades de projeto.

Referências

FASOULAKI, E. **Integrated design**: a generative multi-performative design approach. 2008. Dissertação (Mestrado). Massachusetts Institute of Technology MIT, Cambridge.

FISCHER, T.; HERR, C. M. Teaching generative design. In: International Conference on Generative Art, 2001, Milan. **Proceedings**... Milan: 4th International Conference on Generative Art, 2001.

GIPS, J. Computer implementation of shape grammars. In: NSF/MIT Workshop on shape Computation, 1999. **Anais**... 1999.

GROBMAN, Y.; NEUMAN, E. **Performalism**: form and performance in digital architecture. New York: Routledge, 2011.

HERR, C. H. Generative Architectural Design and Complexity Theory. In: International Conference on Generative Art, 2002, Milan. **Proceedings**... Milan: International Conference on Generative Art, 2002, p. 16,1–16,13.

OSTWALD, M. Ethics and the auto-generative design process. **Building research and information**. 38:4, p. 390–400, 2010.

RASHAD, A.; ALFARIS, A. A performance based generative design system methodology for sustainable design in practice. **Conference on Technology & Sustainability in the Built Environment**. p. 181–198. 2012.

SEDREZ, M. **Arquitetura e complexidade**: a geometria fractal como sistema generativo. 2016. Tese (Doutorado em Arquitetura Tecnologia e Cidade). Faculdade de Engenharia Civil, Arquitetura e Urbanismo, Universidade Estadual de Campinas, Campinas.

STAVRIC, M.; MARINA, O. Parametric modeling for advanced architecture. **International Journal of Applied Mathematics and Informatic**, v. 5, p. 9–16, 2011.

TAMKE, M.; THOMSEN, M. R. Implementing digital crafting: developing It's a small world. **Case Studies** - Design Modelling Symposium. p. 321–329. 2009.

Como citar este capítulo

SEDREZ, M; MARTINO, J. A. **Sistemas generativos**. In: CELANI, M. G. C.; SEDREZ, M. (Organizadores). Arquitetura contemporânea e automação: prática e reflexão. São Paulo: ProBooks, 2018. p. 25 a 28.

Procedimentos algorítmicos: o método albertiano

Giovana Godoi

O que se acredita ter sido o primeiro tratado de arquitetura da história — *De Architectura* — foi escrito por Vitrúvio, aproximadamente entre os anos de 27 e 16 a.C., e serviu de inspiração para todos os tratados escritos no renascimento, especialmente o de Alberti, *De re aedificatoria*. Finalizado em 1452, mas publicado somente em 1485, é o primeiro tratado de arquitetura do Renascimento. Composto por 10 livros, cada um com orientações para uma fase ou tipo de projeto, o tratado propõe a sistematização da arquitetura. Segundo Coli (1970), a obra elevou a arquitetura ao nível das artes liberais, ou seja, transformou-a em ciência ao atribuir-lhe características matemáticas.

O tratado original de Alberti não possuía imagens, somente a descrição gramatical de todas as etapas do desenvolvimento dos edifícios, determinadas pelo autor. A opção pela ausência de ilustrações pode ser interpretada como uma tentativa de evitar erros de interpretação pelos copistas da época (ALBERTI, 1485/2011), pois a impressão, popularizada por Gutenberg na década de 1430, ainda não era amplamente difundida. Para Coutinho et al. (2011), Alberti descreve um sistema de regras em vez de um modelo de soluções; talvez por não possuir, na época, um modo de representação adequado das suas propostas paramétricas tenha decidido não fazer imagem alguma

No início do Capítulo III, Alberti explicita a importância das regras ao se projetar e construir um edifício religioso, para que se tenha a certeza de que este poderá atingir as proporções consideradas ideais. O autor é bem categórico ao afirmar:

> *"Em toda a arte edificatória nada há em que seja necessário maior engenho, cuidado, empenho e diligência, do que na construção e ornamentação de um templo. Admito que um templo bem cuidado e ornamentado é, sem dúvida alguma, o maior e principal ornamento de uma cidade. É bem certo que um templo é a morada dos deuses. Ora, se adornamos e aprontamos luxuosamente habitações para os reis e os hóspedes ilustres, que faremos nós para os deuses imortais, que queremos estejam presentes quando invocados para o sacrifício e ouçam nossas preces e súplicas? Mas, sendo certo que os deuses não dão importância a estas coisas efêmeras que os homens tanto prezam, deixam-se todavia mover pela pureza da alma e pela veneração da sua divindade. Não há dúvida de que, para o culto divino, é muito importante dispor de templos que maravilhosamente enlevem o espírito e o detenham com a beleza e a admiração que provocam. Asseveravam os antigos que a piedade se cultiva somente quando os templos dos deuses se enchem.*
>
> *Por tais motivos, gostaria que no templo haja tanta beleza que não seja possível imaginar em qualquer outro lugar. Algum aspecto mais ornamentado; e desejo que em todos os pormenores seja de tal modo cuidado que quem entra estremeça estupefato de admiração pela sua importância, e dificilmente se coíba de exclamar em voz alta que é digno de Deus aquele lugar que contempla".*
>
> *ALBERTI, 1485/2011 – livro sétimo, capítulo III, parágrafos 1 e 2*[4].

Utilizando o conceito de parametrização de projeto[5], será apresentada a seguir uma interpretação de um trecho relativo às plantas do livro sétimo do tratado, através da elaboração de traduções gráfica e matemática (condicional) e por meio de esquemas desenvolvidos para evidenciar a inter-relação entre os parâmetros definidos por Alberti. É importante enfatizar que o tratado original não contém imagens, e que a leitura atenta e interpretativa do texto nos permitiu a compreensão visual das regras arquitetônicas dos templos.

Alguns autores já chegaram a desenvolver figuras para ilustrar o texto, como Morolli e Guzon (1994). Contudo, esses esquemas não enfatizam os aspectos algorítmicos da obra, que foram o foco principal desta pesquisa. Assim, optou-se por não consultar previamente as ilustrações já realizadas por tais autores e sim elaborar novos esquemas, justamente para que se pudesse obter uma nova interpretação e também permitir que fossem definidos todos os parâmetros que julgamos necessários para a futura elaboração de um sistema generativo baseado em regras (gramática da forma).

A leitura analítica do livro sétimo obedeceu à seguinte sequência:

- Identificação das frases/parágrafos que contêm os parâmetros (os trechos julgados mais relevantes foram destacados em negrito);
- Desenho de esquemas para explicar graficamente a relação entre os parâmetros;
- Descrição em sentenças matemáticas, identificando os tipos de parâmetros envolvidos e a ligação entre eles. Na elaboração das sentenças, utilizaram-se as expressões condicionais típicas das linguagens de programação (IF/THEN e AND/OR) para demonstrar as relações entre os parâmetros.

A decodificação do livro sétimo do tratado de Alberti

O primeiro parágrafo do capítulo IV do livro sétimo descreve as formas aceitáveis para Alberti em um templo:

"As partes de um templo são o pórtico e a cela interior; mas em relação a estas há grandes diferenças entre os templos. **Porque há templos circulares, outros quadrangulares e, por fim, outros poligonais.** *Que a natureza se compraz principalmente nas formas circulares, a julgar por aquilo que existe, nasce ou se produz com os seus delineamentos, está à vista de todos. [...] E também vemos que a natureza se compraz nas formas hexagonais." (grifo nosso).*

Os próximos parágrafos determinam as proporções aceitáveis para esses templos.

Livro sétimo, capítulo IV, §2:

"Em um círculo definiremos uma área circular".

Para as plantas circulares, a exigência é apenas a forma circular inicial, determinada através de um valor ao diâmetro (fig. 6).

Tradução Gráfica	Sentença Matemática (Condicionais)	Legenda - Parâmetros
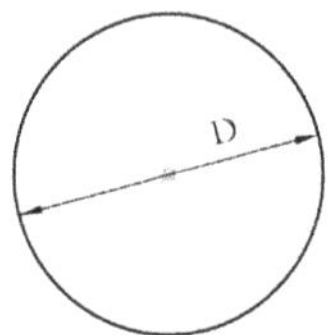	$D \in R+$	D = Diâmetro do Templo

6 *Formato de planta circular.*

Livro sétimo, capítulo IV, §2 (grifo nosso):

"Em quase todos os templos quadrangulares, os antigos tiveram em vista produzir uma área tal que o comprimento fosse **uma vez e meia a sua largura***; outros construíram–na tal que a* **largura fosse superada em um terço pelo comprimento***; outros quiseram que o* **comprimento tivesse o dobro da largura**[6]*. Nas áreas quadrangulares o maior defeito de deformidade é se houver algum ângulo que não seja reto."*[7]

7 *Formatos quadrangulares para um templo.*

Neste parágrafo, Alberti determina a relação entre o comprimento e a largura dos templos quadrangulares e ressalta que o maior problema que pode ser encontrado em um templo quadrangular é não ter os ângulos retos (fig. 7).

Tradução Gráfica	Sentença Matemática (Condicionais)	Legenda - Parâmetros
L, C, L, L	$C = 2L$ $L \in R+$	C = Comprimento da Cela do Templo L = Largura da Cela do Templo
⅓ L, L, C, L	$C = L + \frac{1}{3}L \Rightarrow C = \frac{4}{3}L$ $L \in R+$	C = Comprimento da Cela do Templo L = Largura da Cela do Templo
½ L, L, C, L	$C = L + \frac{1}{2}L \Rightarrow C = \frac{3}{2}L$ $L \in R+$	C = Comprimento da Cela do Templo L = Largura da Cela do Templo

Livro sétimo, capítulo IV, §3 (fig. 8).

"Os antigos usavam um número de seis, oito ou até dez ângulos. Todas estas áreas devem inscrever os seus ângulos na circunferência do círculo. De fato é do círculo que se tiram corretamente os ângulos: pois o raio de um círculo fornecerá o lado de um hexágono. Ora, se a partir do centro, traçares linhas retas que cortem ao meio cada um dos lados de um hexágono, é óbvio que desse modo podes fazer um dodecágono. Então, a partir do dodecágono, também é óbvio de que modo podes construir um quadrângulo e um octógono; embora, para traçar um octógono, exista outra forma mais prática. Na verdade, uma vez traçado um quadrilátero de lados iguais e ângulos retos, faço passar diâmetros por cada um dos ângulos do quadrilátero e traço raios a partir do ponto de interseção de modo a cortar ao meio os lados do quadrângulo; esse meio, que se situa entre as suas secções

8
Formato de plantas poligonais.

Tradução Gráfica	Sentença Matemática (Condicionais)	Legenda - Parâmetros
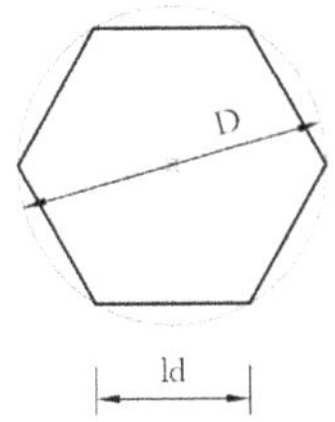	If nlados = 6 Then ld = D/2 $D \in R+$	D = Diâmetro do círculo nlados = número de lados do polígono ld = dimensão de cada lado do polígono
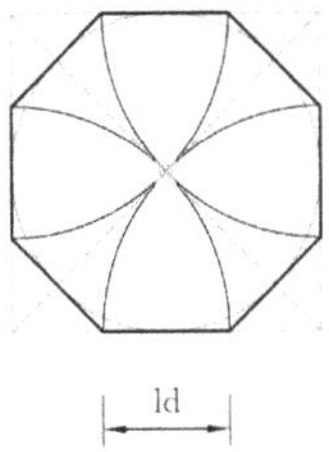	If nlados = 8 Then ld = $D(\sqrt{2}-1)$ $D \in R+$	D = Diâmetro do círculo nlados = número de lados do polígono ld = dimensão de cada lado do polígono
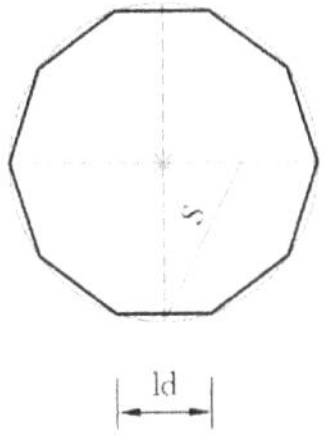	If nlados = 10 Then ld = $S - \frac{1}{4} D$ $D \in R+$	D = Diâmetro do círculo nlados = número de lados do polígono ld = dimensão de cada lado do polígono S = medida da linha auxiliar de desenho
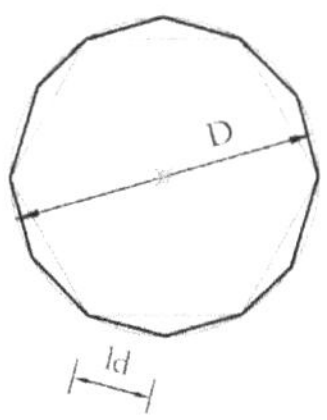	If nlados = 12 Then ld = $\frac{1}{4} D$ $D \in R+$	D = Diâmetro do círculo nlados = número de lados do polígono ld = dimensão de cada lado do polígono

feitas no lado, será o lado do octógono. Ainda a partir do círculo faremos um decágono: traçaremos dois diâmetros de um círculo que se interseccionam, formando ângulos iguais; dividiremos então, em duas partes iguais, qualquer um de dois semidiâmetros; depois, a partir do ponto desta divisão, levaremos uma linha reta em diagonal até o extremo do outro diâmetro. Tirando-se a esta linha, assim traçada, um quarto de todo o diâmetro, o que restar será o lado do decágono".

O texto não deixa explícito qual o valor do lado de um octógono; a partir das instruções dadas, porém, é possível desenhar o octógono e extrair os valores no gráfico. No entanto, como o objetivo é a determinação de uma sentença matemática que seja capaz de determinar numericamente cada parâmetro, recorreu-se a fórmulas trigonométricas.

Livro sétimo, capítulo IV, §4 (grifo nosso) (fig. 9):

"Aos templos acrescentam-se capelas, mas em uns, muitas; em outros, poucas. ***Nos templos quadrangulares em parte nenhuma se construirá, em geral, senão uma capela, e essa no lugar mais interior de modo a oferecer-se de frente a quem entra, logo desde a porta. Ou, ao se acrescentarem também nos lados, isso far-se-á decorosamente em áreas quadrangulares que tenham de comprimento o dobro da largura; e nos lados não se há-de pôr mais do que uma, ou, se aprouver acrescentar várias, convém que sejam em número ímpar. Em áreas circulares e multiangulares, se assim é permitido dizê-lo, será muito cômodo acrescentar o número de capelas em proporção com os lados, ou serão acrescentadas capelas em cada um deles, ou, alternadamente, um lado ficará livre e o outro terá uma capela. Nas áreas circulares será muito fácil acrescentar seis ou até oito capelas***".

Para templos quadrangulares, cujo comprimento é igual a duas vezes a largura, será permitida a inserção de um número ímpar de capelas. Assim, teremos sempre uma *capela-mor*, situada ao fundo do templo, e capelas laterais posicionadas frente a frente. A quantidade máxima de capelas possível será determinada pela regra da ossatura do edifício, descrita mais adiante (fig. 13). Para a definição da quantidade de capelas nos templos poligonais, teremos que estas poderão ser inseridas em todos os lados do polígono ou alternadamente, resultando em uma quantidade igual a metade do número de lados (fig. 10).

Livro sétimo, capítulo IV, §5 (grifo nosso):

"Por sua vez, a capela ou será ***retangular, ou será traçada em forma de semicírculo****. Ora, se a capela tiver de ser uma só na extremidade do templo, será de preferir uma capela cujo espaço termine em semicírculo; a seguir vem a quadrangular.* ***Porém, quando as capelas forem numerosas e pegadas, nesse caso contribuirá para a beleza se as quadrangulares se misturarem alternadamente com as semicirculares, e corresponderem entre si as que estão frente a frente***".

A descrição do parágrafo 5 (7, IV, 5) descreve a inserção de capelas em um templo quadrangular com C=2L. Tendo em vista esse formato, demonstra-se na fig. 11 uma lista de possíveis combinações.

Tradução Gráfica	Sentença Matemática (Condicionais)	Legenda - Parâmetros
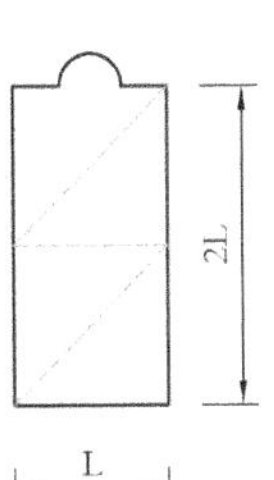	If C = 2L Then ncpl >= 1 and ncpl / 2 ≠ 0	ncpl = número de capelas

9
Inserção de capela em templos quadrangulares C=2L.

10
Inserção de capela em templos poligonais.

Tradução Gráfica	Sentença Matemática (Condicionais)	Legenda - Parâmetros
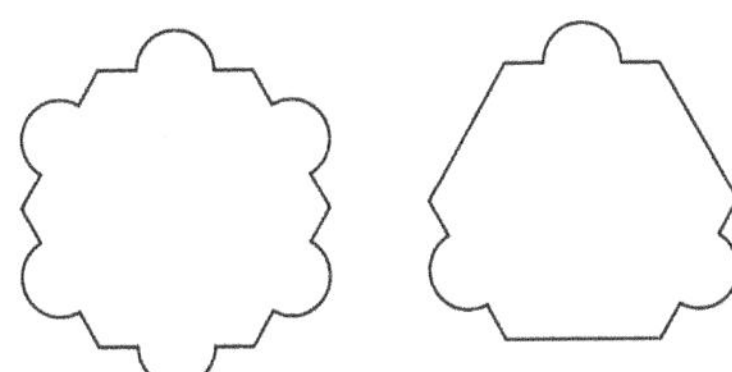 	If Planta = Poligonal Then ncpl = nlados or ncpl = nlados/2	ncpl = número de capelas nlados = número de lados do polígono

11
Tipos de combinações possíveis para a planta quadrangular (C = 2L).

Livro sétimo, capítulo IV, §6 (grifo nosso) (fig. 12):

> *"A abertura da capela será assim estabelecida. Quando, em* **áreas retangulares**, *tiver de haver uma só capela,* **dividirei a largura do templo em quatro partes, e destas destinarei duas à abertura da capela**; *ou, se nos agradar um espaço mais amplo,* **dividirei a largura em seis partes e delas destinarei quatro partes à abertura.** *Deste modo, os ornamentos das colunas que se devem usar, as janelas e outras coisas do mesmo gênero, serão muito mais comodamente colocados nos seus lugares. [...]*
>
> **Se, porém, colocares várias capelas em torno da área[8], será legítimo fazer as laterais com o mesmo tamanho da capela-mor.** *Mas eu gostaria que, tendo em vista sua dignidade, a* **capela-mor fosse uma duodécima parte maior que as restantes.** *Há ainda este aspecto importante relativamente aos templos quadrangulares: estará certo, se a* **capela-mor tiver os lados iguais; mas, nas outras, convém que a linhas traçadas da direita para a esquerda tenham o dobro do comprimento daquelas que se estendem no sentido da profundidade.** *Em áreas de muitos lados, deve-se procurar que os ângulos não sejam entre si mutuamente desiguais e dissemelhantes".*

Alberti considera como capela-mor aquela que é posicionada em frente à entrada. Esta merece posição de destaque em relação

Tradução Gráfica	Sentença Matemática (Condicionais)	Legenda - Parâmetros
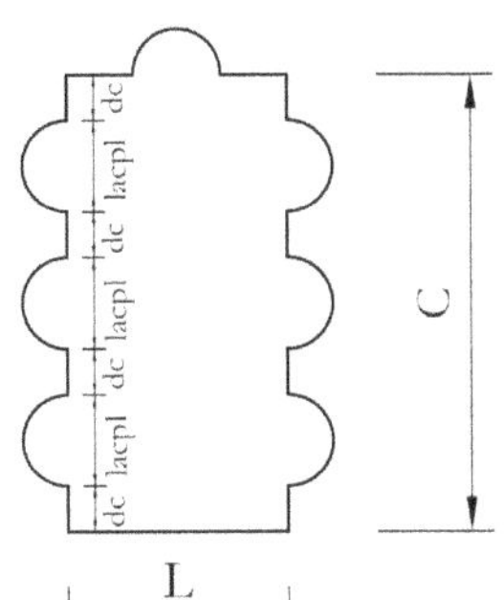	If Planta Retangular Then $1/5\ lacpl <= dc <= \frac{1}{3}lacpl$ or $dc = \frac{1}{2}lacpl$ *$dc = (C - ncpl * lacpl)/ncp + 1$*	lacpl = largura da capela lateral dc = distância entre as capelas C = comprimento da cela do Templo
	If Planta Circular and ncpl = 6 Then $dc = \frac{1}{2}\ lacpl$	lacpl = largura da capela lateral dc = distância entre as capelas
	If Planta Circular and ncpl = 8 Then dc = lacpl	
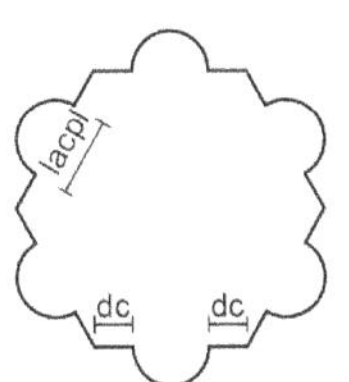	If Planta Poligonal Then $dc = (\frac{1}{3}\ ld)\ /\ 2$ or $dc = (\frac{2}{6}\ ld)\ /\ 2$	lacpl = largura da capela lateral dc = distância entre as capelas ld = lado do polígono

às demais por ser a primeira a ser vista por quem entra no templo. Nos esquemas, é apresentada a diferenciação entre esta capela e as demais, chamadas de capelas laterais.

12
Dimensões das capelas-mor e capelas laterais.

Livro sétimo, capítulo IV, §7 (grifo nosso):

"A parte sólida dos muros, isto é, ***a ossatura do edifício*** *que nos templos separa as aberturas das várias capelas, faça–se de tal forma que em nenhum sítio* ***seja menos do que um quinto da largura do espaço vazio, e em nenhum sítio mais largo do que um terço, ou onde pretenderes que as capelas sejam muito fechadas, do que metade. Nas áreas circulares, se o número das capelas for seis, darás com que tais separadores, isto é, a ossatura e a parte sólida da parede tenham***

metade da abertura, mas, se houver oito aberturas, farás com que a abertura e a parte sólida sejam iguais; se o número de ângulos for grande, dar-se-á um separador com um terço da largura da capela".

No livro sétimo não há indicação expressa de como calcular a largura das capelas nos templos de planta circular. Pela análise dos outros parâmetros determinados, como a ossatura de tal templo (fig. 13), podemos concluir que a largura das capelas do templo de planta circular pode ser obtida pela seguinte fórmula (fig. 14):

Para templos de planta circular, com número de capelas igual a 6:

lacpl $= 2\pi r / 12$ *(Equação 1)*.

Para templos de planta circular, com número de capelas igual a 8:

lacpl $= 2\pi r / 16$ *(equação 2)*.

lacpl = largura da capela e R = raio da planta do templo.

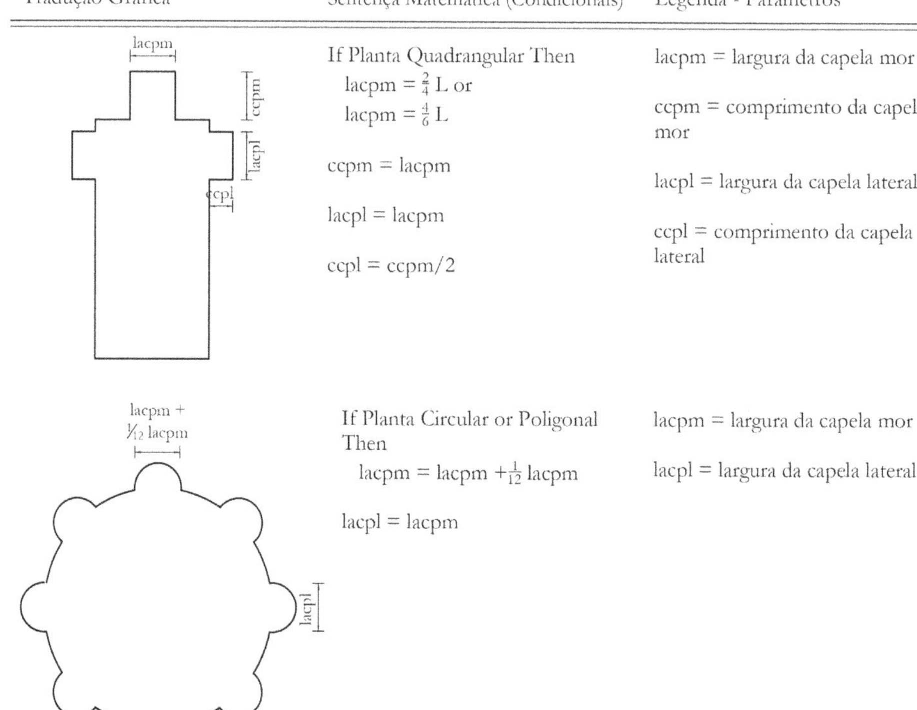

13
Determinação da ossatura dos edifícios a partir do número de capelas e suas dimensões.

Tradução Gráfica	Sentença Matemática (Condicionais)	Legenda - Parâmetros
	If Planta = Circular Then ncpl = 6 or ncpl = 8	ncpl = número de capelas

14
Inserção de capela em templos circulares.

Para os templos de planta poligonal existe a instrução do parágrafo 70, que determina que a distância entre as capelas deverá ser igual a um terço do valor da abertura da capela. Essa informação acaba por ser ambígua, pois não fica claro se o valor de 1/3 se refere apenas ao lado do polígono onde insere-se a capela ou se indica que a distância total entre duas capelas (soma das duas espessuras de parede entre dois lados de polígonos) deve ser igual a 1/3. No esquema elaborado as duas opções foram adotadas.

Para o entendimento dos procedimentos algorítmicos neste capítulo apresentamos as plantas propostas por Alberti. A inserção de pórticos em planta e fachada também foi estudada e pode ser vista com detalhes em Godoi (2015).

Análise da leitura

Após a leitura completa do livro sétimo e da extração das descrições gráficas e paramétricas, foi possível observar as inter-relações e dependências entre os elementos descritos pelo autor. Para sintetizar essas etapas, foi elaborada uma árvore de decisão com o objetivo de reunir todos os parâmetros identificados e facilitar sua visualização e interpretação (fig. 15). Essa árvore exemplifica de maneira algorítmica os passos necessários propostos por Alberti para gerar um templo completo. Ao reunir as informações em um mesmo gráfico, podemos explicitar os tipos de variáveis que são necessárias para a geração, além da relação de dependência entre elas, como, por exemplo, o conjunto de valores para cada parâmetro.

A análise da obra de Alberti demonstra que o pensamento algorítmico, paramétrico e generativo já estava presente na mente dos arquitetos pelo menos desde o Renascimento, não sendo, portanto, algo ligado à presença dos computadores. Esta constatação é importante porque desconstrói a afirmação de que os sistemas generativos seriam resultantes da automatização do processo de projeto propiciado por desenvolvimentos tecnológicos recentes. A análise da obra de Alberti parece deixar claro justamente o contrário: esse tipo de pensamento já estava estabelecido. Este processo tem tido seu uso intensificado dada a enorme capacidade de processamento das máquinas contemporâneas.

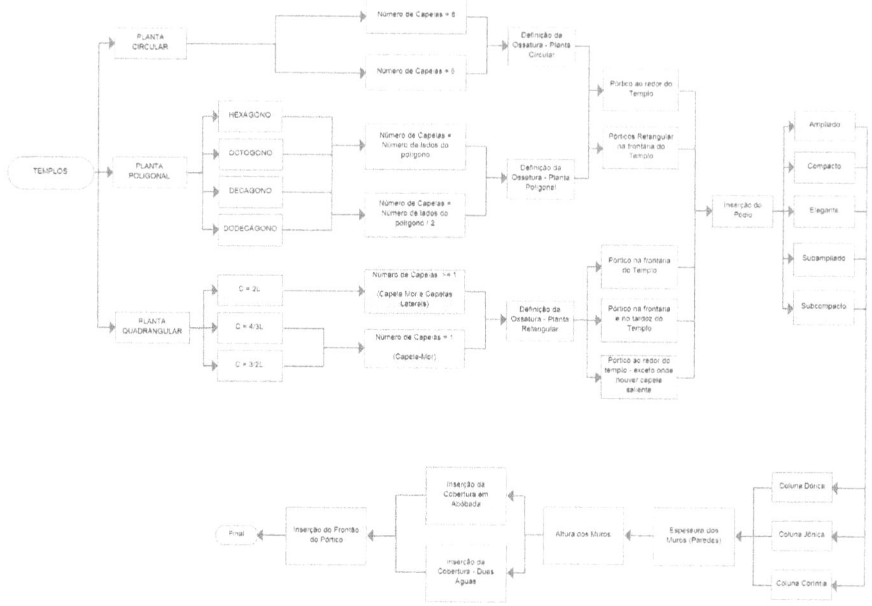

15
Árvore de decisão contendo as etapas principais para a elaboração de um templo Albertiano.

Referências

ALBERTI, L. B. **Da arte edificatória**. Traduzido por A.M.E. Santo; introdução e notas por Mário Krüger. Lisboa Fundação Calouste Gulbenkian, 1485/2011

COLI, J. Alberti e Suas Igrejas. **Discurso – Revista do Departamento de Filosofia da USP**. 1970.

COUTINHO, F.; COSTA, E. C. e; DUARTE, J. P.; KRÜGER, M. A computational interpretation of De Re aedificatoria: translating Alberti's column system into a shape grammar., Ljubljana, **Anais**..., p. 788–798, 2011

GODOI, G. **Uma interpretação computacional do "De re aedificatoria" para igrejas históricas brasileiras**. 2015. Tese (Doutorado). Faculdade de Engenharia Civil, Arquitetura e Urbanismo, Universidade Estadual de Campinas, Campinas.

MOROLLI, G.; GUZZON, M. **Leon Battista Alberti**: I nomi e le Figure : ordini, templi e fabbriche civili: immagini e architetture dai libri VII e VIII del De re aedificatoria. Firenze: Alínea, 1994.

Como citar este capítulo

GODOI, G. **Procedimentos algorítmicos: o método albertiano**. In: CELANI, M. G. C.; SEDREZ, M. (Organizadores). Arquitetura contemporânea e automação: prática e reflexão. São Paulo: ProBooks, 2018. p. 29 a 40.

A05

Gramática da forma: aplicações em habitação social

Letícia Teixeira Mendes

Segundo Knight (2000–2001), a gramática da forma foi um dos primeiros sistemas algorítmicos criados para gerar e analisar composições visuais por meio de operações envolvendo diretamente as formas, ao invés de métodos indiretos baseados em operações com símbolos matemáticos.

O sistema, desenvolvido por Stiny e Gips (1971) surgiu como resultado de uma série de ideias relacionadas ao pensamento estruturalista. O estruturalismo é uma abordagem das ciências humanas que pretende analisar um campo específico como um sistema complexo de partes inter-relacionadas (COLIN, 2009). Dentro dessa linha de pensamento existem quatro ideias fundamentais: (1) a estrutura é o que determina a posição de cada elemento como um todo; (2) todo sistema tem uma estrutura; (3) existem leis estruturais; (4) as estruturas são o que sustentam a aparência do significado (ASSITER, 1984).

Duas abordagens principais estão presentes na gramática da forma: a parametrização (fig. 16 A) e o uso de regras compositivas (*rule–based design*). A primeira estratégia consiste em definir relações topológicas entre as partes de uma forma (por exemplo, a forma retangular das quadras, no caso de um projeto urbano), sendo que a definição precisa das medidas surge apenas em uma fase subsequente do projeto. Em geral, tais dimensões podem ser selecionadas a partir de um intervalo desejável, com valores mínimos e máximos, sempre múltiplos das medidas dos componentes construtivos, resultando em maior flexibilidade e variedade (MONEDERO, 2000). A estratégia baseada em regras (BROADBENT, 1970) consiste em definir situações em que uma determinada operação gráfica pode ser aplicada e de que maneira isto pode ocorrer (fig. 16 B). Este método permite uma variedade ainda maior de resultados, uma vez que a ordem da aplicação das regras pode resultar em composições completamente diferentes. A combinação dessas duas estratégias — *rule-based design* e parâmetros — pode levar a um número ainda maior de possibilidades (fig. 16 C).

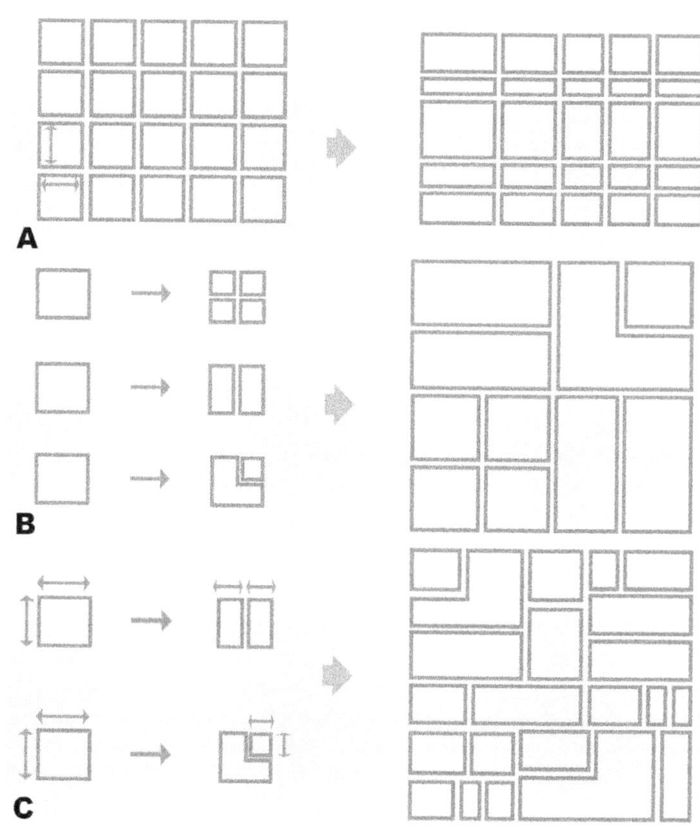

16
Diferentes abordagens projetuais: parametrização (A); projeto baseado em regras (B); combinação das duas estratégias (C).

Gramática da forma

O formalismo denominado gramática da forma — em inglês, *shape grammar* — desenvolvido por Stiny e Gips, foi apresentado originalmente no artigo intitulado "*Shape Grammars and the Generative Specification of Painting and Sculpture*", publicado em 1971 no congresso IFIP (*International Federation for Information* Processing), na área 7: Ciências e Humanidades: Modelos e aplicações para as Artes, em Liubliana, na Eslovênia (parte da antiga Iugoslávia). Nesse trabalho os autores apresentaram uma definição de gramática da forma e a aplicação desse método como especificação generativa para pinturas e esculturas, além de uma discussão sobre as implicações do uso da gramática da forma na estética e na teoria do design.

A gramática da forma consiste em um sistema de geração de formas baseado em regras, desenvolvido a partir das teorias da gramática generativa do linguista Noam Chomsky (1956) e do sistema de produção do matemático Emil Post (1943), que consistia na substituição de caracteres em uma sequência de letras com o objetivo de geração de novas sequências. A gramática generativa de Chomsky, desenvolvida nos anos 50, consistia em definir um conjunto de regras cujas combinações podiam gerar todas as sequências de palavras válidas — frases — em uma linguagem, a partir da substituição de um símbolo inicial definido.

O sistema desenvolvido por Stiny e Gips propunha o uso de formas geométricas e de transformações euclidianas, em vez de símbolos matemáticos, e da substituição de caracteres, sendo constituído principalmente por operações de translação, rotação, espelhamento e roto-translação, permitindo também a adição e subtração de formas e transformação escalar (CELANI *et al.*, 2006). Segundo Gips (1975), enquanto a gramática generativa de Chomsky era definida a partir de um alfabeto de símbolos e gerava uma linguagem formada por uma sequência de símbolos, uma gramática da forma seria definida a partir de um alfabeto de formas e geraria uma linguagem de formas.

A gramática apresentada na fig. 17 demonstra os elementos que compõem uma derivação resultante de quatro iterações, ou seja, da aplicação sucessiva de regras sobre a forma inicial selecionada. Desta maneira, a aplicação de uma regra ocorre em duas etapas:

1. Identifica-se uma sub-forma da composição em andamento idêntica à forma do lado esquerdo da regra que se deseja aplicar;

2. Substitui-se a sub-forma pela forma presente do lado direito da regra. Esse processo é sistematicamente repetido para cada nova regra que se deseja aplicar (CELANI et al., 2006).

Durante uma derivação pode ocorrer a identificação de uma sub-forma resultante da combinação de outras formas, fenômeno

17
Exemplo de gramática da forma: forma inicial, regra e derivação.

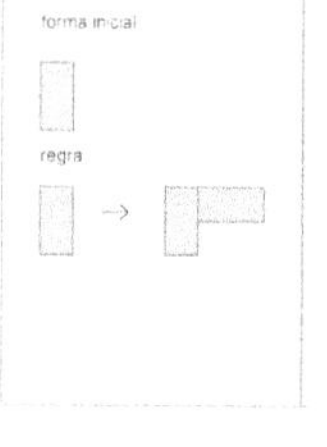

denominado emergência. Knight (2000) define a emergência como sendo

> *"a capacidade de reconhecer e, mais importante, de operar em formas que não são predefinidas em uma gramática, mas emergem, ou são formadas, a partir de quaisquer partes de formas geradas através da aplicações de regras."* (*tradução nossa*)

Outra característica da gramática da forma é que ela permite gerar composições de maneira não determinística, ou seja, a diversidade de regras e as diferentes maneiras de aplicá-las em cada passo de uma derivação permitem uma grande variedade de resultados dentro de uma mesma linguagem visual.

Tipos de gramática

Após o desenvolvimento deste formalismo, foi publicado por Stiny um artigo denominado "*Two exercises in formal composition*" (1976), que definiu a base para diversas aplicações da gramática da forma e seu potencial direcionado para a educação e prática do projeto (KNIGHT, 2000). Esse artigo propunha dois exercícios: o primeiro demonstrava o uso da gramática da forma para o desenvolvimento de composições originais, ou seja, a criação de novas linguagens ou estilos; o segundo mostrava como a gramática da forma podia ser utilizada para analisar linguagens de projetos conhecidos ou existentes (STINY, 1976).

Como um exemplo de criação de uma gramática original, pode-se citar o artigo "*Kindergarten grammars: designing with Froebel's building gifts*", em que Stiny (1980) define uma gramática para o desenvolvimento de novos projetos baseados no método do educador alemão Frederick Frobel, por meio de blocos de construção. Segundo o autor, usando regras em substituição à intuição, o projetista abandonaria a dependência da "inspiração criativa" ou do "gênio individual", passando a utilizar um pensamento claro no processo de projeto.

A primeira aplicação de uma gramática da forma analítica foi desenvolvida por Stiny e apresentada no artigo "*Ice–ray: a note on the generation of Chinese lattice designs*", em 1977. Esse trabalho também define a primeira gramática paramétrica, demostrando o potencial da utilização de parâmetros para descrever e gerar linguagens ou estilos de projetos existentes. O objetivo desse tipo de gramática é analisar composições visuais existentes, permitindo reproduzir o corpus de análise que serviu como base para a definição das regras, bem como gerar novos indivíduos pertencentes à mesma linguagem.

A gramática da forma é uma das abordagens que vêm sendo propostas para a geração sistemática de arranjos espaciais personalizados em projetos de habitação de interesse social (DUARTE, 2007; MUSSI, 2014), em resposta à padronização das plantas de habitações, bem como em contraposição à repetição e monotonia no que tange a implantação urbana de áreas habitacionais (DUARTE *et al.*, 2006; MENDES, 2014).

Partindo do potencial de aplicações e problemas de investigação que envolvem a utilização de gramática da forma como método para análise e geração de formas, este capítulo aborda exemplos de análise de projetos de habitação de interesse social (HIS). Posteriormente, apresenta alguns experimentos realizados com o intuito de gerar projetos de implantação urbana para conjuntos de HIS utilizando a gramática da forma como um sistema generativo de projeto[9].

Análise de projetos de habitação de interesse social sob a ótica da gramática da forma

A questão da repetição e padronização na arquitetura — incluindo a habitação — tem sido discutida desde a Modernidade, após o advento da produção industrial ter influenciado a construção civil, implicando em racionalidade e aumento da produção, a partir da padronização dos projetos e dos elementos construtivos. O resultado dessas transformações levou ao desenvolvimento de uma arquitetura de massa, alterando tradições construtivas locais e estabelecendo normas universais para acomodações mínimas (ROWE, 1993), resultando em monotonia e falta de qualidade dos espaços urbanos.

Ao refletir sobre a qualidade dos espaços externos coletivos, Serpa (1997) defende que é preciso desvendar o que está por trás do espaço não construído, das áreas "livres" das edificações, sendo estes necessários para o entrelaçamento entre os edifícios e as esferas pública e privada e, por fim, responsáveis pela configuração da forma final dos conjuntos habitacionais. O autor afirma que é no espaço das ruas, pátios e praças de convívio que as relações cotidianas são vivenciadas e que a qualidade da interação social depende, em grande parte, da concepção do projeto dessas áreas e de sua implantação.

O experimento descrito a seguir analisa alguns exemplos significativos de HIS no Brasil e no exterior, utilizando a gramática da forma como método, demonstrando, por meio da inferência de regras, o grau de complexidade para geração de implantação urbana dos blocos ou unidades habitacionais dos estudos analisados (fig. 18). Dessa forma, foi possível propor uma categorização dos principais tipos de implantação observados.

A análise das regras de implantação de cada estudo de caso, sob a ótica da gramática da forma, permitiu detectar alguns padrões nas soluções adotadas. Nos projetos analisados foram identificadas, na maioria dos casos, regras constituídas por transformações de translação e espelhamento. As transformações de rotação e roto-

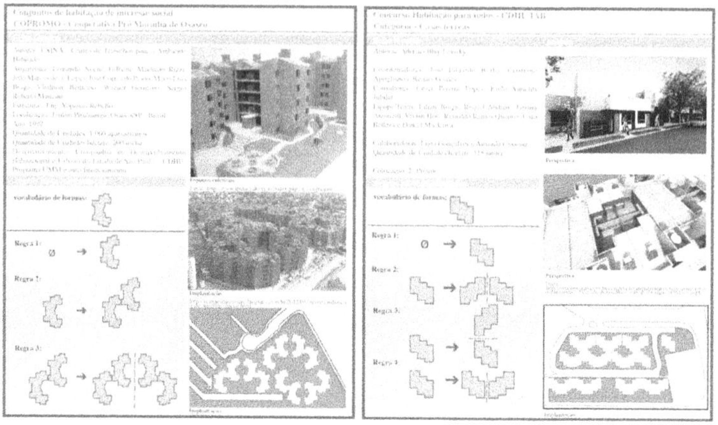

18
O uso da gramática da forma como método analítico.

translação só estiveram presentes em poucos casos, mas em geral deram origem a espaços externos mais diversificados e interessantes. Por meio da relação figura-fundo, foi possível avaliar a qualidade dos espaços externos criados a partir dessas composições. Observou-se que os conjuntos habitacionais mais bem sucedidos foram aqueles que apresentaram uma gradação hierárquica da escala das áreas externas, permitindo diferentes usos e apropriações por parte dos moradores. Este estudo contribuiu para verificar possíveis soluções para a geração de ordenação espacial de unidades ou blocos habitacionais em conjuntos de HIS e desenvolver a categorização de diferentes tipos de implantação, com o objetivo de relacionar a qualidade do espaço externo gerado a partir da configuração, alinhamento ou agrupamento dos edifícios (fig. 19).

Outros estudos também foram desenvolvidos com o intuito de demonstrar o potencial do uso da gramática da forma para gerar projetos com maior diversidade nas áreas externas e espaços públicos, incentivando a apropriação do espaço e identidade dos

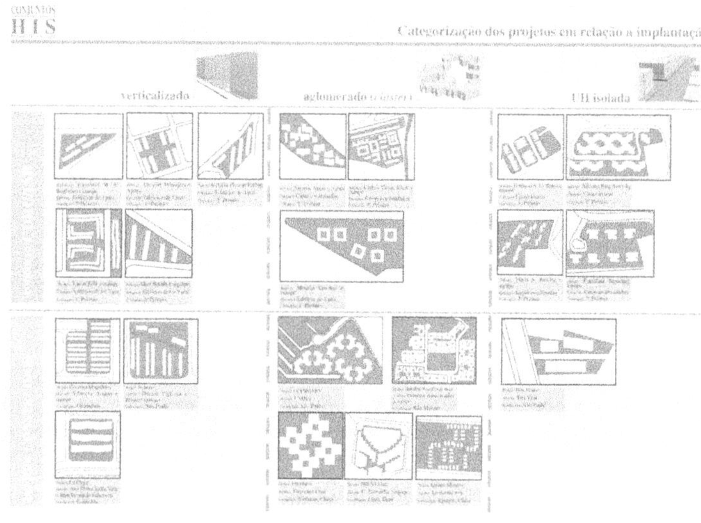

19
Categorização de projetos de conjuntos de HIS em relação a implantação, analisados sob a ótica da gramática da forma.

moradores (MENDES *et al.*, 2013; MENDES; CELANI; BEIRÃO, 2014). Em um desses estudos foi feita uma análise do conjunto habitacional Belapur, localizado na Índia. Para o mesmo projeto, foram consideradas duas abordagens projetuais diferentes — *bottom-up* e *top-down* — com o objetivo de compará-las e analisar a que melhor corresponderia aos conceitos de projeto aplicados pelo arquiteto Charles Correa (MENDES *et al.*, 2015).

O conjunto Belapur foi projetado entre os anos de 1983 e 1986, com tipologias que variam de 45 m^2 a 70 m^2 e abrangem uma variada gama de grupos de renda — da baixa à média-alta (CORREA, 1989). O conjunto possui alta densidade habitacional — 500 habitantes por hectare, incluindo áreas externas, escolas, etc. (CORREA, 1999) e está implantado em uma área de seis hectares, localizada a um quilômetro do centro da cidade de Nova Bombaim. Neste projeto, foi analisada a organização das áreas externas: como seus espaços comunitários foram hierarquicamente criados a partir de uma estrutura fractal, caracterizada por um agrupamento de 7 unidades habitacionais em torno de um pátio semi-privado com cerca de 8 m x 8 m. Esta composição é repetida em escalas progressivamente maiores, criando composições auto-semelhantes que se repetem, originando uma estrutura iterada três vezes. A primeira configuração oferece mais privacidade e um senso de bairro em escala menor. Três desses grupos se combinam para formar um módulo maior de 21 casas, em torno de um espaço comunitário de 12 m x 12 m (fig. 20).

O desenvolvimento das duas gramáticas da forma, a partir da análise do conjunto habitacional Belapur, contribuiu para inferir padrões projetuais (*design patterns*) comuns entre os diferentes estudos de caso analisados, e possibilitou estudar estratégias para a implementação da gramática e analisar abordagens que podem representar ou traduzir a intenção do projetista, a partir do conceito de incrementalidade (CORREA, 1989).

Este estudo demonstrou que a utilização da gramática da forma pode contribuir para a melhoria dos espaços públicos e áreas comunitárias, como um mecanismo de projeto que permite a composição dos espaços em uma estrutura hierárquica, de acordo

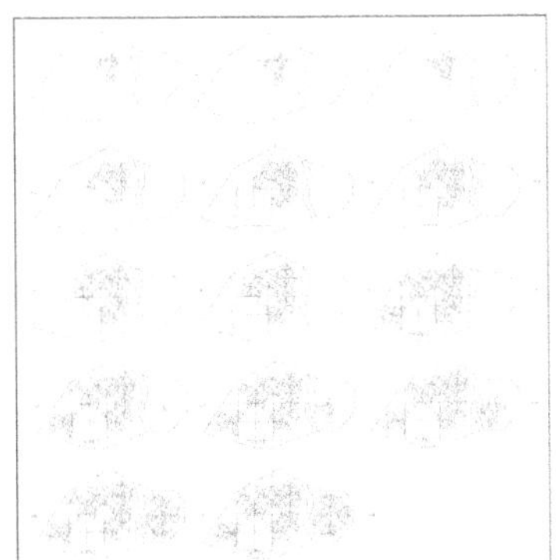

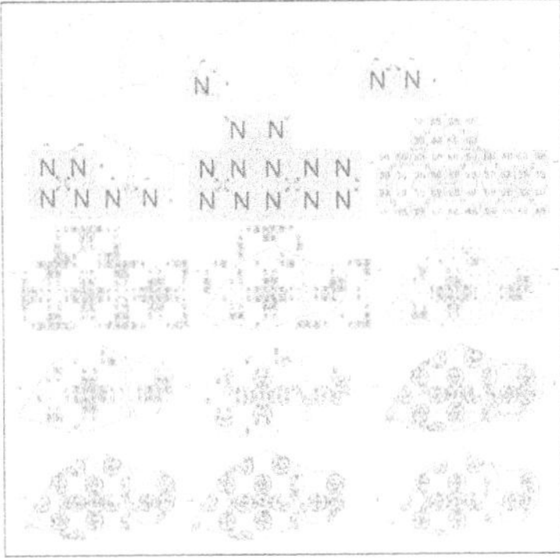

20
Derivações originadas a partir da aplicação da gramática da forma de Belapur: abordagens bottom-up e top-down.

com as necessidades do local.

Workshop de implantação de conjuntos de habitação de interesse social: a gramática da forma em uma experiência didática

A metodologia proposta para o exercício projetual descrito a seguir baseia-se no método da pesquisa-ação, proposto por Lewin (1946) e na prática reflexiva, definida por Schön (1983). Segundo Tripp (2005), estes métodos se inserem no processo básico de investigação-ação. O método desenvolvido por Lewin é uma estratégia para o desenvolvimento de professores e pesquisadores que utilizam suas pesquisas para aprimorar sua didática e, como consequência, o aprendizado de seus alunos. O livro *The Reflective Practitioner*, de Schön (1984), propõe o seguinte questionamento: "que tipo de educação profissional seria adequada para uma epistemologia da prática baseada na *reflexão–na–ação*?". Assim, este método teve como objetivo propor uma teoria do conhecimento que tem, como ponto de partida, a competência o talento inerentes à prática profissional em um exercício definido como *reflexão–na–ação*, ou seja, o "pensar o que fazem, enquanto o fazem".

Com o objetivo de testar o método, foram organizados três workshops com alunos do curso de Arquitetura e Urbanismo da Unicamp. Cada um deles foi direcionado para diferentes escalas do projeto de um conjunto habitacional: (1) desenho urbano (escala do bairro) (BEIRÃO; MENDES; CELANI, 2015), (2) implantação urbana do conjunto habitacional e (3) relação entre os edifícios e os espaços externos. O primeiro workshop, denominado *Parametric Urban Design*, teve como objetivo a utilização da modelagem paramétrica para a geração de planos urbanos de conjuntos de HIS a partir da utilização de um conjunto de ferramentas definido como *CItyMaker*[10]. A nomenclatura dessa ferramenta remete ao conceito de CIM (*City Information Modeling*) (MONTENEGRO; BEIRÃO; DUARTE, 2011; GIL; ALMEIDA; DUARTE, 2011) e tem como objetivo analisar, gerir e projetar o espaço urbano, como suporte à

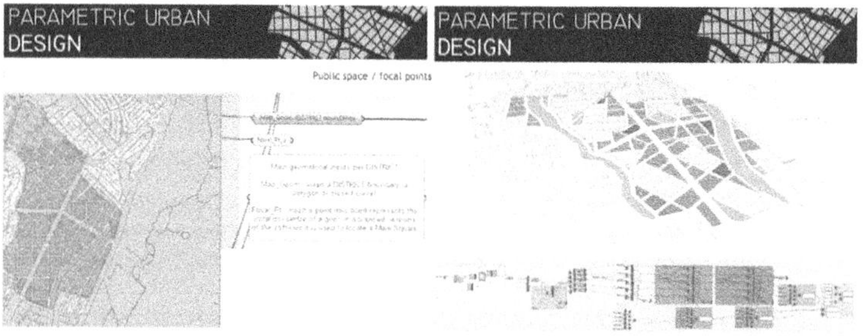

21
Apresentação do projeto de uma das equipes a partir da utilização da ferramenta CityMaker.

decisão em projetos urbanísticos.

A realização desse workshop possibilitou uma oportunidade de aplicação de uma nova ferramenta de projeto, desenvolvida por Beirão durante seu doutorado na Universidade Técnica de Delft (TU Delft) e na Universidade Técnica de Lisboa (UT Lisboa), no âmbito do projeto *City Induction* (DUARTE; BEIRÃO; MONTENEGRO; GIL, 2012), que consiste em uma abordagem para a análise e geração de planos urbanísticos (BEIRÃO, 2012). Esse método permite a utilização de padrões paramétricos programados em uma plataforma constituída por um programa de modelagem tridimensional e uma interface de programação paramétrica (fig. 21).

Na etapa inicial, o primeiro workshop consistiu em demonstrar a viabilidade da utilização da gramática da forma para o desenvolvimento de um projeto de conjunto de HIS, com foco na questão da implantação dos edifícios e áreas externas. A experiência didática mostrou-se de grande relevância, uma vez que demonstrou o potencial da utilização de regras paramétricas implementadas em um sistema computacional no ensino de desenho urbano. Outra importante questão levantada a partir dessa atividade foi a observação do rápido desenvolvimento de soluções voltadas para a escala do bairro, e ainda sua capacidade para explorar diferentes soluções, considerando diversos parâmetros e variáveis envolvidas: uso e ocupação do solo, densidade, conexão de áreas verdes, entre outros aspectos (fig. 22).

O 2º e 3º workshops aconteceram no Laboratório de Automação e Prototipagem para Arquitetura e Construção (LAPAC) da Unicamp e estruturados em três etapas: fase teórica, fase de desenvolvimento e fase prática. No 2º workshop os alunos deveriam desenvolver uma gramática da forma a partir do o uso de modelos físicos, com o objetivo de inferir regras a respeito da implantação de conjuntos habitacionais existentes e, em seguida, deveriam criar regras para gerar uma proposta de implantação para um conjunto de HIS (fig. 23). No 3º workshop, os alunos receberam regras preestabelecidas

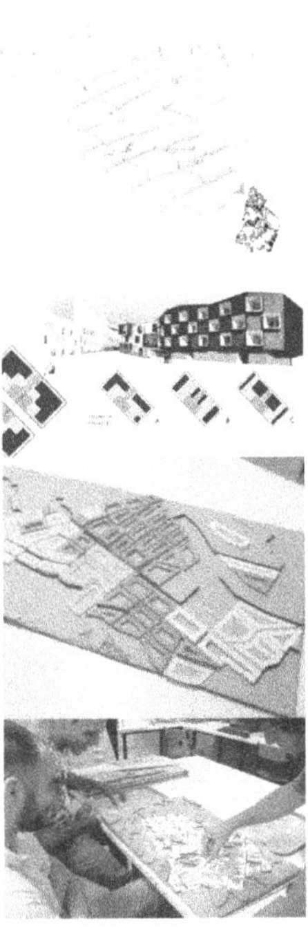

22
Apresentação do projeto de uma das equipes e maquetes desenvolvidas com tecnologias de prototipagem rápida.

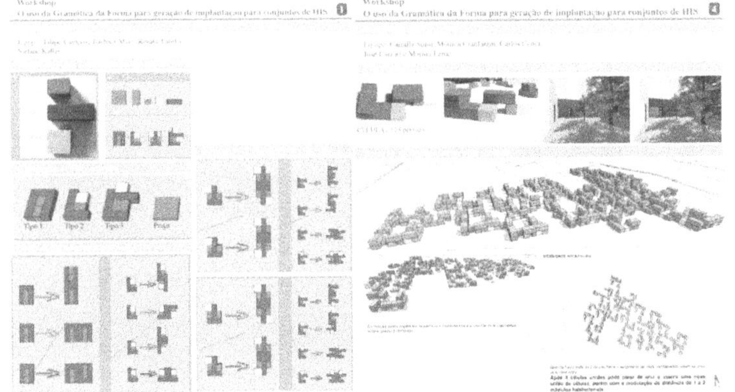

23
Apresentação de duas equipes: vocabulário para unidades habitacionais, regras para agrupamento das UHs e solução de implantação apresentada.

e puderam focar na criação dos espaços públicos, na hierarquia entre eles e na relação edifício-entorno. Dessa forma, foi possível comparar os resultados obtidos a partir do uso de uma ferramenta computacional para a geração das soluções projetuais (1º workshop) e o uso de modelos físicos para a aplicação em soluções de conjuntos de HIS (2º e 3º workshops).

Os modelos foram construídos com blocos de madeira de diferentes tamanhos e cores, os mesmos utilizados para o ensino de operações matemáticas de frações para crianças, semelhantes aos blocos de Froebl. Esse material se mostrou bastante adequado, pelo fácil manuseio, possibilidade de experimentação de diferentes soluções (as peças podem ser coladas com fita dupla-face), além de permitir a definição de escala do modelo de acordo com as regras da gramática. Por exemplo: um cubo amarelo pode representar uma unidade habitacional inteira ou apenas um cômodo da casa, dependendo da escala definida e do vocabulário da gramática (fig. 24).

O 3º workshop teve como objetivo desenvolver um projeto de conjunto de HIS utilizando a gramática da forma como método projetual, enfatizando a definição dos seguintes elementos: a) espaços públicos; b) áreas de lazer, praças e espaços comunitários; c) comércio; d) sistema de transporte. Foi solicitado que os alunos levassem em consideração a relação transporte/pedestres, a hierarquia das vias, a sustentabilidade e a densidade habitacional, estabelecida entre 300 e 400 habitantes por hectare.

O vocabulário de formas foi previamente definido, baseado apenas em blocos de diferentes dimensões, nas cores azul e vermelho. Optou-se por disponibilizar aos alunos uma gramática pré-definida para a geração das unidades habitacionais, para que os resultados do exercício projetual fossem direcionados às questões relacionadas à implantação dos blocos, ao desenho das áreas externas e à escala dos espaços públicos (fig. 25).

A avaliação dos resultados foi feita por meio de questionários aplicados aos alunos e embasada na opinião de especialistas, que participaram em cada etapa do trabalho[11]. Dessa forma, foi possível

24
Alunos do curso de Arquitetura e Urbanismo da Unicamp desenvolvendo o exercício projetual e o material didático utilizado - blocos de madeira.

observar a importância de disponibilizar para os alunos ferramentas que lhes permitissem, de uma maneira sistemática e objetiva, alcançar resultados de maior complexidade, variedade, ganho qualitativo e com consciência dos seus objetivos (intencionalidade da aplicação das regras).

Considerações finais

As inquietações que nos levaram a esta pesquisa foram construídas a partir da questão do déficit habitacional no Brasil e de uma crítica às principais características dos conjuntos habitacionais brasileiros, analisados sob a ótica da gramática da forma e por meio da relação de figura-fundo. Partindo da análise das regras de composição da implantação de cada estudo de caso, foi possível avaliar a qualidade de seus espaços externos e propor uma categorização dos principais tipos de implantação observados. Essa etapa contribuiu para verificar as possíveis soluções para geração de ordenação espacial de unidades ou blocos habitacionais, permitindo relacionar a qualidade do espaço externo gerado às regras inferidas.

A partir dos estudos e experimentos realizados, as seguintes conclusões foram obtidas:

• A análise dos conjuntos habitacionais, com o uso da gramática da forma, permitiu identificar que o problema não está relacionado

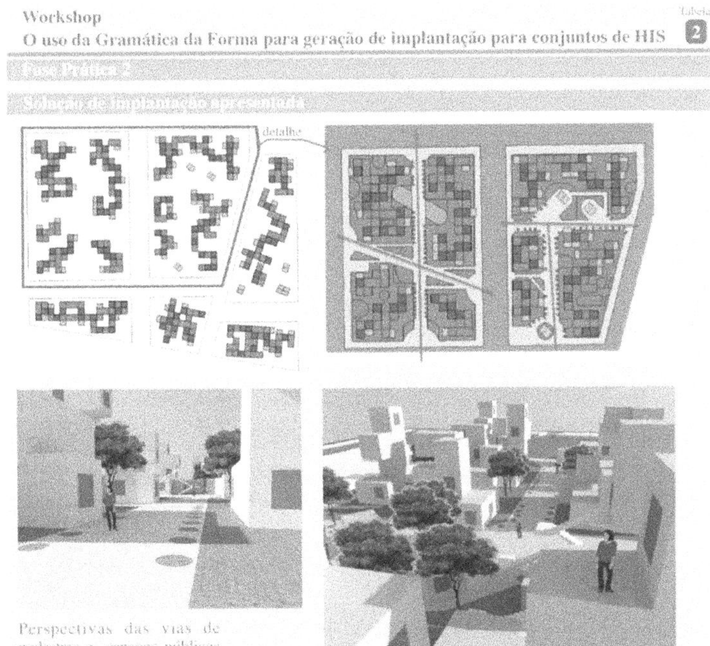

25
Apresentação de projeto de uma das equipes (3º workshop): implantação e perspectivas.

necessariamente à ausência de diversidade de tipos habitacionais, mas à maneira como estão dispostos no espaço. A existência de uma diversidade de tipos não garante uma implantação urbana com espaços públicos de qualidade.

• Assim como a variedade de tipos de unidades habitacionais, a diversidade dos espaços livres é igualmente importante para a qualidade de um projeto de conjunto de HIS. O uso combinado das duas estratégias permitem criar hierarquias de espaços, colaborar para reforçar o sentimento de identidade em uma comunidade, estimular a diversidade de programas de necessidades, entre outras possibilidades. Nesta pesquisa, o principal objetivo esteve voltado aos métodos com os quais é possível obter uma implantação mais rica, levando em consideração que uma maior variedade de tipos em um projeto de HIS pode colaborar para que este apresente uma maior qualidade de vida para seus ocupantes.

• Foi possível observar a importância de disponibilizar aos alunos ferramentas que lhes permitam, de uma maneira sistemática e objetiva, alcançar resultados de maior complexidade, variedade, ganho qualitativo e com consciência dos seus objetivos (intencionalidade da aplicação das regras).

• O uso dos métodos adotados contribuiu para a criação de composições com maior diversidade e qualidade espacial, o que pôde ser comprovado por meio de questionários aplicados aos alunos participantes e da avaliação de especialistas.

Referências

ASSITER, A. Althusser and structuralism, **The British journal of sociology**, vol. 35, no. 2, Blackwell Publishing, 1984, p.272–296.

BEIRÃO, J. N. CItyMaker.DesigningGrammars for Urban Design. **Architecture and the Built Environment**, n. 5, p. 1–440, 2012.

BEIRÃO, J. N.; MENDES, L. T.; CELANI, G. O uso do CIM (City Information Modeling) para geração de implantação em conjuntos de habitação de interesse social: uma experiência de ensino. **Gestão e Tecnologia de Projetos**, São Paulo, v. 10, n. 2, p. 101–112 , jul./dez. 2015.

BERGHAUSER PONT, M.; HAUPT, P. **Spacematrix**. Rotterdam: NAi Publishers, 2010.

BROADBENT, G. **Design in architecture**: architecture and the human sciences. London: John Willey & Sons, 1970.

CELANI, G.; CYPRIANO, D.; GODOI, G.; VAZ, C. E. V. A gramática da forma como metodologia de análise e síntese em arquitetura. **Conexão** – comunicação e cultura/Universidade de Caxias do Sul, Caxias do Sul, v. 5, n. 10, p. 180–197, jul./dez. 2006.

CELANI, G. Algorithmic sustainable design: uma visão crítica do projeto generativo. **Resenhas Online**, São Paulo. Ano 10, n.116,03, Vitruvius, 2011.

COLIN, S. As estruturas. **Revista AU**. Editora PINI: no 181. Abril, 2009, p.81.

CORREA, C. **Housing and Urbanization**. New York: Thames & Hudson. 1999, p.48–51.

CORREA, C. **The New Landscape**: Urbanization in the Third World. London: Butterworth Architecture, Mimar Book, 1989.

DUARTE, J. P. **Personalizar a habitação em série: Uma Gramática Discursiva para as Casas da Malagueira do Siza**. Tese (Doutorado). Lisboa: Ed. Fundação Calouste Gulbenkian, 2007.

DUARTE, J. P.; DUCLA-SOARES, G.; CALDAS, L. G.; ROCHA, J. An urban grammar for the medina of Marrakech: towards a tool for urban design in Islamic contexts. In: **Design Computing and Cognition** '06, 483–502. 2006. Netherlands.

DUARTE, J. P.; BEIRÃO, J. N.; MONTENEGRO, N.; GIL, J. City induction: formulating, generating, and evaluating urban plans. In: ARISONA, S. M.; WONKA, P.; ASCHWANDEN, G.; ALATSCH J. (Eds.). **Digital urban modeling and simulation**. Communications in Computer and Information Science (CCIS), v. 242, p. 79–104, 2012.

DUARTE, J. P.; BEIRÃO, J. N. Towards a methodology for flexible urban design: designing with urban patterns and shape grammars. **Environment and Planning B**: planning and design, v. 38, n. 5, p. 879–902, 2012.

DUARTE, J. P.; BEIRÃO, J. N. Towards a methodology for flexible urban design: designing with urban patterns and shape grammars. **Environment and Planning B**: planning and design, v. 38, n. 5, p. 879–902, 2012.

GIL, J.; ALMEIDA, J.; DUARTE, J. P. The backbone of a City Information Model (CIM): implementing a spatial data model for urban design. In: **Conference on Education in Computer–Aided Architectural Design in Europe**, 29. Proceedings... Ljubljana, Slovenia, September 19–20, 2011, p. 143–151.

GIPS, J. **Shape grammars and their uses**: artificial perception, shape generation and computer aesthetics. Basel: Birkhaüser, 1975.

KNIGHT, T. Shape Grammars in education and practice: history and prospects. **International Journal of Design Computing**, v. 2, 2000–2001.

LEWIN, K. Action research and minority problems. **Journal of Social Issues**, n. 2, p. 34–36, 1946.

MENDES, L. T. **Personalização de habitação de interesse social no Brasil**: o caso da implantação urbana em conjuntos habitacionais. 2014. Tese (Doutorado). Faculdade de Engenharia Civil, Arquitetura e Urbanismo, Universidade Estadual de Campinas, Campinas.

MENDES, L. T.; CELANI, G.; BEIRÃO, J. N. Meta-PREVI Grammar. In: **International Journal of Architectural Computing**, n. 4, vol. 12, 2014, p. 459– 476.

MENDES, L. T., CELANI, G., BEIRÃO, J. N. A gramática da forma como método de análise de conjuntos de habitação de interesse social: o caso do conjunto Belapur – New Bombay, Índia. In: **Congresso Internacional de Habitação no Espaço Lusófono** CIHEL – LNEC. Proceedings Congresso Internacional de Habitação no Espaço Lusófono, 2015, p. 855–872.

MENDES, L. T., BEIRÃO, J. N.; DUARTE, J. P.; CELANI, G. A bottom-up social housing system described with Shape Grammars. In: Stouffs R, Sariyildiz S. (eds).Education and Research in Computer-Aided Architectural Design in Europe – **eCAADe**. Proceedings of the

31st eCAADe Conference. Faculty of Architecture, Delft University of Technology, Delft, The Netherlands, 2013, p. 705–714.

MITCHELL, W. J. **A Lógica na arquitetura**. Campinas: Ed. Unicamp, 2008.

MONEDERO, J. Parametric design: a review and some experiences. **Automation in Construction**. Volume 9, Issue 4, July 2000, p. 369–377.

MONTENEGRO, Nuno; BEIRÃO, José Nuno; DUARTE, José Pinto. Public space patterns: towards a CIM standard for urban public space. In: **Conference on Education in Computer-Aided Architectural Design in Europe**, 29. Proceedings... Ljubljana, Slovenia, September 19–20, 2011, p. 79–86.

MUSSI, A. Q. **Os padrões de ampliação espontânea de habitações de interesse social em Porto Alegre, RS, e Região Metropolitana**: uma proposta de aplicação da Gramática da Forma e Sintaxe Espacial. 2014. Tese (Doutorado). Universidade Federal do Rio Grande do Sul, Porto Alegre.

ROWE, P. G. **Modernity and housing**. MIT Press, Massachusetts, 1993.

SERPA, A. Por uma nova paisagem habitacional. **Arquitetura e Urbanismo**, n. 71, abr/mai 1997.

SCHÖN, D. **The reflective practitioner**: how professionals think in action. Nova York: Basic Books, 1983.

SCHÖN, D. **Educando o profissional reflexivo**: um novo design para o ensino e a aprendizagem. Porto Alegre: Ed. Artmed, 2000.

STINY, G. Two exercises in formal composition. **Environment and Planning B**, v. 3, p. 187–210, 1976.

STINY, G. Kindergarten grammars: designing with Froebel's building gifts. **Environment and Planning B**, v. 7, p. 409–462, 1980.

STINY, G. Ice-Ray: A note on Chinese lattice designs. **Environment and Planning B** 04, 89–98, 1977.

STINY, G.; GIPS, J. Shape Grammars and the generative specification of painting and sculpture. In: C V Freiman (ed.) **Proceedings of IFIP Congress** 71 (Amsterdam: North-Holland) 1460–1465. Republished in O R Petrocelli (ed.), The Best Computer Papers of 1971 (Philadelphia: Auerbach) p. 125–13, 1971.

TRIPP, D. **Pesquisa-ação: uma introdução metodológica**. Trad. Lólio Lourenço de Oliveira. Educação e Pesquisa, São Paulo, v. 31, n. 3, p. 443–466, set./dez. 2005.

Como citar este capítulo

MENDES, L. T. **Gramática da forma: aplicações em de habitação social**. In: CELANI, M. G. C.; SEDREZ, M. (Organizadores). Arquitetura contemporânea e automação: prática e reflexão. São Paulo: ProBooks, 2018. p. 41 a 54.

A06

Geometria fractal: da escala do edifício à escala da cidade

Maycon Sedrez

A geometria fractal (GF) é um sistema generativo (SG) que pode ser facilmente automatizado por meio de aplicação de regras. As aplicações da GF em projetos de arquitetura têm sido exploradas nas últimas décadas por muitos pesquisadores, como Yessios (1987), Bovill (1996), Moisset (2003), Haggard, Cooper e Gyovai (2006), Ostwald (2009), Salingaros (2010) e Harris (2012). A discussão sobre o uso de fractais na arquitetura é particularmente interessante quando se considera a possibilidade do uso da programação e da fabricação digital no processo de projeto.

A GF foi desenvolvida por Benoît Mandelbrot no final da década de 70. Os fractais são figuras de grande complexidade geradas por regras simples, envolvendo iterações em escalas infinitas. Desde os anos 80, a GF tem sido usada pelos arquitetos como SG ou como conceito de projeto. Neste capítulo será apresentada a importância da GF para a arquitetura do ponto de vista teórico, além de exemplos de aplicações.

A GF tem suas primeiras aplicações em arquitetura no começo dos anos 80, com um declínio nos anos 90 (OSTWALD, 2001) e um retorno considerável nos anos 2000. Antes da industrialização da construção, quando a produção da arquitetura ainda era condicionada aos métodos de manufatura artesanais, as formas complexas eram muito valorizadas. No entanto, dada a necessidade de se construir de modo mais rápido e ágil no período pós-guerra, grandes mudanças ocorreram no modo de se produzir arquitetura; esta mudança de cenário é apontada como uma das bases do movimento moderno. Nesse período, surge também uma postura ideológica em favor das formas simples, puras, levando ao desaparecimento das formas complexas. Outra questão a se considerar, no que diz respeito à simplificação das formas, são os meios de produção industrial do início do século XX, que estavam direcionados à produção em massa.

No início da década de 80, durante o movimento pós-moderno, os arquitetos voltaram a buscar a complexidade de formas (VENTURI, 1995; JENCKS, 2002; JENCKS, 1997b). A teoria da complexidade e a teoria do caos, surgidas na década de 70 (CAPRA, 1996), desempenharam um papel fundamental no ressurgimento da complexidade em arquitetura naquele momento. No início, esta apropriação de conceitos se deu como uma crítica ao movimento modernista: os arquitetos propunham a ornamentação como forma de resgatar o significado e o simbolismo na arquitetura (VENTURI; IZENOUR; BROWN, 1972).

Atualmente, o movimento em direção à complexidade está ligado à incorporação de novos métodos industriais que viabilizam a produção de formas complexas com custos menores. Por isso, os arquitetos tem se apoiado em conhecimentos mais aprofundados de matemática e geometria, que são essenciais para a produção de tal complexidade (FISCHER; HERR, 2001; BURRY; BURRY, 2010). Dois fatores colaboram com essa abordagem da arquitetura: a disponibilidade de ferramentas computacionais tanto para geração de formas complexas quanto para sua análise e simulação, e os avanços nas tecnologias de fabricação, que permitem a produção automatizada de partes do edifício. Kolarevic e Klinger (2008:13) afirmam que, no começo dos anos 2000, "o fascínio pela geometria complexa (...) foi substituído pela exploração dos efeitos de superfícies altamente trabalhadas, com padrões complexos, texturas e relevos" (tradução nossa). Os autores chamam esses projetos de "*minimalismo ornamentado*".

Fractais

A GF é frequentemente associada à geometria presente na natureza. Os fractais podem representar algumas formas e fenômenos naturais, nos ajudando a compreendê-los. Essa relação tem origem nas palavras do próprio Mandelbrot (1983), que afirmava que a geometria euclidiana não conseguia descrever a natureza de maneira adequada. A palavra fractal, cunhada por ele, é derivada da palavra latina que significa fragmentado, quebrado ou descontínuo. Foi somente no final dos anos 70, com o acesso a computadores mais rápidos e com recursos gráficos mais potentes da IBM, que Benoît Mandelbrot pode finalmente simular essas estruturas, que já haviam vinham sendo descritas por diversos matemáticos desde o século XVII.

O fractais apresentam características como a auto-organização, o caos ordenado e a emergência de formas, mas a sua principal propriedade é a repetição infinita de um procedimento produzindo autossimilaridade. Fractais são gerados por meio de um processo chamado de iteração. A iteração fractal é um processo baseado em regras de substituição por adição ou subtração de um elemento escalonado e auto-similar ao objeto inicial. Uma função iterada pode ser definida como a repetição de um bloco de ações em um programa computacional. A iteração descreve o estilo de programação usado em linguagens imperativas, já a recursão tem uma abordagem mais declarativa.

Em funções recursivas, a solução de um problema depende da solução de partes menores do mesmo problema. Uma função recursiva é uma estratégia de programação utilizada para dividir um problema em partes menores, mas similares ao problema maior, permitindo resolver os problemas menores e em seguida combinar os resultados.

Harris (2012:249) propõe um conceito de algoritmo recursivo e iterativo em relação à geração de fractais (tradução nossa):

> *"Um algoritmo recursivo referencia-se a si próprio até que um determinado estado seja atingido e integrado a um conjunto de instruções. Algoritmos iterativos utilizam construções repetitivas, como laços de código, que são conjuntos de instruções que são repetidas por um determinado número de vezes. Os algoritmos utilizados para gerar formas fractais utilizam um procedimento computacional que inclui a recursão e a iteração."*

Salingaros (2012:12) explica que os fractais podem ser construídos tanto por meio da sobreposição de elementos, como da retirada de material ou da perfuração em padrões ordenados.

A samambaia, por exemplo, segue um padrão de organização acumulativa de folhas que apresenta autossimilaridade nas diferentes escalas. Os fractais, criados por meio da iteração de expressões matemáticas simples, podem produzir um comportamento complexo

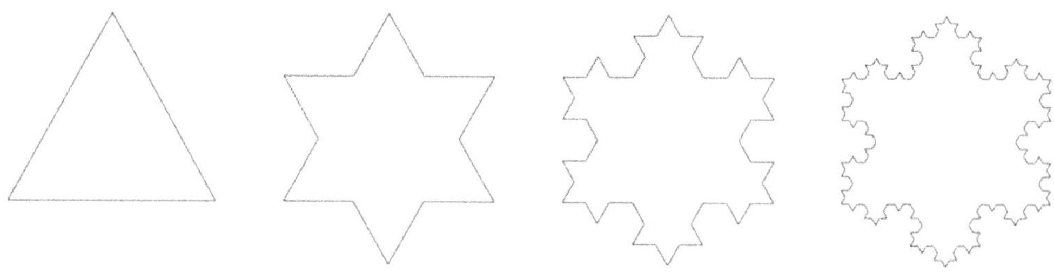

26
Ilha de Koch. Figura inicial e 3 iteraçãoes.

e irregular que parece aleatório. Segundo Wagensberg, (2005:250), esta é "talvez a maneira mais simples de criar complexidade: iterando um padrão um determinado número de vezes em cenários cada vez menores" (tradução nossa).

Os elementos necessários para produzir um fractal são um iniciador e um gerador, sendo que o gerador substitui o objeto inicial em um processo iterativo. Yessios (1987), que aplicou pela primeira fractais em um ateliê de projeto, explica: "o gerador, do ponto de vista prático, é uma regra de produção[12]: deve-se substituir cada segmento de linha da forma base (iniciador) pela forma do gerador". O número de iterações está diretamente relacionado à quantidade de informação do objeto. No fractal ilha de Koch (fig. 26), quando o número de iterações aumenta, o perímetro do objeto aumenta infinitamente, enquanto a área tende a se manter constante.

Ostwald (2009) afirma que nas últimas décadas mais de 200 projetos de arquitetura ou de teoria da arquitetura foram publicados abordando a GF. Segundo ele, um fator a se considerar ao se aplicar fractais no projeto é que esses objetos, em teoria, permitem um número de iterações infinitas, algo que não seria possível na arquitetura. Mesmo na natureza, as iterações fractais não se prolongam indefinidamente (WAGENSBERG, 2005).

Historicamente, o conceito de aplicação recursiva de regras simples pode ser encontrado na arquitetura muito antes da criação do termo GF. O matemático Ron Eglash (1999), por exemplo, identificou padrões fractais na arquitetura africana, no traçado de suas cidades e em motivos decorativos. Mas, segundo Ostwald (2001), os padrões recursivos que podem ser encontrados em castelos medievais e em igrejas góticas e barrocas não são criações conscientes de projetos com fractais, apesar de apresentarem algo que remete a essa geometria. Outros autores como Sala e Cappellato (2004) identificam a auto-semelhança presente na arquitetura de templos Hindus e Maias, arquitetura tailandesa, islâmica, russa e japonesa. O mesmo uso da auto-semelhança pode ser observado em projetos mais recentes, como na Ópera de Sidney de Jorn Utzon, na midiateca de Mario Botta e na Casa Palmer de Frank Lloyd Wright (SALA; CAPPELLATO, 2004). As autoras ainda fazem uma análise de obras que usam biomorfismo de animais e rochas em projetos de grande complexidade, ao mesmo tempo em que tais resultados não são diretamente relacionados à GF. Os templos Hindus apresentam padrões de autossimilaridade, e tal característica está relacionada a conceitos próprios daquela religião, como a maneira como interpretam e descrevem a concepção do universo (JOYE, 2007).

Mas, segundo Ostwald (2009), a apropriação do termo "fractal" por arquitetos frequentemente restringiu-se ao uso desta palavra para se referir à uma determinada estética visual, relacionando-o ao seu significado original, ligado ao conceito de transformações geométricas. Portanto, segundo este autor, o conceito "arquitetura fractal" apresenta muitos problemas conceituais e práticos. Como dito anteriormente, um edifício jamais poderá ser matematicamente auto-similar em um número infinito de escalas. A denominação "arquitetura fractal" não possui significado em termos científicos ou matemáticos, pois

> *"a geometria é tradicionalmente território do matemático e do cientista; a arquitetura não produz sistemas de geometria, apenas se apropria deles e os consome"»* (OSTWALD, 2009:186)", (*tradução nossa*).

Ostwald (2009) afirma que a apropriação de ícones fractais é a maneira que melhor expressa resultados coerentes em termos arquitetônicos, pois os ícones retém a conexão com o seu significado original mesmo após a apropriação. Ele estuda oito projetos detalhadamente: Frankfurt Biocentre, de Peter Eisenman, Inter-University Centre for Astronomy and Astrophysics - IUCAA, de Charles Correa e o European Space and Technology Centre - ESTEC, de Aldo e Hannie van Eyck, que foram categorizados como construídos; três projetos de arquitetos russos, exibidos na exposição Paper Architecture em 1991, e categorizados como impossíveis de serem construídos; e dois projetos de interiores.

Atualmente, as aplicações de fractais são acompanhadas de técnicas paramétricas de projeto. Woodburry (2010) explica quando, por que e como usar a recursão no projeto (tradução nossa):

> *"Quando: A hierarquia como estratégia de projeto permite relacionar as partes e o todo. (...)*
>
> *Por quê: Alguns modelos complexos, como espirais, estruturas de ramificação ou curvas podem ser elegantemente representados com uma função recursiva. (...)*
>
> Como: A recursão requer uma forma-base (um objeto geométrico) e uma regra de replicação."

Os interessados em usar a GF em seus projetos devem ter consciência de que possivelmente terão o ornamento como resultado. Salingaros (2007:84) manifesta–se a favor do uso de fractais na arquitetura enfatizando a importância do ornamento uma maneira de se obter coerência entre as diversas escalas: "A estrutura visual de um edifício nas escalas de 1mm a 1m era obtida, no passado, através do ornamento e do detalhe tradicionais" (tradução nossa). *Por outro lado, Lorenz (2014:668) afirma que "no entanto, devido ao processo de construção, à intenção do arquiteto e às restrições materiais, as características fractais são, em geral, restritas a uma determinada gama de escalas" (tradução nossa).*

Taylor (2006:249) acredita que existem dois caminhos para o uso da GF em arquitetura: o mais radical seria projetar a estrutura completa do edifício com base na geometria fractal, enquanto "uma abordagem menos radical seria usar uma forma euclidiana para a estrutura básica do edifício e incorporar fractais no projeto, por exemplo, por meio da pintura, luminárias ou estruturas sobrepostas" (tradução nossa).

Ambos os caminhos já foram percorridos por arquitetos no mundo todo, mas ainda assim o potencial dessa abordagem não está esgotado. Harris (2012:3) explica sua visão do uso de fractais na arquitetura: "a arquitetura fractal é uma direção inovadora no projeto e desenvolvimento da forma arquitetônica, (...) se o número de recursões é grande, resulta em uma estrutura densa que desafia a questão dimensional".

Vios e Ramilo (2013) descrevem novos processos de geração de formas na arquitetura a partir das novas tecnologias digitais: projeto computacional e fabricação digital. Os autores categorizam diferentes métodos, após elaborarem cinco projetos de arquitetura usando ferramentas computacionais. Em seguida, calculam a relevância dos métodos tradicionais e digitais, atribuindo-lhes notas. Apesar dos resultados serem, de certa maneira, subjetivos, no caso da GF, os autores apontam uma boa avaliação do projeto, a agilidade no processo, as múltiplas fontes de inspiração para o projeto e o excelente fluxo entre a busca pela forma e a produção digital. Além disso, eles afirmam que a GF permite correções e alterações facilmente. Alguns exemplos da aplicação de fractais na arquitetura contemporânea, publicados por Sedrez (2016), são apresentados a seguir.

Aplicações

1. Coluna fractal

Esta aplicação consiste em uma estrutura elaborada utilizando o Hoopsnake (que é um componente, ou uma ferramenta complementar para o Grasshopper) que, pelo autor, em colaboração com estudantes de arquitetura, o elemento estrutural criado parte de um conceito de ramificação, com características de um *L–System* (fig. 27).

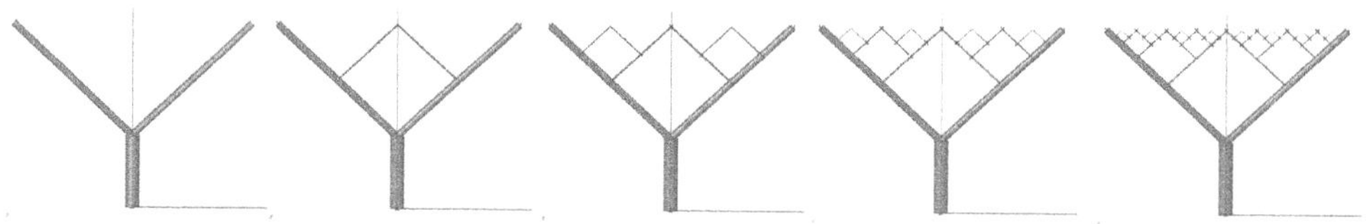

27 *Coluna fractal.*

O código paramétrico foi definido com foco nas seguintes questões: limitação da altura total (paralela ao solo), variação da proporção entre o fuste e os ramos da coluna, variação do ângulo de abertura dos dois ramos iniciais, variação no diâmetro dos tubos, variação na localização dos ramos seguintes (figs. 28) e, finalmente, na iteração da geometria, de maneira que diferentes alternativas pudessem ser geradas e analisadas.

A fig. 29 mostra o resultado obtido.

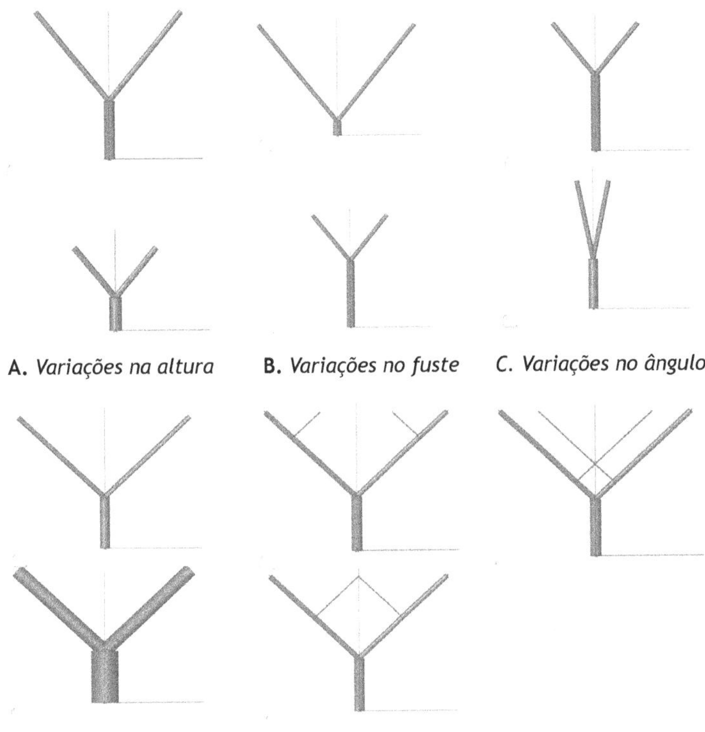

28
Variações da estrutura.

29
Resultado final.

30
Variações no código do fractal.

2. Brise fractal

Neste projeto, a GF foi utilizada na criação de um padrão aplicado aos painéis de sombreamento da fachada de um edifício de laboratórios. A primeira etapa consistiu na elaboração de opções para o projeto, considerando a maior incidência solar no canto superior direito do edifício. Para isso, foi utilizado o plugin Grasshopper com o componente Hoopsnake para gerar as iterações.

Optou-se por uma forma inicial formada por 11 linhas dispostas sobre uma diagonal que cruza a fachada, do canto superior esquerdo até o canto inferior direito. Esta diagonal coincide com a linha da sombra produzida pelo próprio edifício no inverno. No canto inferior esquerdo da fachada há menor incidência solar, portanto essa área poderia concentrar mais aberturas. Foi selecionada a opção que aparece na fig. 30.

O elemento de proteção solar é composto por 24 painéis metálicos, subdivididos em 5 menores, cortados no padrão escolhido e, em seguida, perfurados. Foi criado um algoritmo de perfuração que exclui os furos de áreas dentro dos recortes e em sua borda. Isso mantém a integridade do desenho planejado e cria resistência na borda dos vazados. As chapas podem ser produzidas por equipamentos de controle numérico de corte (CNC). Após testes e ajustes com os programas CAD, foram feitos testes de fresagem com a CNC, que levou a alteração de alguns parâmetros do projeto. A proposta final foi detalhada (fig. 31), modelada (fig. 32) e testada novamente (fig. 33).

O projeto foi finalizado com a realização de *renderings* (fig. 34) de uma das salas em diferentes períodos do ano, resultando no efeito visual desejado para o interior do prédio e também garantindo uma redução da incidência solar sem redução da iluminação.

31
Proposta final.

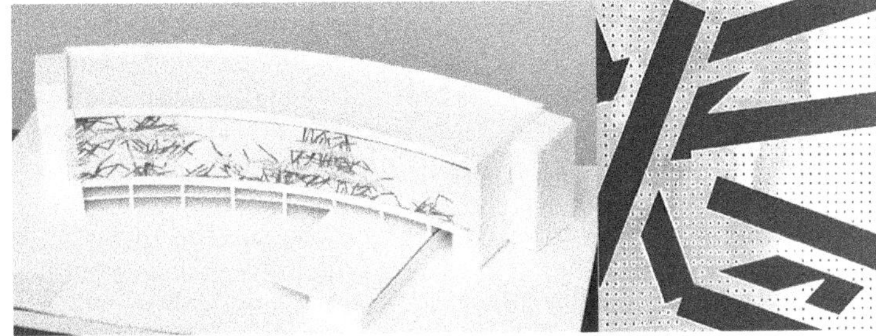

32
Modelo físico final.

33
Detalhe de um painel usinado em alumínio.

34
Projeção de sombras no interior do edifício.

3. Projeto urbano

Esta é uma aplicação da geometria fractal a um projeto de um novo núcleo urbano (Diamniadio), desenvolvido para as imediações da cidade de Dakar. O projeto original, elaborado pelo escritório COBE de Berlim para um concurso, não fazia menção explícita à utilização da geometria fractal, mas criava uma composição com auto-semelhança, em diferentes escalas, que remetia a esse conceito.

O projeto do COBE é baseado em seis princípios: cidade para todos, cidade para a mobilidade sustentável, cidade em 5 minutos, infraestrutura azul/verde, cidade saudável e cidade com uma identidade própria.

A maioria da população da nova cidade é de religião islâmica. Por esse motivo, algumas regras que norteiam a implantação de mesquitas nas cidades islâmicas foram incorporadas ao projeto de maneira que estas se encontrem sempre a uma curta distância das residências. As mesquitas diárias são pequenos templos, frequentados cinco vezes ao dia, então é importante que estejam próximas às habitações; as mesquitas Jumma são utilizadas, em geral, nas sextas-feiras (embora possam ser usadas diariamente) Finalmente, a grande mesquita da cidade é usada apenas uma vez ao ano, na celebração do Ramadan. Como o projeto já apresentava características fractais mesmo sem ter sido desenvolvido com métodos de geometria fractal, foi realizado um exercício de projeto

para a reconstituição de sua forma por meio de um algoritmo recursivo desenvolvido com o plugin Grasshopper. O componente Hoopsnake foi usado para criar iterações. A ideia foi não apenas reproduzir o conceito do projeto de COBE, mas também criar outras variações.

No código aqui apresentado, dois processos ocorrem em sequência: o primeiro deles pretende gerar quadras com, no máximo, 420 metros, na terceira iteração; o segundo processo tem o propósito de gerar espaços públicos no centro de cada quatro quadras. O iniciador do fractal é um ponto genérico, definido no ambiente de modelagem do Rhinoceros, e o gerador é um quadrado, que o projetista precisa desenhar, também, no Rhino, para que depois, tais elementos possam ser apropriados pelos algoritmos desenvolvidos via Grasshopper e Hoopsnake. A fig. 35 mostra o processo iterativo, conforme descrito abaixo:

1 — Um grid quadrado com uma única célula é criado usando um ponto inicial (iniciador). Cada canto do grid recebe um novo ponto.

2 — Um quadrado em escala é colocado no ponto central (iniciador).

3 — Um quadrado é colocado em cada outro ponto. O ponto central não será mais utilizado.

4 — Uma operação booleana resolve a intersecção entre os quadrados.

5 — A intersecção se torna "espaço público" e os passos 1 e 2 são repetidos para cada ponto.

6 — O passo 3 é repetido, e assim sucessivamente.

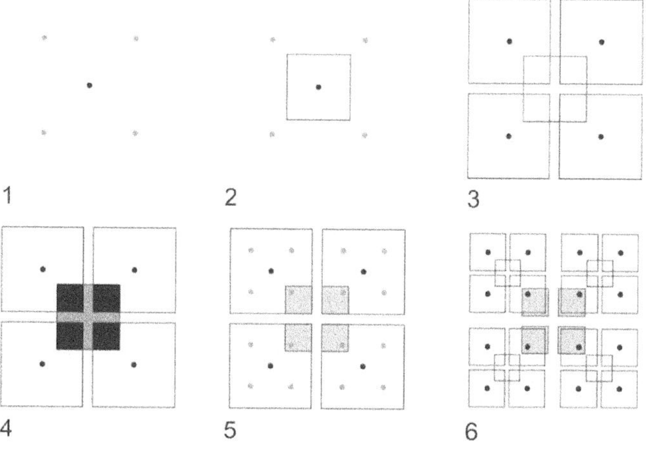

35
Processo generativo Diamniadio.

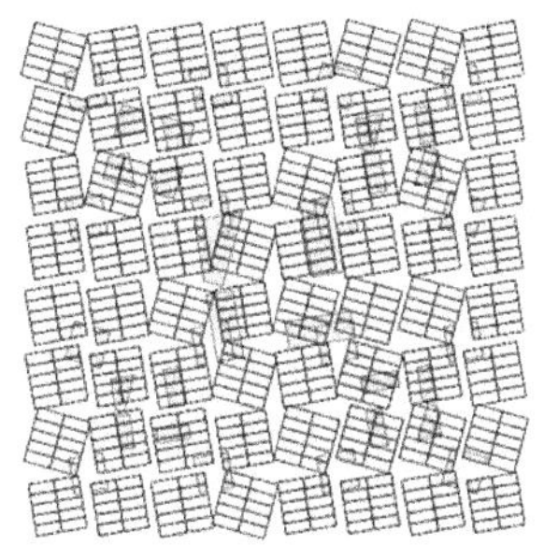

36
Soluções A, B e C.

O código permite selecionar e alterar alguns parâmetros: o ângulo de rotação das quadras, a proporção entre os quadrados, o número de ruas que dividem os quadrados e a distância entre elas. Além disso, o componente *random* permite alterar a posição dos iteradores e a quantidade de cada iterador. Foram geradas algumas soluções para a cidade Jumma (que é composta por seis blocos de quatro quadras cada) (figs. 36). A ideia era criar variações no projeto, implementando os conceitos de recursividade e hierarquia de escalas e mantendo os conceitos-chave do projeto: tamanho das quadras (420m), hierarquia das ruas e espaços públicos.

Outras características do projeto do COBE, como a criação de áreas verdes, áreas comerciais e toda a infraestrutura pública em cada quadra foi realizada manualmente, pois elas dependiam de decisões subjetivas de projeto. Apesar de ser possível implementar algoritmos que resolvam esses problemas, tais decisões são muito abstratas, e por isso não seriam facilmente resolvidas computacionalmente. Nossa proposta teve como objetivo gerar rapidamente diferentes alternativas de projeto na fase inicial, permitindo uma discussão entre os projetistas envolvidos.

Após a geração de algumas opções, uma delas foi selecionada para ser detalhada (fig. 36 C), pois apresentava uma distribuição mais aleatória das áreas públicas. Em seguida, as ruas foram criadas, utilizando uma hierarquia similar ao projeto do COBE. Os passos seguintes consistiram na incorporação de áreas públicas geradas pelo código, ajuste do projeto ao lago proposto, criação da divisão dos lotes, inserção de escolas, igrejas e creches, criação da área comercial e distribuição das casas (figs. 37).

37
Fases de desenvolvimento do projeto.

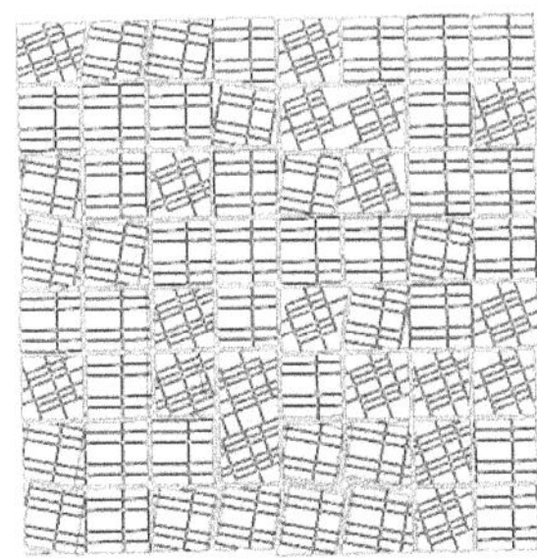
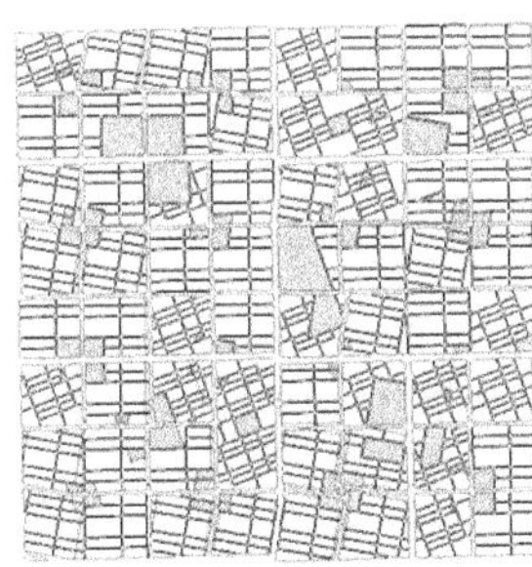

38
Solução final.

O COBE utilizou ainda outros conceitos para gerar o projeto, como corredores verdes entre cada duas quadras e a hierarquia das ruas (fig. 38). Para este estudo, os conceitos de Salingaros foram aplicados: a cidade como uma esponja, com a distribuição aleatória de espaços verdes e praças ao invés de sua concentração em um corredor.

Considerações finais

Salingaros (2012) afirma que “não há razão para que os arquitetos contemporâneos não usem fractais em seus projetos, mas eles devem ser mais do que apenas elementos decorativos” (tradução nossa), novamente indicando a necessidade de um aprofundamento das problemáticas do projeto. Nos exemplos acima, dois tipos de aplicações de fractais são apresentados: trazendo um significado ao projeto (aplicação 3), e criando ornamentos com uma visão contemporânea (aplicações 1 e 2).

A geometria fractal pode ajudar os arquitetos a relacionarem melhor as diferentes escalas em um projeto ou a adotarem formas inspiradas na natureza. O conhecimento de recursos computacionais, especialmente da programação, é fundamental para se trabalhar com GF, potencializando a geração de múltiplas alternativas, em especial quando combinadas com a modelagem paramétrica. Os fractais geram formas que demandam uma reflexão sobre o edifício e a cidade, do programa arquitetônico, da tectônica, e principalmente das escalas. Como um sistema construído em cascata com formas auto-similares, este tipo de geometria é fundamentalmente um padrão baseado na natureza, e portanto, mais propício à experiência humana.

Referências

BOVILL, C. **Fractal geometry in architecture and design**. Boston: Birkhäuser, 1996.

BURRY, J.; BURRY, M. **The new mathematics of architecture**. New York: Thames and Hudson, 2010.

CAPRA, F. **A teia da vida**: uma nova compreensão científica dos sistemas vivos. São Paulo: Cultrix, 1996.

EGLASH, R. **African Fractals**. New Brunswick: Rutgers University Press, 1999.

FISCHER, T.; HERR, C. M. Teaching generative design. In: International Conference on Generative Art, 2001, Milan. **Proceedings**... Milan: 4th International Conference on Generative Art, 2001.

HAGGARD, K.; COOPER, P.; GYOVAI, C. **Fractal architecture**: design for sustainability. North Charleston: BookSurge Publishing, 2006.

HARRIS, J. **Fractal Architecture**: organic design philosophy in theory and practice. New México: University of New Mexico Press, 2012.

IBRAHIM, M. M.; KRAWCZYK, R. J. Generating fractals based on spatial organizations. **Computer graphics and geometry**, vol. 8.2, 2006, p. 3–15.

JENCKS, C. **The new paradigm in architecture**: the language of post-modernism. New Haven: Yale Press University, 2002.

_______. Nonlinear architecture. In: TOY, M. **New Science = new architecture?** AD Architectural Design. New York: John Wiley, 1997b.

JOYE, Y. Fractal architecture could be good for you. **Nexus Network Journal**, vol. 9, no. 2, 2007, p. 311–320.

KOLAREVIC, B.; KLINGER, K. R. **Manufacturing material effects**: rethinking design and making in architecture. New York: Routledge, 2008.

LORENZ, W. E. Measurability of Loos' rejection of the ornament: using box-couting as a method for analyzing façades. In: 32nd eCAADe, 2014, Newcastle. **Proceedings**... Newcastle: Education and Research in Computer Aided Architectural Design in Europe, v. 2, 2014. p. 495–504.

MANDELBROT, B. **The fractal geometry of nature**. New York: W. H. Freeman, 1983.

MOISSET, I. **Fractales y formas arquitectónicas**. Córdoba: I+P División Editorial, 2003.

OSTWALD, M. J. **Fractal architecture**: knowledge formation within and between architecture and the sciences of complexity. Saarbrücken: VDM Verlag, 2009.

_______. "Fractal architecture": late twentieth century connections between architecture and fractal geometry. **Nexus Network Journal**, vol. 3, no. 1, Winter 2001.

SALA, N.; CAPPELLATO, G. **Architectture della complessità**: la geometria frattale tra arte, architettura e terrotorio. Milano: Franco Angeli, 2004.

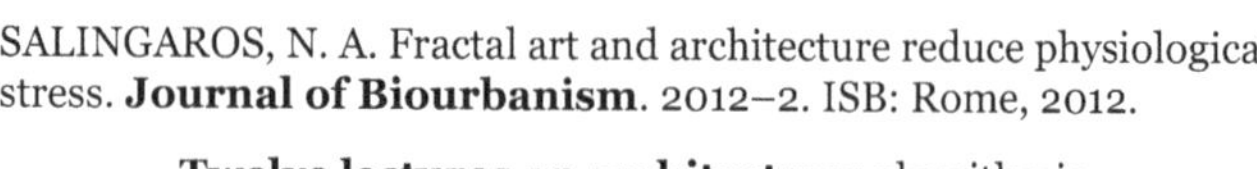
SALINGAROS, N. A. Fractal art and architecture reduce physiological stress. **Journal of Biourbanism**. 2012–2. ISB: Rome, 2012.

_______. **Twelve lectures on architecture**: algorithmic sustainable design. Munchen: Umbau-Verlag, 2010.

_______. **A theory of architecture**. Solingen: Umbau-Verlag, 2007.

SEDREZ, M. **Arquitetura e complexidade**: a geometria fractal como sistema generativo. 2016. Tese (Doutorado). Faculdade de Engenharia Civil, Arquitetura e Urbanismo, Universidade Estadual de Campinas, Campinas.

TAYLOR, R. P. Reduction of physiological stress using fractal art and architecture. **Leonardo**, v. 39, n. 3, June 2006, p. 245–251. 2006.

VENTURI, R. **Complexidade e contradição em arquitetura**. São Paulo: Martins Fontes, 1995. Tradução de: Complexity and contradiction in architecture.

VENTURI, R.; IZENOUR, S.; BROWN, D. S. **Learning from Las Vegas**: the forgotten symbolism of architectural from. Cambridge: MIT Press, 1972.

VIOS, R. N.; RAMILO, R. D. Digital innovation in design practices: a case study on digital design tools and processes. **International Journal of Engineering Research and Science & Technology**. Vol. 2, n. 3, 2013, p. 119–150.

WAGENSBERG, J. **La rebelión de las formas**. Barcelona: TusQuets, 2005.

WOODBURY, R. **Elements of parametric design**. London: Routledge, 2010.

YESSIOS, C. I. A fractal studio. In: Annual Conference of the Association for Computer Aided Design in Architecture, 1987, Raleigh. **Proceedings**... Raleigh: ACADIA, 1987, p. 169–182.

Como citar este capítulo

SEDREZ, M. **Geometria fractal: da escala do edifício à escala da cidade**. In: CELANI, M. G. C.; SEDREZ, M. (Organizadores). Arquitetura contemporânea e automação: prática e reflexão. São Paulo: ProBooks, 2018. p. 55 a 68.

A07

Autômatos celulares: definição e aplicações na arquitetura

André L. Araujo

Neste capítulo se busca delinear a noção de complexidade sob a perspectiva da organização dos sistemas, que possui raízes na segunda metade do século XX e implicações significativas na computação científica, na inteligência artificial e no design computacional. O entendimento sobre o tema, em geral, sempre foi o de que sistemas complexos possuem uma quantidade de variáveis que inviabilizam o seu delineamento. Isso começou a mudar no final da década de 1940, quando duas classes de complexidade foram identificadas: a organizada e a desorganizada (WEAVER, 1948/2004). Enquanto alguns sistemas são marcados pela instabilidade, outros podem apresentar alguma organização coletiva. Sistemas complexos organizados, por definição, se utilizam de ferramentas como a estatística e a computação, permitem extrair informações sobre o seu funcionamento.

Nas ciências naturais, em especial na Biologia, tais ferramentas permitem compreender o comportamento de grupos de animais, de insetos, de microrganismos e até o *modus operandi* dos sistemas imunológicos (JOHNSON, 2003). Alguns pesquisadores, como Gordon (1999), identificaram em associações naturais relações estreitas entre o comportamento nos níveis individual e coletivo, principalmente quando os indivíduos agem de maneira conjunta. Ordens descentralizadas têm sido reveladas em diversas organizações biológicas, nas quais pequenas ações individuais contribuem com ações maiores, culminando na formação de todo um sistema complexo de comunicação e organização.

O que parece organizar tal comunicação é a autonomia dos indivíduos em estabelecer respostas após a interação com outros indivíduos. Por meio de uma constante realimentação, um comportamento individual influencia o comportamento de uma vizinhança, ao mesmo tempo em que os vizinhos influenciam o comportamento do indivíduo. Além disso, a exposição desse sistema a uma ação externa faz emergir uma resposta coletiva, de maneira ascendente, ao longo de estruturas de hierarquia *bottom–up*[13]. Sistemas com essas características foram denominados pelos filósofos pós-darwinistas como "emergentes" e, a partir de então, a expressão "emergência" vem sendo apropriada por teóricos de diversas áreas desde que o filósofo inglês George Lewes (1874) conferiu-lhe este sentido.

Se, por um lado, a ciência da computação auxiliou na investigação dos porquês dos comportamentos naturais, por outro, os comportamentos naturais inspiraram a solução de diversos problemas artificiais. Nas últimas décadas, muitos algoritmos foram construídos a partir de metáforas de conceitos biológicos e, assim, as noções de complexidade organizada e emergência permitiram a construção de hipóteses para problemas até então intangíveis sem o potencial dos computadores (BALLARD, 2005). Ferramentas virtuais capazes de buscar uma solução ótima, ou capazes de gerar incontáveis alternativas para um único problema, estão entre as aplicações mais difundidas desse tipo de computação, no qual foram utilizados inclusive termos próprios da biologia, como "*crossing over*", "seleção natural" e "células" (BATTY, 2005).

Modelagem das noções de complexidade e emergência por meio dos autômatos celulares[14] (CA)

O algoritmo conhecido por SACA (*Standard Ant–Clustering Algorithm*) simula, em uma malha bidimensional, a decisão de formigas em pegar ou deixar um alimento com base na densidade de feromônio percebida na vizinhança. Em insetos como formigas e cupins, o feromônio é um tipo de estigmergia[15] que estimula a comunicação a partir de substâncias químicas liberadas no ambiente.

Apesar de já terem sido identificados nove mecanismos distintos de estigmergia — o que torna a simplificação desse sofisticado sistema em códigos binários uma redução bem grosseira — o SACA tem sido uma das principais ferramentas para simular a tomada de decisão em robôs (DE CASTRO, VON ZUBEN, 2005).

Tanto em mecanismos químicos, quanto eletrônicos, a comunicação está relacionada à quebra de intervalos contínuos em partes. A descoberta da dupla hélice do DNA, por exemplo, deflagrou um sistema capaz de codificar formas hereditárias a partir de quatro bases nitrogenadas, o que fomentou muito as associações entre as geometrias biológicas e a representações digitais (MITCHELL, 2011). Tanto que, na mesma época, na Universidade de Princeton, os matemáticos John Von Neumann e Stanislaw Ulam utilizaram esse conceito com o propósito de desenvolver uma máquina capaz de produzir cópias de si mesma. Imaginando quebrar digitalmente o processo de reprodução, produziram um modelo numérico para um equipamento conhecido como Construtor Universal. Este era composto de uma malha de espaços quadrados contendo uma sequência de dígitos, que sofriam alterações constantes por meio de regras matemáticas simples, até que a sequência final se tornasse idêntica à sequência inicial (VON NEUMANN; BURKS, 1966).

Essa artimanha de associar dígitos a uma malha de espaços recebeu diversos nomes, como *cellular spaces*, *tessellation automata* e *iteractive arrays*, até convergir ao termo atual: *cellular automata*, em português, autômatos celulares. Esses sistemas despertaram o interesse de diversos pesquisadores devido à sua capacidade de simular situações complexas a partir de regras simples. Durante alguns anos seu estudo ficou restrito a aplicações matemáticas e computacionais, mas numerosas simulações tornaram os autômatos celulares um meio para a exploração de problemas complexos na física, na química, na geologia, na geografia urbana e, mais recentemente, nas engenharias e na arquitetura.

Um autômato celular é um tipo de modelagem, geralmente efetuado em ambientes virtuais, utilizado para simular ações e interações entre entidades, com a finalidade de avaliar seus efeitos sobre um sistema global. Fundamentalmente os elementos de um autômato celular são três: células, estados e vizinhança (figs. 39). As células (c) são espaços vazios e adjacentes e cada uma delas passa a existir ao ser preenchida com um estado possível. Estes estados (k) são instâncias dentro das células que as diferenciam, como cores ou números. A quantidade de estados tem de ser maior ou igual a dois, a fim de promover uma diferenciação mínima. Na condição mínima, isto é, $k = 2$, é comum os estados serem denotados por binários (0 ou 1), por cores (branco ou preto), ou ainda por uma notação antropomórfica (morta ou viva). A vizinhança é o que determina o raio (r) de influência de uma célula sobre suas vizinhas e vice-versa. Minimamente, as células possuem uma vizinha à esquerda e uma à direita ($r = 1$), com exceção das extremidades. Ao conjunto de três células, central, esquerda e direita, dá-se o nome de vizinhança.

A. *Células* (c).

0	1	0	1	1	0	1	0

B. *Estados* (k=2).

0	1	0	1	1	0	1	0

C. *Vizinhança* (=1).

39 *Elementos essenciais de um autômato celular.*

Para promover o dinamismo do sistema, isto é, para que as células troquem de estado constantemente, é necessário determinar regras que propiciem essa mudança. Essas regras são executadas utilizando momentos discretos de tempo denominados instantes (*t*): *t* = 0, 1, 2, 3,..., como a marcação de um relógio. No instante de tempo *t* = 0 define-se uma geração inicial, antes de qualquer mudança nos estados. Basicamente, cada geração é composta por uma fita horizontal de células e, nesse espaço vetorial linear de números inteiros Z de células, o autômato celular é chamado de unidimensional (CA1D). Depois desse instante as regras determinarão como cada célula será alterada, com base em seu estado atual e com base nos estados da vizinhança.

No espaço unidimensional, uma geração de fitas de células é produzida a cada instante (t) e é posicionada imediatamente abaixo da geração anterior. A geração *n* + 1 é, portanto, o resultado da incidência das regras na geração *n*. Na condição mais fundamental, isto é, dois estados e três vizinhos, são possíveis oito vizinhanças, ou 23 combinações de dois estados. Com a notação binária, essas oito combinações são: 000, 001, 010, 011, 100, 101, 110, 111 e, por convenção, essas são as vizinhanças padrão, sempre denotadas assim, de maneira crescente. Esse trio numérico de dois estados binários é conhecido na computação por numeral 3-*bit*. Ao se definir que cada uma das vizinhanças padrão correspondem a outro binário na geração subsequente, então se produz uma regra. Um exemplo poderia ser: 000 = 0; 001 = 1; 010 = 0; 011 = 1; 100 = 1; 101 = 0; 110 = 1; 111 = 0. Assim, uma regra aplicada as oito vizinhanças é representada por um conjunto de oito binários, também conhecido como *byte* (*binary term*) ou octeto. No exemplo produziu-se o número binário 01011010, que corresponde ao número 90 em base 10, por isso essa regra é chamada de regra 90 (fig. 40).

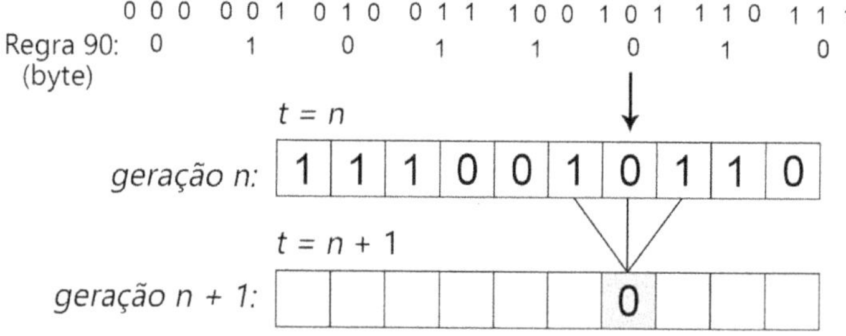

40 *Definição de uma regra que determina o estado de uma célula na geração subsequente.*

Utilizando novamente o raciocínio combinatório, percebe-se que a reunião de oito algarismos binários permite 256 combinações (ou 2^8). Desse modo, a partir das vizinhanças padrão, foram estabelecidas 256 regras para os CA1D na condição fundamental: $k = 2$, $r = 1$. Estas variam desde a regra 0 até a 255 e sua nomenclatura é feita pelo número decimal correspondente ao número binário. Por convenção, a geração inicial (ou g_0) dos CA1D é sempre preenchida por uma única célula central preta ou o número um, e suas duas laterais preenchidas por células brancas ou o número zero: g0 = (...0001000...). Não por acaso, este também é o raciocínio utilizado na obtenção do espectro de 256 cores RGB (red, green, blue) definidas a partir de um numeral 3-bit que mistura tons de vermelho, verde e azul.

A regra 90, por exemplo, apresenta um formato simétrico com quatro números 0 e quatro números 1. No entanto, uma alteração mínima nas posições desses dígitos pode gerar um formato completamente assimétrico. Quando as regras são aplicadas sucessivamente, isto é, empilhando-se várias gerações, essas alterações podem produzir resultados muito distintos e nisto reside uma das características principais dos autômatos celulares: poucas mudanças geram muitos resultados. Nos anos 1980, a observação dessa diversidade motivou o agrupamento das regras sob a mesma perspectiva dos sistemas dinâmicos, e as 256 regras foram classificadas por Langton (1986) em quatro tipos: fixas, periódicas, complexas e caóticas.

Da mesma maneira que o pêndulo de um relógio, a regra 90 exibe um comportamento periódico e seu conjunto de gerações produz uma forma fractal composta por triângulos, cujo padrão repetitivo se assemelha a superfície da concha do caracol marinho *Conus textile* (figs. 41 A e B). Essa mesma autossimilaridade ficou conhecida nos anos 1970 por Triângulo de Sierpiński, obtido pelo matemático de mesmo nome, ao aplicar noções recursivas a conjuntos numéricos. Por outro lado, o conjunto de gerações da regra 30 (ou 00011110) apresenta um comportamento aperiódico, não previsível e, do ponto de vista estocástico, completamente aleatório[16]. Por conta disso, a regra 30 foi utilizada em alguns sorteadores de números de modo similar aos códigos QR, comumente vistos nas embalagens de alguns produtos[17] (figs. 41 C e D). Embora as duas regras se diferenciem por somente dois binários, seus resultados ficam muito distintos mesmo quando observados em poucas gerações.

Nos espaços vetoriais bidimensionais Z^2 e tridimensionais Z^3, os CA2D e CA3D são determinados utilizando os mesmos conceitos dos unidimensionais, com uma diferença importante na maneira de exibição dos resultados. Enquanto nos CA_{1D} as fitas de células são empilhadas, nas malhas XY e XYZ os resultados são mostrados geração após geração, como quadros de um desenho animado. Além disso, as malhas 2D e 3D permitem experimentar diversos tipos de vizinhanças e duas delas foram tradicionalmente mais utilizadas: a vizinhança de Neumann, na qual, fundamentalmente, uma célula

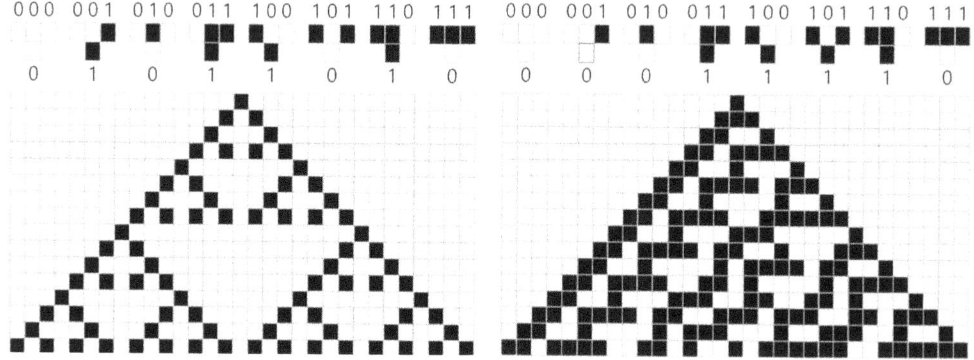

A. *Regra 90: comportamento periódico observado em 16 gerações a partir da geração inicial (...0001000...).*

B. *Regra 30: comportamento caótico, ou estocasticamente aleatório, observado em 16 gerações a partir da geração inicial (...0001000...).*

C. *Conus Textile.*

D. *Código QR.*

41
Resultados muito distintos entre duas regras pouco distintas.

central é influenciada por quatro vizinhas, uma à esquerda, uma à direita, uma acima e uma abaixo; e a vizinhança de Moore que, fundamentalmente, considera a influência dos oito vizinhos em uma célula central (figs. 42).

Os modelos de Von Neumann e Ulam foram desenvolvidos em malhas bidimensionais e, desde então, os CA2D foram os mais experimentados. Os primeiros programados em computadores

42
Vizinhanças utilizadas nos espaços vetoriais Z2 e Z3.

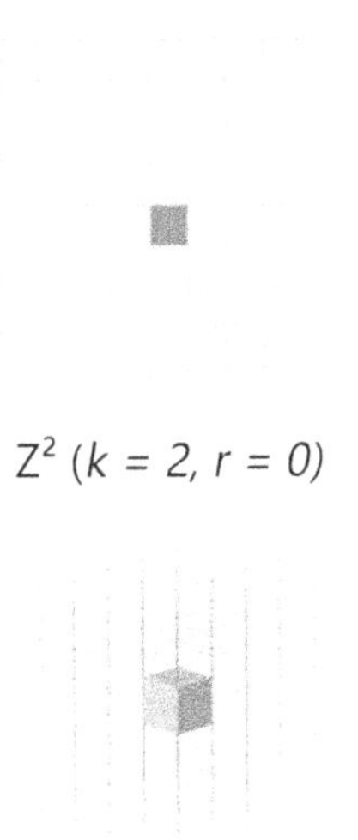
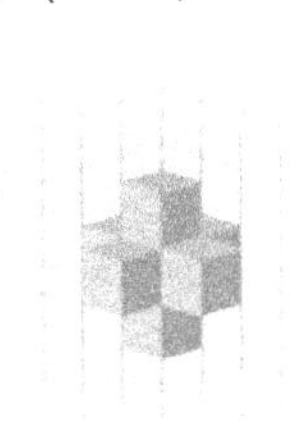

Z^2 (*k* = 2, *r* = 0) Z^2 (*k* = 2, *r* = 1) Z^2 (*k* = 2, *r* = 2)

Z^3 (*k* = 2, *r* = 0) Z^3 (*k* = 2, *r* = 1) Z^3 (*k* = 2, *r* = 2)

B. *Vizinhança de Moore.*

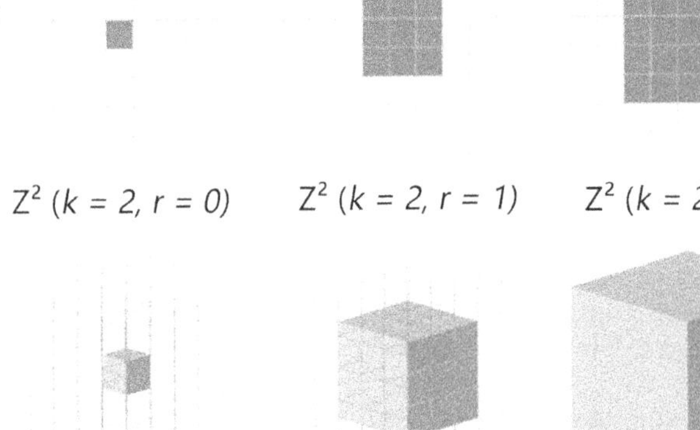

Z^2 (*k* = 2, *r* = 0) Z^2 (*k* = 2, *r* = 1) Z^2 (*k* = 2, *r* = 2)

Z^3 (*k* = 2, *r* = 0) Z^3 (*k* = 2, *r* = 1) Z^3 (*k* = 2, *r* = 2)

A. *Vizinhança de Neumann.*

tiveram início na década de 1960, nos Estados Unidos e, pela primeira vez, as regras foram iteradas e observadas durante longos instantes de tempo. Um desses experimentos, proposto por uma equipe coordenada por Ulam, chamou a atenção ao definir a seguinte regra: uma célula branca (0) se tornaria preta (1) na próxima geração caso possuísse como vizinha uma única célula branca. Posteriormente, a equipe adicionou outra regra, batizada de regra da morte, na qual a geração anterior era completamente apagada, isto é, todas as células pretas da geração $n - 1$ se tornavam brancas.

Regra	Descrição	Exemplos	
Regra da Morte Uma célula viva (1) morrerá (0) nas circunstâncias em que houver:	Superlotação, ou seja, se a célula possuir quatro ou mais vizinhos Solidão, se a célula possuir um ou menos vizinhos.	ou	* as células em destaque não existirão na próxima geração
Nascimento Uma célula morta (0) nascerá se:	Possuir exatamente três vizinhos vivos, nem mais, nem menos.		* a célula em destaque será criada na próxima geração
Êxtase Em todos os outros casos as células não mudarão, o que pode ser descrito por:	Permanece viva: se possuir exatamente dois ou três vizinhos. Permanece morta: se possuir qualquer quantidade de vizinhos diferente de três.	ou	* as células em destaque permanecerão com seus estados inalterados na próxima geração.

Tabela 1
Regras do Jogo da Vida.

Essas duas regras estão, provavelmente, entre as que mais influenciaram o matemático britânico John H. Conway ao desenvolver um dos CA2D mais conhecidos, o Jogo da Vida. Nos anos 1970, a coluna sobre jogos eletrônicos da revista Scientific American apresentou uma versão computacional do jogo, anteriormente jogado em tabuleiros de xadrez ou de go[18] (GARDNER, 1970). No entanto, sua iteração nos ambientes virtuais exibiu formas gráficas surpreendentes, algumas convergindo para gerações estacionárias, outras oscilando entre gerações aleatórias. Na versão original, com dois estados (k = 2) e utilizando uma notação antropomórfica (vivo = 1 e morto = 0), o CA2D chamado de Jogo da Vida tem regras programadas segundo a vizinhança de Moore (3x3 células), conforme a Tabela 1.

O Jogo da Vida difere de um jogo convencional, em que os jogadores intervêm constantemente. Ao contrário, apenas se estabelece a geração inicial para que o comportamento do CA2D seja observado nas demais gerações. Algumas gerações iniciais ficaram conhecidas como "formas de vida",e sua visualização em monitores de vídeo revelaram comportamentos intrigantes. Dentre as mais conhecidas estão: as *invariantes*, que comumente possuem três células vivas e permanecem imutáveis ao longo de todos os instantes de tempo; as *osciladoras*, que alternam indefinidamente entre duas ou três gerações; e os *planadores*, que são gerações de cinco células que dão a impressão de se moverem diagonalmente a cada quatro instantes de tempo. Muitas dessas conclusões foram obtidas por Wolfram (2002), que iterou alguns autômatos celulares por mais de cinco anos ininterruptos.

Aplicações arquitetônicas para os autômatos celulares

Os sistemas generativos são estratégias de projeto nas quais se buscam obter métodos para a produção de várias soluções em detrimento de uma única solução (HERR e FISCHER, 2001). Embora a ideia não seja exclusivamente aplicável a ambientes virtuais, começou a ser explorada com os primeiros aplicativos CAD, utilizando conceitos básicos de programação, como: "a definição do conjunto de raios r_1, r_2, ..., r_n para o círculo *c*"; ou "de ângulos a_1, a_2, ..., a_n para o vetor *v*", gerando assim instâncias desses elementos ao invés de desenhá-los propriamente. Atualmente, a expressão "modelagem paramétrica" tem sido utilizada para diferenciar essa prática de outra bem difundida nos escritórios de arquitetura, que é a utilização do CAD como um tipo de prancheta eletrônica, destinando-o apenas para representar projetos graficamente, sem o propósito de utilizá-lo como assistente do processo criativo.

Como ferramenta de apoio a criatividade, os autômatos celulares podem ser entendidos como um sistema generativo de características *bottom–up*. As soluções provenientes de um sistema com esse perfil são dirigidas de maneira ascendente, consistindo essencialmente em especificar elementos singulares e, a partir de sua conexão, obter a concepção global de um objeto. O contrário disso são as soluções tipicamente *top–down*, que têm direção descendente e consistem da concepção global do objeto, para sua posterior quebra, isto é, esmiuçando-o até o nível dos elementos singulares. As possibilidades e limitações dessas duas abordagens podem observadas até mesmo quando se comparam alguns brinquedos infantis, como Lego e Playmobil:

No Lego (fig. 43), a brincadeira começa com componentes singulares de encaixes padronizados e é possível produzir muitas formas a partir das suas conexões; contudo, estas quase sempre parecerão "quadriculadas", isto é, sua precisão estará limitada às dimensões desses componentes (*bottom–up*);

No Playmobil (fig. 44), as peças tem formas estabelecidas que têm contornos precisos, com curvas e sinuosidade; no entanto, todos os encaixes entre os componentes tem de ser pensados antecipadamente para essas formas, de modo que propor um componente diferente quase sempre parecerá uma improvisação (*top–down*).

Da mesma maneira que o Lego, não é tarefa simples gerar resultados concretos para um problema de projeto a partir de células

43
Componentes padronizados de Lego.

44
Playmobil: encaixes pensados antecipadamente.

padronizadas como as dos autômatos celulares, principalmente quando não se estabelecem de antemão as formas finais desejadas. A exploração de uma solução arquitetônica a partir do conjunto modular de células, quadradas ou não, apresentou diversos obstáculos com relação à liberdade formal. Na década de 1990, algumas pesquisas buscaram maneiras de driblar essa limitação, com o propósito de aproveitar o potencial dos autômatos celulares como mecanismo gerador de muitas soluções. Alguns eventos dessa época facilitaram a concretização dessas ideias, como a incorporação das linguagens de programação dentro dos aplicativos CAD.

Por meio do AutoLISP, dialeto da linguagem LISP, criada para dar suporte à programação dentro do aplicativo AutoCAD (Autodesk, Inc.), Coates et al. (1996) obtiveram alguns resultados significativos para a prática de projeto, utilizando autômatos celulares com operações geométricas como extrusão, rotação e espelhamento. Os autores desenvolveram um algoritmo para que pudessem observar como algumas regras eram capazes de gerar formas parecidas com pilares, pórticos ou paredes. Posteriormente, os processos desse tipo foram denominados por Testa et al. (2000) de "morfogênese digital", em analogia a processos biológicos onde as células dão existência a aparelhos funcionais, como órgãos ou tecidos. Diferentemente da versão natural, a versão morfogênica dos autômatos celulares apresentava resultados muitas vezes inesperados, que podiam se aproximar ou se afastar de um objetivo pré-definido.

Outra abordagem que aproximou os autômatos celulares da arquitetura foi proposta por Krawczyk (2002), que desenvolveu conjuntos de CA2D, a fim de automatizar a distribuição de plantas residenciais. Nesse estudo, as células representavam as projeções horizontais de uma planta típica: dormitórios, salas, banheiros e assim por diante, de modo que, ao se estabelecerem áreas mínimas para os ambientes, o sistema produzia automaticamente múltiplas alternativas. Algumas limitações desse processo foram mencionadas pelo autor, uma delas em relação à definição da célula quadrada como um módulo padrão, o que impedia as disposições diagonais. Essa dificuldade foi superada prevendo algumas sobreposições de células, unindo os autômatos celulares diagonalmente após sua iteração. Embora simples, essa ideia abriu um leque de discussões sobre a combinação das intervenções manuais, ou não automatizadas, dentro dos sistemas generativos *bottom–up*.

Depois desses dois estudos, outros autores investigaram maneiras de combinar os processos generativos com as intervenções manuais. Herr e Kvan (2005, 2007), por exemplo, buscaram remodelar um conjunto de arranha-céus no norte do Japão utilizando os autômatos celulares de maneira intercalada. Na solução original, torres com diversas inclinações em relação ao plano do solo foram vinculadas às disposições de alguns objetos do entorno, para o qual os edifícios promoviam diferentes condições de luz e sombra. Utilizando CA3D, os autores exploraram outras opções durante as quais foram estabelecidas "janelas" para a intervenção manual, a fim de reposicionar os conjuntos de células com base em algumas condições de luz e sombra desejadas.

Buscando maneiras de aprimorar os sistemas generativos por meio de intervenções no processo, Anzalone e Clarke (2003) desenvolveram vários experimentos com CA3D. Por meio deles, os autores compararam as formas geradas por algumas regras antes e depois de se depararem com algum anteparo virtual que alterasse o curso normal de sua iteração. Ao entrar em contato com esses anteparos, as células deveriam reagir de acordo com uma nova regra, que geralmente era programada como uma condição do tipo: "se uma célula (1) encontrar um parâmetro (*a*) mova-a uma unidade na direção do eixo Z, senão continue a iteração"; ou ainda, "enquanto as células (1) encontrarem o parâmetro (*a*) mova-as uma unidade na direção do eixo Z". Estas simples condicionais produziam uma resposta do sistema em relação a uma ação externa e, nesse caso, o sistema generativo poderia ser entendido também como responsivo.

Em um contexto artificial, a ideia de um sistema capaz de responder a uma ação externa vai ao encontro das noções de aprendizagem e adaptação, as quais têm auxiliado a construção de modelos capazes de registrar essas respostas, utilizando-as de algum modo em eventos futuros. No âmbito do urbanismo, esses conceitos vêm sendo discutidos há vários anos por autores como Bacon (1967), que demonstrou como alguns sistemas urbanos na idade média foram capazes de "aprender" novas ordens a partir de intervenções pontuais, em oposição a grandes interposições como a de Haussmann em Paris ou a de Burnham em Nova Iorque. Recentemente, autores como Karakiewicz, Burry e Kvan (2015) investigam as mesmas questões no contexto de alguns sistemas generativos, incluindo os autômatos celulares, a fim de simular, na paisagem urbana, o resultado de certas perturbações pontuais em sua ordem vigente.

Na escala do edifício, a noção adaptativa tem sido investigada com base em noções oriundas de diversos domínios disciplinares, com o objetivo de equacionar variáveis ligadas à ergonomia, ao conforto ambiental, ou às estruturas. Cruz, Karakiewicz e Kirley (2016) têm buscado métodos para a avaliação da qualidade das soluções produzidas por um sistema baseado em autômatos celulares.

Diferentemente dos modelos digitais urbanos, por meio dos quais se busca simular cenários para uma dada realidade, um edifício projetado a partir de um sistema generativo precisa ser fixado em um ponto no tempo e no espaço, passando a exercer o conjunto de funções para o qual foi concebido. Esse momento em que a solução de arquitetura se torna estática geralmente coincide com o fim das etapas de projeto e início da construção do objeto arquitetônico. Uma vez construído por tijolos, madeira, cimento ou aço, os conceitos que deram origem à forma, generativos ou não, passaram a pertencer a um histórico de ideias, incapazes de transpor a barreira da produção. Entretanto, isso também começou a mudar nos últimos anos e as ferramentas digitais de fabricação vêm exercendo um papel fundamental nisso.

Herr e Fischer (2004) utilizaram autômatos celulares no contexto da fabricação digital, com a intenção de propor um modelo de adaptativo de fachada, que permitia a interação dos usuários com o ambiente construído. Utilizando alguns CA1D, os autores projetaram subunidades dessa fachada, vinculando as regras dos autômatos celulares a sensores de movimento dentro do ambiente. Assim, dependendo das ações dos usuários, as subunidades eram capazes

45
Hospital veterinário Australian Wildlife Health Centre

de se comportar de modo diferente, fazendo a fachada reproduzir tais experiências. Embora não tenham sido produzidos protótipos na escala do edifício, os estudos demonstraram que a precisão e diversidade dos elementos só poderiam ser viabilizadas por meio de técnicas digitais de fabricação, sendo estas facilmente vinculadas a sistemas eletrônicos automatizados.

Na mesma linha, Bojovic (2014) também desenvolveu alguns modelos adaptativos com o uso de autômatos celulares durante *workshops* realizados na *Architectural Association School* em Londres, em que foram combinados CA2D e técnicas de impressão 3D. A ideia foi promover um tipo de construção dinâmica, onde as formas iam sendo produzidas à medida que novos eventos na programação computacional foram sendo inseridos. Parâmetros como a direção do fluxo de pessoas, por exemplo, eram iterados por meio dos autômatos celulares, a fim de produzirem respostas capazes de direcionar os cabeçotes das impressoras, por meio de *add–ons*[19] que ligavam o modelo virtual aos códigos de fabricação. A partir dessa ideia, um toalete poderia ser produzido instantaneamente, por exemplo, caso o aumento do fluxo de pessoas fosse percebido em um dado ambiente.

Naturalmente, algumas dessas ideias ainda estão distantes de ter sua aplicabilidade confirmada, uma vez que levantam várias questões que ainda necessitam de aprofundamento. No entanto, os autômatos celulares já foram utilizados no contexto de edifícios construídos, como é o caso da fachada do hospital veterinário Australian Wildlife Health Centre (fig. 45), situado próximo à cidade de Melbourne. Nesse projeto, o escritório australiano Minifie van Schaik Architects utilizou blocos de cores diferentes para reproduzir a aparência de uma espécie de réptil comum na região por meio de um autômato celular capaz de desenhar diversos padrões gráficos parecidos com pele do animal. A intenção, nesse caso, não foi simplesmente realizar um exercício matemático frio, e sim expressar por meio de uma metáfora, ao mesmo tempo artificial e biológica, uma fachada com escala e harmonia compatíveis com o programa do edifício.

Aplicações como esta que, à primeira vista, parecem ter um cunho meramente estético, são de fato cruciais na exploração de novas possibilidades dentro da arquitetura contemporânea. As ferramentas digitais de projeto permitiram a concepção de um elemento arquitetônico a partir de um modelo de dados e, ao mesmo tempo, abriram a possibilidade de agregar cada vez mais informação a uma solução. Enquanto a complexidade e a emergência são características inerentes a muitos processos naturais, sua versão sintética no design computacional consiste da gestão de muitas partes e relações que exigem a análise, a simulação e, principalmente, a síntese sobre o processamento dessa quantidade de informação. Tal como um sistema de bolas de bilhar que trafega paralelamente, os projetistas hoje são capazes de produzir soluções complexas, com muitas variáveis, responsivas e adaptativas, manipulando a informação por meio de sistemas generativos como os autômatos celulares, que não possuem ainda limites claramente mensurados.

Referências

ANZALONE, P.; CLARKE, C. Architectural Applications of Complex Adaptive Systems. In: Annual Conference of the Association for Computer-Aided Architectural Design in Architecture, 2003, Indianapolis. **Anais**... Indianapolis: Ball State University, 2003. P. 325–335.

BACON, E. **Design of cities**. Londres: Thames & Hudson, 1967.

BALLARD, D. H. **An introduction to natural computation**. Cambridge: MIT Press, 1999.

BATTY, M. **Cities and complexity**: understanding cities with cellular automata, agent-based models, and fractals. Cambridge: MIT Press, 2005.

BOJOVIC, M. **Cellular automata in architecture**, AA Workshop. Disponível em: <*http://www.evolo.us/architecture/cellular-automata-in-architecture-aa-workshop/*>. Acesso em: 19 dez. 2014.

BRUGGEMAN, F. J.; WESTERHOFF, H. V. The nature of systems biology. **Trend in Microbiology**. v. 15, n. 1, p. 45–50, 2007

COATES, P.; HEALY, N.; LAMB, C.; VOON, W. L.; The use of cellular automata to explore bottom-up architectonic rules. In: Eurographics UK Annual Conference, 14., 1996, London. **Anais**... Londres: Imperial College London, 1996. p. 1–14.

CRUZ, C.; KARAKIEWICZ, J.; KIRLEY, M.; Towards the implementation of a composite cellular automata system for the exploration of design space. In: Conference on Computer-Aided Architectural Design Research in Asia, 21., 2016, Melbourne. **Anais**... Melbourne: The University of Melbourne, 2016. p. 187–196.

DE CASTRO, L. N.; VON ZUBEN, F. J. (Ed.). **Recent developments in biologically inspired computing**. Hershey: Idea Group, 2005.

FISCHER, T.; HERR, C. M. Teaching generative design. In: International Conference on Generative Art, 4., 2001, Milão. **Anais**... Milão: Politecnico di Milano, 2001. p. 1–14.

GARDNER, M. The fantastic combinations of John Conway's new solitaire game "life". **Scientific American**, v. 223, n. 4, p. 120–123, out. 1970.

GORDON, D. **Ants at Work**: how an insect society is organized. Nova Iorque: The Free Press, 1999.

HERR, C. M.; FISCHER, T. Using hardware cellular automata to simulate use in adaptive architecture. In: Conference on Computer-Aided Architectural Design Research in Asia, 9., 2004, Seul. **Anais**... Seul: Yonsei University, 2004. p. 815–828.

HERR, C. M.; KVAN, T. Using cellular automata to generate high-density building form. International Conference on Computer-Aided Architectural Design Futures, 11., 2005, Viena. **Anais**... Viena: Vienna University of Technology, 2005. p. 249–258.

HERR, C. M.; KVAN, T. Adapting cellular automata to support the architectural design process. **Automation in Construction**, v. 16, n. 1, p. 61–69, jan. 2007.

JOHNSON, S. **Emergência**: a dinâmica de rede em formigas, cérebros e cidades. Rio de Janeiro: Zahar, 2003.

KARAKIEWICZ, J.; BURRY. M.; KVAN, T. The next city and complex adaptive systems. In: CELANI, G.; SPERLING, D. M.; FRANCO, J. M. S. (Ed.) **Computer–Aided Architectural Design**: the next city - new technologies and future of the built environment: selected papers. Springer: São Paulo, 2015.

KRAWCZYK, R. J. Architectural Interpretation of Cellular Automata. In: International Conference on Generative Art, 4., 2001, Milão. **Anais**... Milão: Politecnico di Milano, 2001. p. 71–78.

LANGTON, C. G. Studying artificial life with cellular automata. **Physica D**: Nonlinear Phenomena, v. 22, n. 1–3, p. 20–149, nov. 1986.

LEWES, G. H. **Problems of life and mind**. Londres: Trübner & Co/Ludgate Hill, 1874.

MITCHELL, M. **Complexity**: a guide tour. Oxford: Oxford University Press, 2011.

TESTA, P.; O'REILLY, U.; KANGAS, M.; KILIAN, A. MoSS - morphogenetic surface structure: a software tool for design exploration. In: Greenwich Creative Design Symposium, 2000, Wrocław. **Anais**... Londres: University of Greenwich, 2000. p. 1–11.

VON NEUMANN, J.; BURKS, A. W. **Theory of self–reproducing automata**. Urbana: University of Illinois Press, 1966.

WEAVER, W. Science and complexity (1948). **Emergence: complexity and organization**, v. 6, n. 3, p. 65–74, Re-edição: set. 2004.

WOLFRAM, S. **A New kind of science**. Champaign: Wolfram Media, 2002.

Como citar este capítulo

ARAUJO, A. L.. **Autômatos celulares: definição e aplicações na arquitetura.** In: CELANI, M. G. C.; SEDREZ, M. (Organizadores). Arquitetura contemporânea e automação: prática e reflexão. São Paulo: ProBooks, 2018. p. 69 a 84.

A08

Algoritmos evolutivos: aplicações em uma estrutura para sombreamento

Jarryer A. de Martino

O entendimento do processo de projeto como um facilitador de solução de problemas perniciosos (*wicked problems*) favoreceu a adoção dos algoritmos evolutivos (AE) como uma técnica capaz de auxiliar os arquitetos no desenvolvimento de projetos. Segundo a definição de Horst Rittel, na década de 1960, os problemas perniciosos são caracterizados pela falta de formulação bem definida e por apresentarem soluções melhores e piores, permitindo sempre mais do que uma possibilidade de explicação. Esse tipo de problema é composto por muitos agentes participativos, promovendo ramificações no sistema em decorrência da geração de valores conflitantes, dificultando a solução devido à consideração de diferentes critérios em seu processo de avaliação (BUCHANAN, 1992).

Neste período a ciência da computação deu início a pesquisas que tinham por objetivo simular as características da mente humana, explorando as suas habilidades de coletar, armazenar, manipular informações, aprender, tomar decisões e solucionar problemas, o que deu origem à inteligência artificial (SIMON, 1984). Os AE fazem parte da IA; em seus algoritmos, foram incorporados mecanismos evolutivos que possuem como referência os encontrados na natureza, e possibilitam a auto-organização e o comportamento adaptativo (BITTENCOURT, 1996). A sua utilização é relacionada a resolver problemas que se assemelham ao processo evolutivo, ou seja, promover a integração e a interação entre diferentes espécies com o objetivo de encontrar o equilíbrio com o meio através de uma disputa pela sobrevivência dos mais aptos. Essa situação também é encontrada nos problemas perniciosos e no processo de projeto, propiciando o surgimento das primeiras experimentações dos AE como técnica aplicada aos métodos de projeto.

As primeiras utilizações dos AE como método para a solução de problemas de projeto ocorreram na década de 1960 e estavam relacionadas a automatização da organização espacial, ou seja, a busca pela otimização no processo de distribuição das atividades em um determinado espaço, problemas de leiaute nas instalações de linhas de produção, entre outros. Assim, a adoção desse método permitiu que os arquitetos extrapolassem a simples inspiração nas formas e estruturas da natureza para entender a lógica presente no processo morfológico natural (FRAZER, 1995).

A origem e aplicação dos algoritmos evolutivos

A teoria evolucionista de Darwin possibilitou entender como o processo evolutivo ocorre na natureza, identificando seus componentes, as forças atuantes e como os mecanismos evolutivos atuam sobre os indivíduos, permitindo definir uma estruturação teórica capaz de gerar um modelo abstrato para possíveis aplicações práticas. Os principais elementos adotados para a estruturação dos algoritmos evolutivos foram a reprodução sexuada com herança genética, a variação aleatória em uma população de indivíduos e a aplicação da seleção natural para compor as próximas gerações (MICHALEWICZ, 1996).

Os cientistas da área da inteligência artificial realizaram uma analogia entre o modo como os seres vivos evoluem, passando por variações e adaptações diante da luta pela sobrevivência ao interagirem entre si e com o meio, e o processo de solução de problemas. Esse processo é caracterizado pela integração e a interação entre as espécies e suas variações, que buscam o equilíbrio com o meio através de uma disputa pela sobrevivência dos mais aptos (BITTENCOURT, 1996), permitindo identificar, em ambos os casos, pontos comuns como a diversidade de indivíduos, a seleção pela qualidade e o contexto como problema e agente modelador.

O processo evolutivo foi simulado algoritmicamente e implementado em computador, sendo adotado como um método para a obtenção de possíveis soluções, esperando que reagissem da mesma forma, como na evolução natural. Assim, foi incorporada a ideia de reprodução com herança genética (recombinação), a variação aleatória em uma população de indivíduos (mutação) e a simulação de uma seleção natural (função de avaliação ou *fitness function*) para a obtenção da próxima geração. Isso deu início a uma área de pesquisa denominada computação evolutiva, que explora a utilização dos AE através de diferentes métodos implementados em diversas áreas.

Os principais métodos que compõem os AE são o algoritmo genético (GA - *Genetic Algorithm*), a estratégia evolutiva (ES - *Evolution Strategy*) e a programação evolutiva (EP - *Evolutionary Programming*). O algoritmo genético foi inventado por John Holland na década de 1960 e desenvolvido até 1970, com a colaboração de seus alunos e colegas da Universidade de Michigan, com o objetivo inicial de estudar o fenômeno de adaptação que ocorre na natureza, utilizando como referência a teoria da evolução natural descrita por Darwin (MITCHELL, 1999). Em 1975, John Holland formalizou e apresentou os algoritmos genéticos no livro "*Adaptation in Natural and Artificial Systems*", criando um quadro teórico que serviu para a fundamentação dos algoritmos evolutivos. Ao mesmo tempo, Holland fez uma abstração da evolução biológica e tornou possível simular os mecanismos de adaptação natural através da implementação computacional. Já os métodos de estratégia evolutiva (conceito criado na década de 1960 por Bienert, Rechenberg e Schwefel, e complementado em 1973 por Rechenberg) e de programação evolutiva (formalizado por Fogel, Owens e Walsh em 1966) foram desenvolvidos com o objetivo de solucionar problemas específicos (MITCHELL, 1999). A estratégia evolutiva teve como principal objetivo resolver problemas de otimização de parâmetros, enquanto que a programação evolutiva foi originalmente proposta como forma de gerar a evolução nas máquinas de estado finito. Essas definições correspondem aos métodos nas suas formações originais, mas atualmente são generalizados e classificados apenas como AE, devido à possibilidade de diferentes combinações dos seus componentes para atender a objetivos específicos.

Componentes e estrutura dos AE

A estruturação dos AE compreende a definição de um método de representação dos indivíduos, a dimensão da população (número de indivíduos produzidos em uma geração), a função de avaliação (*fitness function*), os mecanismos de seleção dos melhores indivíduos, os operadores de diversidade (mutação e recombinação) e o tempo de duração do algoritmo ou o número de gerações a serem produzidas (número de ciclos - iterações).

A. Representação

O método de representação está relacionado à maneira como os elementos que caracterizam um determinado indivíduo podem ser representados ou codificados. A codificação do ser humano em um DNA é um exemplo. No DNA são encontradas moléculas com instruções genéticas que representam as características e coordenam o desenvolvimento dos seres vivos. A escolha de uma codificação não adequada pode acarretar em resultados insatisfatórios, pois os operadores de diversidade (recombinação e mutação) (GERO, 1999; BENTLEY, 1999), ao serem aplicados, podem gerar resultados infactíveis. A codificação pode ser realizada de diferentes maneiras e os genes podem ser representados por números binários (zeros e uns), inteiros, reais, ou outros caracteres (BENTLEY, 1999). Dessa forma, cada característica do indivíduo será definida por um gene e o conjunto deles irá compor um cromossomo responsável por representar o indivíduo como um todo (genótipo). Nas aplicações em arquitetura e urbanismo o termo "indivíduo" pode corresponder à representação de um edifício, de um elemento arquitetônico, de uma malha urbana ou qualquer outro elemento passível de ser projetado (fig. 46).

A representação pode envolver um processo de codificação, ou seja, a utilização de caracteres ou valores que apenas representam simbolicamente o valor a ser atribuído a uma determinada característica, como no caso da representação binária, não apresentando uma relação direta com os parâmetros, apenas uma relação abstrata. Outra possibilidade é a representação sem a codificação, em que são utilizados, por exemplo, números inteiros para representar diretamente as dimensões de um indivíduo, evitando o processo de mapeamento e consequentemente a constante necessidade de codificação e decodificação. Assim, em um processo de projeto arquitetônico, as características de um indivíduo podem corresponder diretamente ao seu valor de dimensão e localização espacial.

A definição cromossômica para o indivíduo estabelece no processo evolutivo a formação dos espaços genotípico e fenotípico. O

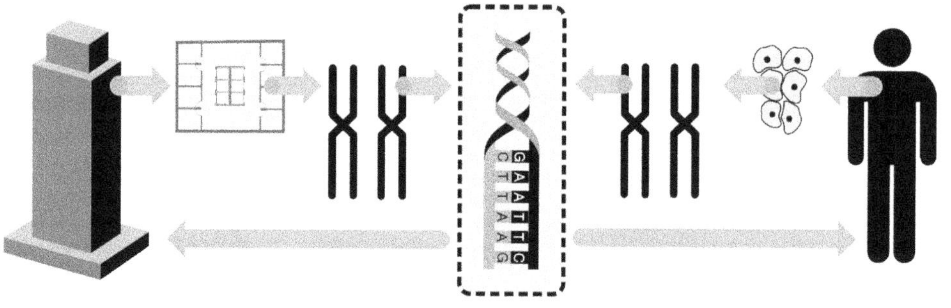

46
Representação através da codificação, adotando o DNA como referência.

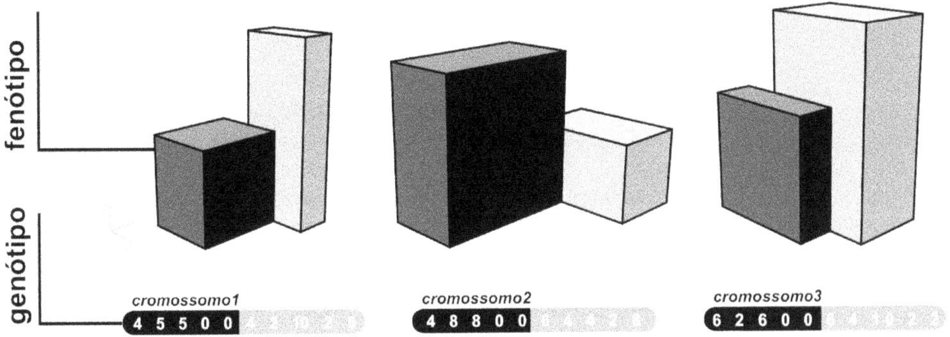

47
Diferentes indivíduos obtidoas a partir da variação dos parâmetros de uma mesma estrutura.

primeiro corresponde ao genótipo, termo utilizado para designar a constituição genética do indivíduo, ou seja, o código responsável pela representação das suas características. O segundo está relacionado com a manifestação visível da representação do indivíduo que irá interagir com o espaço físico, sofrendo a ação dos operadores de avaliação e seleção.

Cada característica de um indivíduo pode ser representada por valores , que geralmente estão submetidos a limites mínimos e máximos, e que podem significar dimensões e relações geométricas inter-relacionadas por meio de um sistema parametrizado. O indivíduo será definido pela sua estrutura, que, por sua vez, fornece as informações gerais sobre o seu potencial configurativo, formado por atributos geométricos (OXMAN; OXMAN, 2010). A estruturação do indivíduo, através da parametrização dos seus componentes, das suas relações, e da definição dos intervalos mínimo e máximo para cada variável, possibilitará criar diferentes arranjos e combinações entre os valores, gerando, consequentemente, indivíduos diferentes (fig. 47).

B. População inicial

A população inicial é constituída por indivíduos escolhidos aleatoriamente a partir de um conjunto de possíveis soluções, definidas previamente, no espaço genotípico. Essas soluções são produzidas automaticamente pelos algoritmos evolutivos até atingir o número de indivíduos estabelecidos para a população inicial, podendo ser avaliados ou não, dependendo da técnica evolutiva adotada. É importante destacar que os indivíduos são estáticos e não interagem sozinhos, sendo necessária a definição algorítmica para comandar a execução dos procedimentos capazes de gerar a próxima população. O algoritmo evolutivo padrão utiliza o modelo geracional, mantendo o número de indivíduos nas gerações, resultando na completa substituição da geração velha pela nova.

C. Operadores de diversidade

Os operadores de diversidade são responsáveis por gerar alterações nos cromossomos dos "indivíduos pais", originando os "indivíduos filhos" que irão compor as gerações subsequentes, ou seja, as novas populações. Estes operadores são, portanto, o diferencial presente nos métodos evolutivos, em comparação com os métodos simplesmente combinatórios. Os mais comuns são a mutação e a recombinação (MICHALEWICZ, 1996; LINDEN, 2008; EIBEN; SMITH, 2010). A mutação tem como objetivo alterar aleatoriamente o gene do cromossomo de um indivíduo a fim de transformá-lo em outro, contribuindo para a diversidade genética, inserindo novos cromossomos na população (DAWKINS, 2001) e ampliando os limites estabelecidos pela geração inicial. A quantidade de genes a serem modificados segue como referência uma taxa de mutação com uma probabilidade na ordem de 1% (MICHALEWICZ, 1996; EIBEN; SMITH, 2010), o que significa uma quantidade muito baixa, mas que possibilita gerar uma variação no indivíduo sem perder totalmente as informações correntes ou passadas pelos cruzamentos e hereditariedade até o momento. A aplicação da mutação e sua frequência podem estar vinculadas ao número de gerações decorridas, sendo especificadas através de uma descrição algorítmica no próprio algoritmo evolutivo. Para isso, é preciso definir a taxa de mutação e como o operador irá agir, criando uma estratégia com características probabilísticas aleatórias para a escolha do cromossomo e do gene que será modificado. A modificação pode ocorrer de forma pontual, através da substituição de um valor por outro previamente especificado (fig. 48), pelo acréscimo ou subtração de um valor ao existente, ou pela definição de uma função matemática cujo resultado esteja entre um mínimo e um máximo (MICHALEWICZ, 1996; LINDEN, 2008).

A recombinação corresponde à troca de partes entre dois ou mais cromossomos e está relacionada com o processo de cruzamento. Embora esse processo contribua para a variedade, diferentemente da mutação, ele manterá certo grau de familiaridade entre os

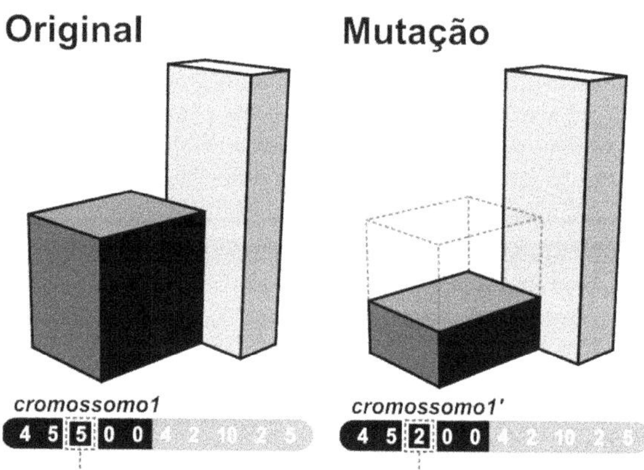

48
A geração de um novo indivíduo a partir da mutação definida previamente para ocorrer no terceiro gene do cromossomo.

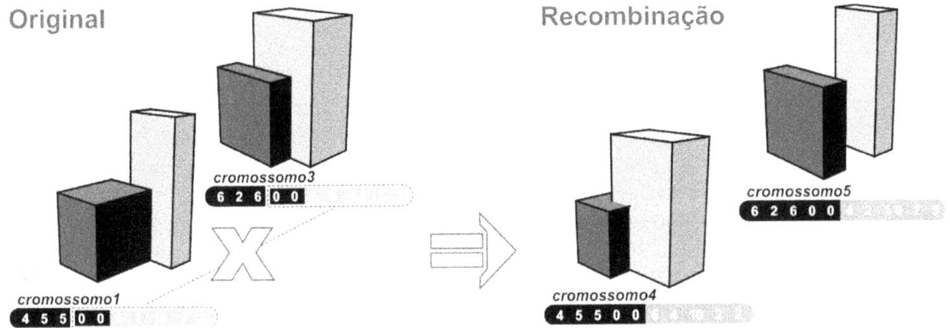

indivíduos, uma vez que são realizadas apenas trocas entre pedaços dos cromossomos, sendo transferidas as características de um indivíduo para outro (fig. 49).

49
Geração de novos indivíduos a partir da recombinação.

D. Operadores de avaliação e seleção

A seleção natural no meio biológico corresponde a um conjunto de fatores externos que exerce influência na sobrevivência dos indivíduos. Os indivíduos que estão mais aptos a sobreviver às restrições e condições do meio em que vivem são os que apresentam maior capacidade de reprodução, disseminando os seus genes e gerando maior número de descendentes, contribuindo para o processo evolutivo (FLOREANO; MATTIUSSI, 2008). Nos AE a seleção natural é simulada através dos operadores de avaliação e de seleção. O primeiro, a função de avaliação, também pode ser denominada função objetiva ou *fitness function*, sendo a responsável por avaliar cada indivíduo gerado no processo, verificando o quanto cada um atende às condições e restrições definidas como as desejadas para a obtenção de uma solução (MICHALEWICZ, 1996; LINDEN, 2008; EIBEN; SMITH, 2010). Por isso, a função de avaliação precisa representar todas as restrições e condições necessárias para a obtenção da solução desejada, pois são as responsáveis por verificar se cada indivíduo gerado atende ou não às necessidades do problema proposto (EIBEN; SMITH, 2010). Já os operadores de seleção correspondem aos valores obtidos na função de avaliação (denominados valor da função ou de *fitness*), representando o grau de atendimento que cada indivíduo possui com relação àquelas restrições. Aqueles que não satisfazem a essas condições sofrem penalidades (LINDEN, 2008). Dessa forma, o operador de seleção possibilita classificar os indivíduos mais bem avaliados, servindo como base para a seleção por meio de técnicas determinísticas ou probabilísticas.

E. Duração

Considerando que a evolução é a mudança das propriedades de populações de indivíduos ao longo do tempo (MAYR, 2009), é importante destacar que ela ocorre de forma gradual, permitindo um processo de ajustes entre as soluções. Por isso, é necessário cautela ao definir o número de iterações (gerações) ou o tempo de processamento para a obtenção da solução de um dado problema. O sistema precisa ter condições e tempo suficiente para que os mecanismos evolutivos consigam formar e identificar as estruturas genéticas favoráveis à obtenção das soluções mais aptas.

O período que corresponde à duração da execução de um AE, pode ser definido por três maneiras três maneiras: por meio da determinação de (1) um tempo máximo de processamento computacional, (2) de um número máximo de gerações ou (3) do atendimento aos objetivos desejados (BENTLEY, 1996). No primeiro caso, o tempo é definido quantitativamente, sendo estipulado em minutos, ou horas, por exemplo, o período máximo para a execução do algoritmo, tornando imprevisível o número de gerações, cuja quantidade dependerá dos recursos computacionais. No segundo caso, a duração é definida pela quantidade de gerações, ficando o tempo indefinido e dependente da capacidade de processamento computacional. Já no terceiro caso, a duração está relacionada com a obtenção da solução ideal, ou seja, a execução do algoritmo é finalizada quando forem encontradas as soluções que atendam plenamente a todos os critérios previamente definidos, sendo imprevisível a quantidade de gerações e do tempo necessário para o processamento.

Em resumo, ao articular todos estes componentes, os AE apresentarão como estrutura básica as populações de indivíduos (representando as possíveis soluções de um problema), os operadores de diversidade (responsáveis pela diversificação dos indivíduos), funções de aptidão dos indivíduos (que verificam o grau de satisfação das soluções obtidas) e o operador de seleção (responsável por classificar e selecionar as soluções mais aptas). A fig. 50 apresenta uma estrutura básica dos AE e a sua implementação algorítmica através de um pseudocódigo.

Exemplo de implementação

O exercício de projeto descrito a seguir corresponde à criação de uma cobertura ao lado de uma edificação, com o objetivo de proporcionar sombreamento a uma área já coberta, mas que recebe insolação no período das 14h às 16h devido a uma abertura lateral. Os experimentos foram realizados considerando o solstício de verão na data de 23 de dezembro de 2013, às 16h, momento de maior incidência solar no local. O desenho da estrutura apresenta aberturas ao longo da superfície, contribuindo para a ventilação natural. A solução ideal deverá apresentar a maior área de sombreamento com

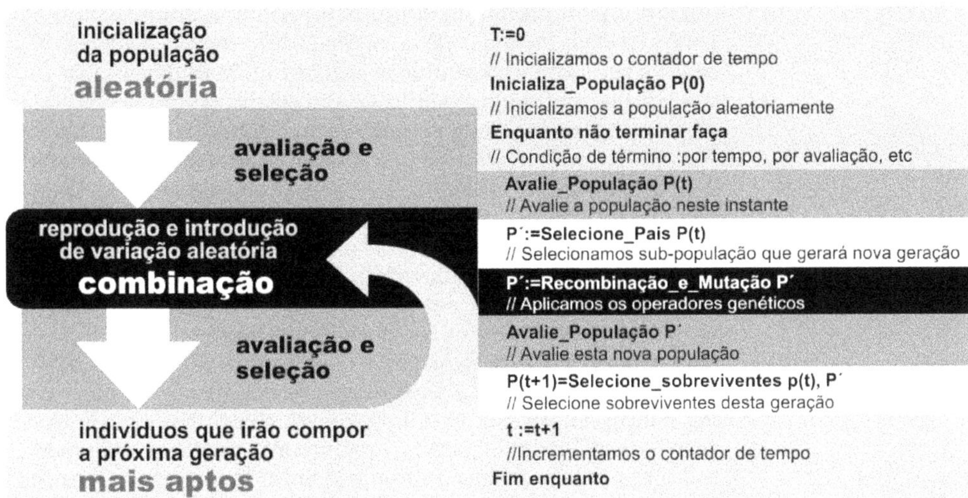

50
A geração de novos indivíduos a partir da recombinação.

o maior valor para o somatório dos comprimentos que definem as dimensões das aberturas, duas variáveis contraditórias que deverão ser negociadas, situação propícia para o uso dos AE.

Para o desenvolvimento deste exercício estão definidos cinco experimentos, sendo adotadas duas abordagens para a concepção da cobertura, uma parcialmente parametrizada (com variação apenas no dimensionamento das aberturas), e a outra totalmente parametrizada (permitindo variações na forma da superfície e no dimensionamento das aberturas). Emprega-se a primeira abordagem nos quatro primeiros experimentos, sendo adotadas duas formas como referência para a superfície da cobertura, uma curvilínea e outra linear. Cada uma delas é testada considerando duas orientações diferentes para as aberturas (norte e oeste). Os resultados obtidos permitem identificar qual das orientações é a mais favorável para o local, a qual será adotada para a realização do quinto experimento. Neste, empregou-se a segunda abordagem, tornando paramétricas as curvas definidoras da superfície da cobertura e a variação das dimensões das aberturas, ambas controladas automaticamente pelo AE, permitindo buscar e testar as diferentes soluções através da sua eficiência.

A configuração padrão adotada para o AE dos cinco experimentos considera a maximização do valor de *fitness*, o fim da execução do algoritmo ao atingir cinquenta gerações estagnadas, populações compostas por cinquenta indivíduos em cada geração (sendo a primeira configurada para possuir o dobro de indivíduos), taxa de permanência de 5% dos melhores indivíduos de uma geração para a outra, e o cruzamento entre aqueles que possuírem no máximo 75% de grau de parentesco (semelhança entre as suas características).

Nos cinco experimentos são utilizadas três superfícies (uma linear, uma curvilínea e outra parametrizada) que servem de referência para a definição formal da cobertura. Esta superfície é transformada em uma malha contendo doze por seis módulos, sendo a base para a construção de uma estrutura tridimensional triangulada, utilizando os vértices e as mediatrizes das laterais dos módulos como pontos de conexão dos elementos estruturais. Alguns desses elementos são os responsáveis pelo dimensionamento das aberturas (os espaçadores) e estão posicionados em todos os módulos da estrutura triangular (fig. 51).

O tamanho dos espaçadores varia em função da distância entre a sua posição na malha e o ponto de atração mais próximo. Desta forma, dois pontos de atração, movidos independentemente e automaticamente pelo algoritmo evolutivo, estão distribuídos na superfície para explorar diferentes posições e gerar diversidade nas dimensões das aberturas. Isso garantiu maior flexibilidade ao sistema, auxiliando o algoritmo evolutivo a encontrar as melhores soluções para o problema, pois quanto maior for a distância entre os espaçadores e os pontos, maiores serão os espaçamentos gerados nos vãos, e vice-versa (fig. 52).

Realizou-se a avaliação dos resultados obtidos nos três experimentos a partir de dois critérios, a maior área de sombreamento projetada pela cobertura e o maior valor obtido

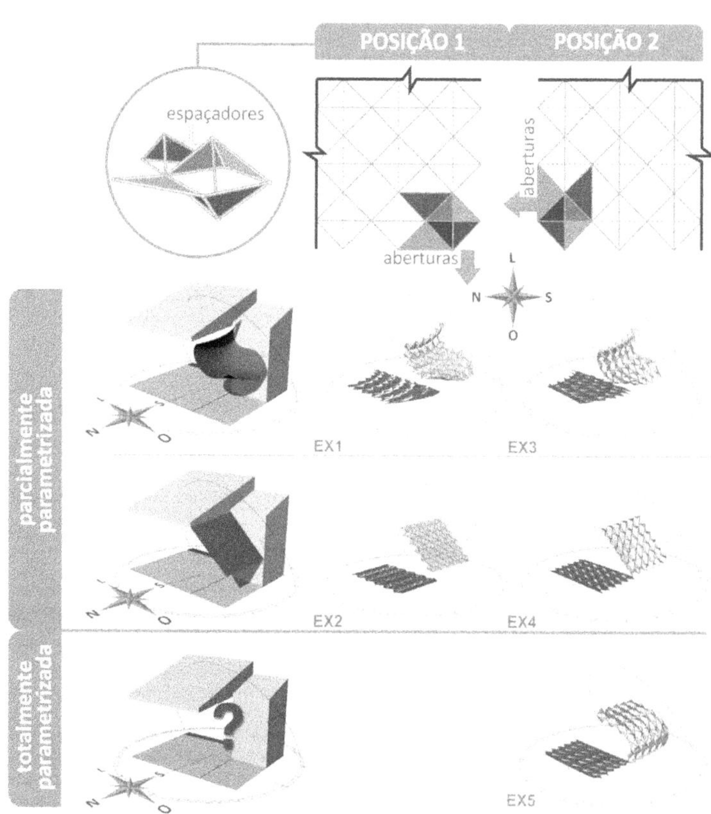

51
Definição da malha da superfície, a estrutura triangulada e as diferentes aplicações.

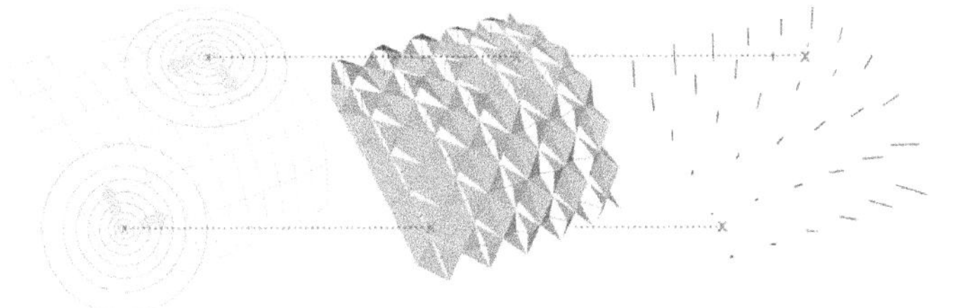

52
Pontos de atração definindo o comprimento dos espaçadores.

pelo somatório do comprimento de todos os vãos das aberturas da superfície. Tais critérios correspondem a valores numéricos obtidos a partir do próprio código que, ao serem somados, dão origem ao valor de *fitness*, correspondendo ao índice utilizado para a classificação das alternativas de projeto. Para efeito de análise são selecionados, a cada dez gerações de cada experimento, as cinco primeiras soluções com o maior valor de *fitness* (fig. 53), permitindo um estudo mais aprofundado, considerando independentemente a área de sombreamento e o somatório das distâncias dos comprimentos dos vãos. Dessa forma, a partir daqueles critérios e dos indivíduos selecionados para a análise, foi possível realizar a comparação entre os experimentos.

Os experimentos EX1 e EX 2 são realizados com as aberturas direcionadas para o oeste, o que explica o fato destas possuírem as soluções com a menor área de sombreamento. Ao analisar as suas curvas nos gráficos de área de sombreamento (fig. 54) e dimensão dos vãos (fig. 55), é possível verificar uma situação de inversão, ou seja, o maior sombreamento com o menor valor para a somatória dos vãos e vice-versa. Isso demonstra que, nesses dois experimentos, o algoritmo evolutivo encontra dificuldades para obter uma relação de equilíbrio entre o sombreamento e as aberturas.

A mudança da orientação das aberturas para o norte favorece os resultados obtidos nos experimentos EX3 e EX4 em ambos os

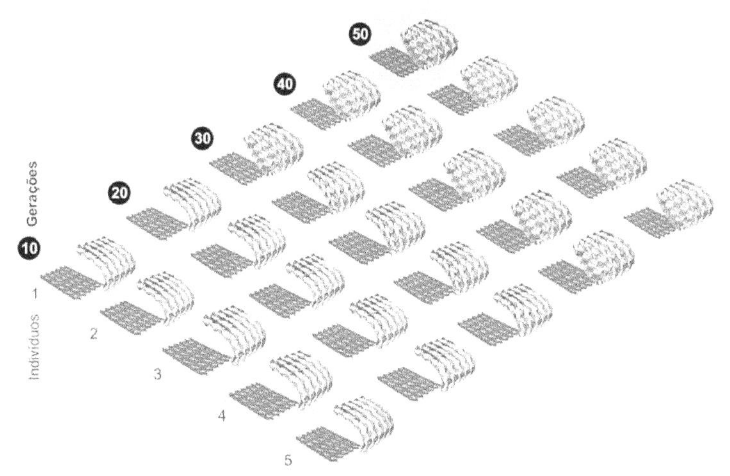

53
As soluções selecionadas do EX5.

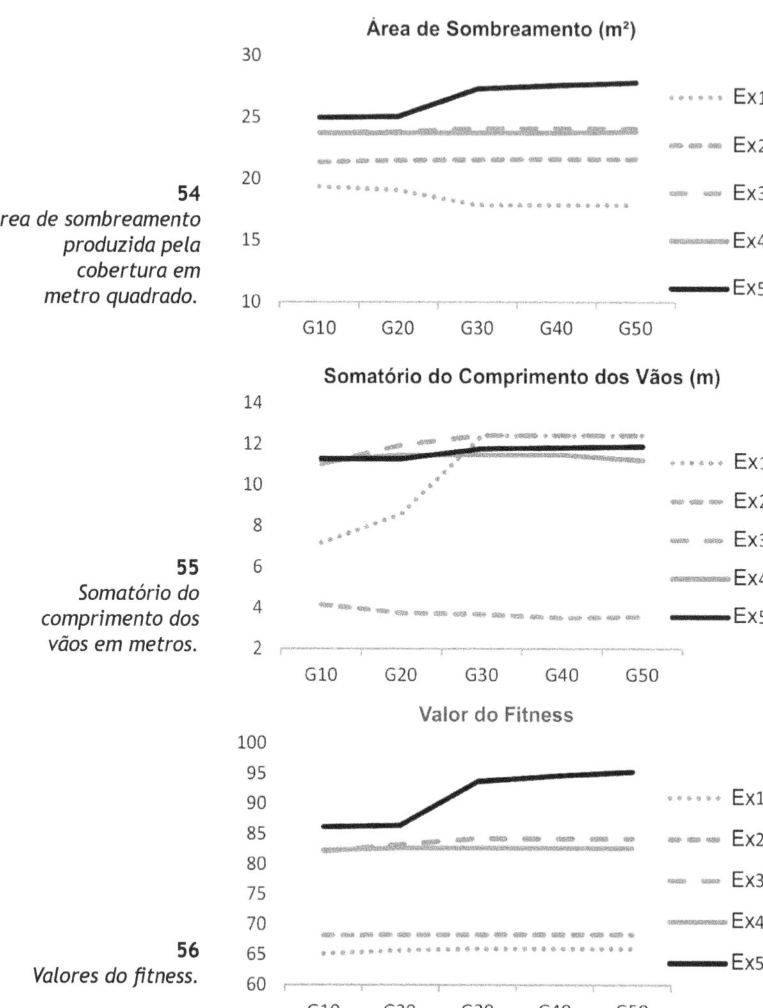

54
Área de sombreamento produzida pela cobertura em metro quadrado.

55
Somatório do comprimento dos vãos em metros.

56
Valores do fitness.

critérios, possibilitando ao algoritmo evolutivo obter resultados mais satisfatórios do que nos experimentos anteriores. Com relação à área de sombreamento (fig. 54) o EX3 possui uma pequena vantagem sobre o EX4, embora tenham praticamente o mesmo valor. A maior diferença entre os dois está na soma dos comprimentos dos vãos (fig. 55), sendo maior no EX3.

Isso ocorre devido a superfície curva como base para a cobertura, o que gera diferentes ângulos para as aberturas, por sua irregularidade, desviando da incidência solar direta, criando maiores áreas de sombreamento, como consequência, obtendo maiores comprimentos para as aberturas. Já a regularidade da superfície plana do EX4 dificulta o encontro de zonas de sombreamento pelo algoritmo, mantendo os pontos de atração isolados em uma região da superfície, gerando vãos mínimos para as aberturas. Dessa forma, ao elaborar o experimento EX5, sob a abordagem totalmente paramétrica, é possível pressupor que uma superfície curva será gerada.

O experimento EX5 demonstra um grande nível de evolução durante a execução do algoritmo evolutivo, com um aumento de 9,6% no valor do *fitness*, enquanto os outros apresentaram variações entre 0,3% e 2,5% (fig. 56). Com relação à área de sombreamento, há um acréscimo de 10,2%; já os outros experimentos ficam entre 0,46% e 1,66% (o EX1 possui um decréscimo de 8,29%). Na soma dos comprimentos dos vãos, o experimento EX5 apresenta um acréscimo de 5,2%, taxa inferior aos 42,3% do EX1 e 11,5% do EX3, mas que provavelmente justifica possuírem a menor área de sombreamento. As comparações realizadas entre as curvas dos gráficos possibilitam entender a evolução, mas o que define a melhor solução são os valores obtidos no final da execução dos algoritmos. Assim, são avaliados apenas os melhores indivíduos obtidos na última geração (G50), sendo considerada a maior área de sombreamento e a maior soma para o comprimento dos vãos. Com relação à soma dos vãos, os indivíduos dos experimentos EX1 e EX3 possuem o mesmo valor (12,4m), não distante dos 11,9m do EX5. A área de sombreamento apresenta um distanciamento maior entre os dois primeiros indivíduos (27,8m² para o EX5 e 24,1m² para o EX3), sendo este o critério determinante para escolher a melhor solução. Isso permite verificar que o EX5, que possui a abordagem da parametrização total, mostra-se mais eficiente, gerando a maior área de sombreamento e índice de aberturas satisfatório (fig. 57).

O experimento permite concluir que o uso de um sistema generativo evolutivo na fase inicial do desenvolvimento de projeto pode tornar mais eficiente o processo de busca de soluções otimizadas, assumindo características exploratórias e investigativas, através de constantes reconfigurações das variáveis ou dos elementos arquitetônicos. O entendimento sobre o projeto ganha outra dimensão, quando as curvas dos gráficos são observadas e o comportamento dos experimentos durante a execução do algoritmo evolutivo são comparados; a informação numérica passa a ser a matéria prima a ser gerenciada, manipulada, avaliada e tratada, se tornando extremamente importante durante todo o processo de projeto.

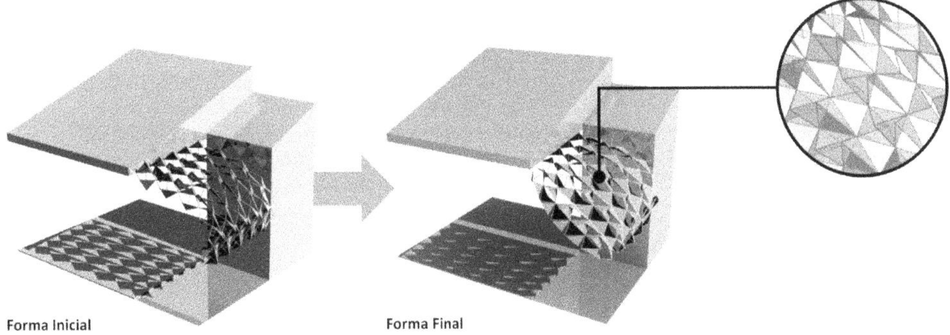

57
Solução com o maior valor de fitness da última geração.

Referências

BENTLEY, P. J. **Evolutionary design by computers**. San Francisco: Morgan Kaufmann Publishers Inc, 1999.

BIENERT, RECHENBERG, SCHWEFEL, 1960.

BITTENCOURT, G. **Inteligência artificial**: ferramentas e teorias. Campinas: Instituto da Computação, Unicamp, 1996.

BUCHANAN, R. **Wicked problems in design thinking**. In: Design Issues. Cambridge: The MIT Press, v.8, n.2, p. 5-21, 1992. Disponível em: < http://www.jstor.org >. Acesso em: 29 mar. 2012

DAWKINS, R. **O relojoeiro cego**: a teoria da evolução contra o designo divino. Tradução Laura Teixeira Motta. São Paulo: Companhia das Letras, 2001.

EIBEN, A. E.; SMITH, J. E. **Introduction to evolutionary computing**. Berlin: Springer-Verlag, 2010.

FLOREANO, D.; MATTIUSSI, C. **Bio–inspired artificial intelligence**: theories, methods, and technologies. Cambridge: The MIT Press, 2008.

FRAZER, J. **An evolutionary architecture**. London: Architectural Association, 1995.

GERO, J. S. **Creativity, emergence and evolution in design**. In: Knowledge-Based Systems, v.9, n.7, p.435–448, Elsevier, 1996.

LINDEN, R. **Algoritmos genéticos**. 2.ed. Rio de Janeiro: Brasport, 2008.

MARTINO, J. **Algoritmos evolutivos como método para desenvolvimento de projetos de arquitetura**. 2015. Tese (Doutorado). Faculdade de Engenharia Civil, Arquitetura e Urbanismo, Universidade Estadual de Campinas, Campinas.

MAYR, E. **O que é evolução**. Tradução Ronaldo Sergio de Biasi e Sergio Coutinho de Biasi. Rio de Janeiro: Rocco, 2009.

MICHALEWICZ, Z. **Genetic algorithms + data structures = evolution programs**. 3.ed. New York: Springer, 1996.

MITCHELL, M. **An introduction to genetic algorithms**. Cambridge: The MIT Press, 1999.

OXMAN, R.; OXMAN, R. **New structuralism**: design, engineering and architectural technologies. Architectural Design, v. 80, n. 4, p. 14–23, jul./ago. 2010.

SIMON, G. L. **Introducing artificial intelligence**. Oxford: NCC Publications, 1984.

Como citar este capítulo

MARTINO, J. A.. **Algoritmos evolutivos: aplicações em uma estrutura para sombreamento**. In: CELANI, M. G. C.; SEDREZ, M. (Organizadores). Arquitetura contemporânea e automação: prática e reflexão. São Paulo: ProBooks, 2018. p. 85 a 98.

A09

Geração automatizada de leiautes: uma revisão da literatura

Victor Calixto

O design computacional não é um campo novo de pesquisa; essa temática vem sendo discutida desde o começo dos anos 60, quando os primeiros programas de *Computer–aided Design* (CAD) estavam no início de seu desenvolvimento (ROCHA, 2004). O *Space Planning*, ou geração automatizada de leiautes, metodologia aplicada ao design computacional, foi amplamente discutido, em paralelo ao desenvolvimento das primeiras ferramentas CAD (GRASON, 1971; MILLER, 1970; EASTMAN, 1971; 1973).

Space Planning (SP) é um campo de pesquisa que estuda o processo de arranjo de uma série de elementos topológicos e/ou geométricos, em um determinado espaço, em que distância, adjacência, entre outras funções (EASTMAN, 1971; 1973). Os problemas em SP são definidos, geralmente, através de dois conceitos: (1) problemas de topologia e (2) restrições geométricas. As restrições topológicas definem uma hierarquia de relações espaciais, como adjacências, não adjacências, proximidades e profundidade entre os elementos espaciais (HOMAYOUNI, 2007). As restrições geométricas são definidas através da análise das relações entre superfícies, dimensões, orientação espacial, entre outros.

A década de 70 e o início da década de 80 foram particularmente produtivos em termos de produção de pesquisa em SP (GRASON, 1971; MILLER, 1970; LIGGETT; MITCHELL, 1981). Nesse período, vários estudos estavam relacionados à teoria dos grafos, que descreve as relações topológicas dos espaços através de vértices e arestas. Toda essa discussão aconteceu anteriormente à popularização das ferramentas CAD entre os arquitetos e designers.

No início dos anos 90 foram publicadas muitas pesquisas em design computacional, relacionando métodos de projeto com técnicas de inteligência artificial. Estes estudos buscavam discutir mecanismos generativos, que funcionavam como intermediadores entre arquiteto e sistema, em um processo colaborativo de tomada de decisões de projeto, ampliando assim o potencial de cálculo das variáveis arquitetônicas e sugerindo novas possibilidades, inimagináveis sem o uso do computador, estendendo a capacidade humana de processamento de informação (TERZIDIS, 2006).

Posteriormente, a utilização desses mecanismos foi definida por Rivka Oxman como *Generative Models* (OXMAN, 2006). Nesse campo, o computador é parte essencial no processo de conceber o projeto e de produzir uma obra através de métodos de fabricação digital. Os modelos paradigmáticos delineados por Oxman são:

1. CAD Models, subdivididos em:

- *CAD descriptive model;*
- *Generation–evaluation predictive CAD.*

2. Digital Formation Models, subdivididos em:

- *Topological formation models;*
- *Associative design;*
- *Motion–based formation models.*

3. Generative models, subdivididos em:

- *Shape grammars;*
- *Evolutionary design models.*

4. Performance Models, subdivididos em:

- *Performance–based formation models;*
- *Performance–based generation models.*

5. Integrated Models.

- Neste caso, a autora não estabelece nenhuma subdivisão.

Space Planning

A organização do espaço é uma das tarefas importantes a serem resolvidas por arquitetos e designers. As soluções devem atender a um determinado propósito, serem criativas e funcionarem de maneira apropriada. SP é uma área de pesquisa que tem como principal objetivo estudar o processo de arranjo espacial de uma lista de elementos de um programa arquitetônico, e os problemas a serem solucionados estão relacionados a distâncias, adjacências e outras funções de arranjo (EASTMAN, 1973).

Os problemas de SP não são exclusividade do projeto arquitetônico; fazem parte de um amplo campo de pesquisa que atinge uma grande variedade de problemas, como o desenho de placas de circuitos impressos, teclados, design de turbinas hidráulicas, posicionamento de máquinas industriais, etc. (SINGH; SHARMA, 2006). Liggett (2000) divide os métodos de SP em duas categorias: métodos de representação do espaço e métodos de avaliação do espaço. Dentre os métodos de representação do espaço identificados por Liggett (2000) temos: atribuição um a um (*one–to–one assigment*), empilhamento (*stacking*) e agrupamento (*blocking*).

O método de atribuição um a um (*one–to–one assignment*) consiste na alocação de uma lista de ambientes em uma lista de locais (LIGGETT, 2000). Existem dois principais métodos para essa abordagem: o método de áreas iguais e o de áreas desiguais. No sistema de áreas iguais, um plano é subdividido em partes iguais, de forma que cada parte representa um ambiente, enquanto no método de áreas desiguais um plano é subdividido em pequenas unidades, sendo que um ambiente é criado a partir da soma das unidades, de acordo com as áreas requeridas.

O método de empilhamento (*stacking*) é semelhante ao método de atribuição um a um no modo de subdividir o espaço, porém as funcionalidades podem ser sobrepostas em um espaço. Também é válido que uma funcionalidade faça parte de um ou mais espaços, ou seja, cada unidade pode receber uma ou mais funcionalidades.

No método de agrupamento (*blocking*), um polígono representa um ambiente que deve ser capaz de manter suas características geométricas e, ao mesmo tempo, se ajustar a outros ambientes em um determinado perímetro, de acordo com regras pré-determinadas.

Os métodos de avaliação do espaço podem ser divididos em três grandes classes, de acordo com Liggett (2000): otimização dos custos a partir de um único critério, otimização através de grafos e otimização de restrições personalizadas. A otimização de uma única função objetivo está especificamente direcionada para a minimização de custos, e pode estar relacionada à comunicação entre atividades ou ao fluxo de materiais entre ambientes de um leiaute.

O método de otimização através de grafos é baseado na teoria matemática dos grafos. A premissa principal desse método é gerar leiautes que respeitem restrições relacionadas a critérios de adjacência previamente definidos.

O grafo estabelece relações topológicas entre ambientes de um programa de necessidades, variando em escala e podendo, por exemplo, se referir à distribuição de edifícios por quadras em um desenho urbano ou à distribuição de ambientes em um leiaute arquitetônico. Através dessas distribuições são definidas relações de adjacência e não adjacência entre os espaços, sendo que podem ter um caráter geométrico ou apenas topológico, o que possibilita a criação de espaços com formas geométricas distintas, mas que podem manter as mesmas propriedades topológicas, como nas plantas residenciais do arquiteto Frank Lloyd Wright, apresentadas na fig. 58.

No método de otimização de restrições personalizadas o projetista desenvolve uma série, uma série de restrições e critérios que definem a relação entre as atividades de um leiaute.

Dada a quantidade de variáveis a que está sujeito o projeto arquitetônico ou urbanístico, automatizar a geração de soluções, de modo que atenda a todos os parâmetros necessários em um projeto, torna-se um objetivo de difícil resolução para o arquiteto. Além disso, um projetista adota, geralmente, critérios ambíguos, nebulosos, onde por muitas vezes encontram-se implícitas suas preferências pessoais, que não estarão explícitas no sistema (MITCHELL, 1975).

Os problemas de SP, quando entendidos de maneira holística, conforme Mitchell, foram amplamente discutidos por outros pesquisadores, que os dividiram em duas classes: problemas bem-definidos (*well–defined*) ou mal-definidos (*ill–structured*) (REITMAN, 1965; EASTMAN, 1969; UHR, 1973). Os problemas bem-definidos são aqueles absolutamente claros e com soluções conhecidas. Eles possuem duas características: (1) existe apenas uma solução correta para o problema e esta pode ser determinada com total certeza, e (2) é garantido um procedimento para atingir esta solução. Problemas mal-definidos são aqueles em que há suposições conflituosas sobre uma certa questão, que pode ter múltiplas soluções, como também é possível que não exista nenhuma solução;

58
Diferentes configurações de plantas projetadas por Wright com a mesma relação topológica entre os ambientes.

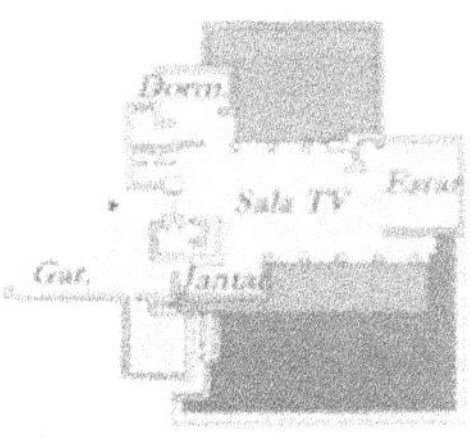

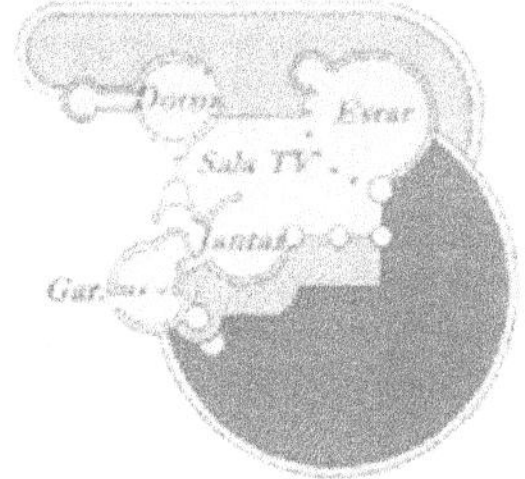

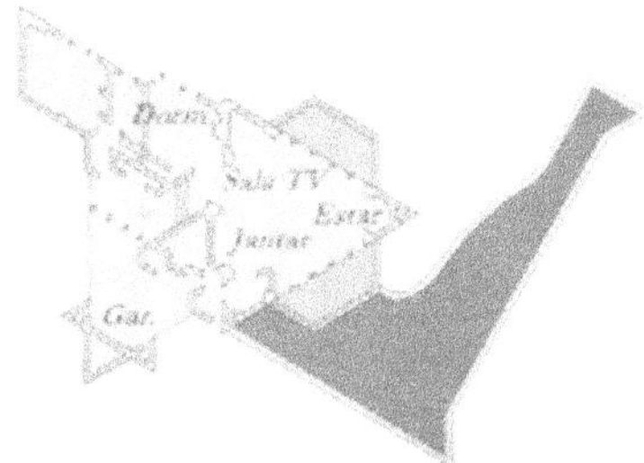

portanto, para esse tipo de problema, não é garantido que haja um procedimento que atinja estas soluções.

Hebert Simon (1975), por outro lado, argumenta que não existem diferenças substanciais entre problemas apontados como "bem-definidos"e "mal-definidos", e afirma que programas que são modelados para solucionar problemas bem-definidos não diferem, em princípio, de programas desenvolvidos para ajudar a resolver problemas mal-definidos. Algoritmos de processos generativos de projeto sempre estarão sujeitos a escolhas implícitas na modelagem e implementação de um sistema, assim como os projetistas, que independentemente das ferramentas que utilizem, do lápis ao computador, hierarquizam as variáveis arquitetônicas e optam por solucionar determinadas questões em detrimento de outras que julgam menos relevantes. Tais processos não inviabilizam o desenvolvimento do projeto, sendo que a qualidade do projeto arquitetônico, nesse caso, passa a ser definida pelo conjunto de variáveis escolhidas pelo projetista. A solução final do projeto deixa de ser uma solução ótima em todos os critérios e passa a ser compreendida como uma opção viável (fig. 59) (MITCHELL, 1990).

Os algoritmos de space planning

Modelos que permitem a análise do leiaute como mecanismo para gerar soluções são estudados desde o final dos anos 50 (HERAGU, 2008). As primeiras pesquisas envolviam o uso de gráficos de fluxos, de processos e se apropriavam da experiência e conhecimento do analista de leiautes. Foi com o nascimento da pesquisa operacional, no início dos anos 50, que teve início o desenvolvimento de modelos analíticos para o projeto e planejamento de espaços (HERAGU, 2008).

O primeiro algoritmo desenvolvido nesta área foi o *Quadratic Assignment Problem* (QAP) (KOOPMANS; BECKMANN, 1957), para solucionar problemas em grandes escalas, como a distribuição de depósitos por uma grande região geográfica, ou para projetos de menor porte, como um edifício ou a distribuição do leiaute de uma fábrica. O modelo QAP foi desenvolvido com o propósito de diminuir o custo de transporte do fluxo de materiais entre uma série de elementos (ambientes) inter-relacionados.

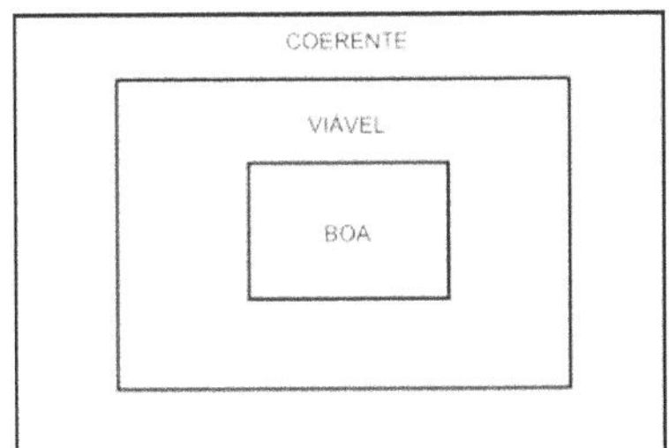

59
Soluções de projeto de acordo com o objetivo.

Desde o modelo QAP muitos algoritmos foram desenvolvidos para a resolução e otimização de problemas de SP. O processo de otimização de um problema por algoritmos busca respondê-lo da melhor forma possível. Para resolvê-lo é formulada a chamada função objetivo, que associa um número real a cada solução de um espaço solução, permitindo, desta maneira, medir a qualidade da resposta ao problema. A resposta dada pela função objetivo pode ser formulada para a maximização do valor do número real (quanto maior o valor do número, melhor a solução) ou minimização do valor (quanto menor o valor, melhor a solução).

Os métodos de otimização podem ser definidos como determinísticos ou estocásticos. Os métodos determinísticos são aqueles que, partindo de um mesmo ponto inicial, sempre dão a mesma resposta, enquanto os métodos estocásticos utilizam números escolhidos aleatoriamente, que modificam as alternativas, produzindo diferentes respostas a cada execução do algoritmo.

Algoritmos heurísticos

Os algoritmos heurísticos são modelados para encontrar uma solução viável e aceitável de acordo com um tempo computacional coerente. Os algoritmos heurísticos dedicados a resolver problemas de SP são classificados em três categorias (HERAGU, 2008): *construction algorithms*, *graph theoretic approach* e *improvement algorithms*.

Construction algorithms

Os *construction algorithms* iniciam seus procedimentos com um espaço de soluções vazio para um dado leiaute e vão adicionando cada ambiente (ou uma lista de ambientes), um após o outro, até que o leiaute esteja completo. As principais diferenças entre os vários *construction algorithms* estão relacionadas ao critério usado para determinar o primeiro elemento a ser colocado no leiaute, a sequência de elementos adicionados ao leiaute e o local do primeiro elemento do leiaute (HERAGU, 2008):

Os *construction algorithms* geralmente são concebidos através de uma estrutura em árvore, em que a raiz do problema é a situação inicial do projeto, os nós intermediários são representações parciais da solução e os nós terminais são as representações finais da solução (fig. 60).

Em problemas de SP, tais algoritmos geralmente adotam uma orientação global ou local. Os algoritmos locais consideram somente as alocações que já foram feitas: seu custo computacional é baixo, porém as soluções encontradas tendem a ser de baixa qualidade; os algoritmos globais avaliam os movimentos de uma possível alocação no futuro: são mais custosos computacionalmente, mas produzem soluções melhores que os algoritmos locais (LIGGETT, 2000).

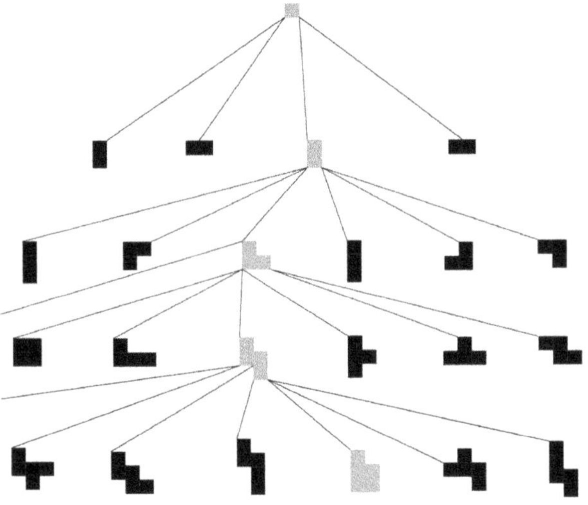

60
Distribuição em árvore dos construction algorithms.

Um exemplo de implementação de *construction algorithm* é o programa ALDEP (*Automated Layout Design Program*), desenvolvido na IBM em 1967 por Seehof e Evans. O ALDEP é geralmente usado quando o principal objetivo é inferir as relações de adjacência. O software vai alocando os ambientes um após o outro, considerando uma taxa de proximidade que varia de A a X (Tabela 2) e também as áreas requeridas. O processo continua até que todos os ambientes sejam inseridos no leiaute. A pontuação do leiaute é feita através da soma dos valores numéricos atribuídos à taxa de proximidade.

O ALDEP pode alocar até 63 ambientes e gerar leiautes de até 3 andares (HIREGOUDAR, 2007). O programa apresenta o seguinte processo:

Passo 1: dados de entrada são inseridos, como o comprimento e altura do ambiente, a área de cada ambiente, o valor de *Minimum Closeness Preference*[29] (MPC), o comprimento da varredura, a tabela

Letras	Valores Exponenciais	Valores
A	4^3	64
E	4^2	16
I	4^1	4
O	40	1
U	0	0
X	-4^5	−1,024

Tabela 2
Representação e valores da taxa de proximidade.

de relações com a taxa de proximidade, a localização e tamanho de qualquer área restrita.

Passo 2: o programa seleciona um ambiente aleatoriamente e o aloca no leiaute.

Passo 3: o algoritmo utiliza o MPC para determinar qual ambiente será alocado de acordo com o ambiente anterior. O algoritmo seleciona o ambiente que tem a maior taxa de proximidade. Caso não exista um ambiente que tenha o MPC requerido, qualquer um dos ambientes restantes é alocado.

Passo 4: se todos os ambientes foram alocados, o programa segue para o passo 5; caso contrário volta ao passo 3.

Passo 5: o algoritmo computa a pontuação obtida pelo leiaute.

Passo 6: se o valor da pontuação obtida é aceitável, o programa segue para passo 7; caso contrário, volta para passo 2.

Passo 7: o programa imprime o leiaute e a pontuação correspondente.

Graph theoretic algorithms

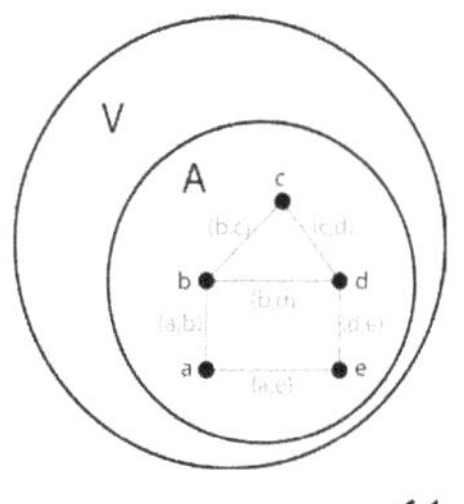

61
Grafo (V,A).

Para entender o método de *graph theoretic approach* é preciso conhecer os conceitos de grafo (fig. 61), grafo plano (fig. 62) e grafo planar máximo (fig. 63).

Um grafo (fig. 61) é composto pelo par (V, A) de vértices e arestas, sendo V um conjunto não ordenado de vértices e A um subconjunto de V, em que os vértices são conectados através de arestas (FEOFILOFF; KOHAYAKAWA; WAKABAYASHI, 2011).

62
Grafo planar (A) e grafo não planar (B).

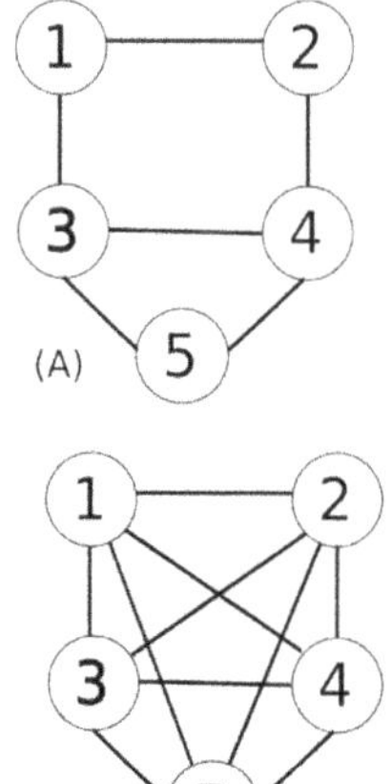

Um grafo é considerado plano ao ser desenhado em duas dimensões sem que haja qualquer tipo de intersecção (figs. 62); caso todas as interligações possíveis estiverem feitas sem que haja qualquer intersecção de arestas, é denominado planar máximo (fig. 63).

Os grafos são estudados em problemas relacionados a SP desde o final da década de 60. Alguns dos primeiros algoritmos desenvolvidos foram os de Miller (1970) e Grason (1971). O algoritmo de Miller cria grafos através de uma matriz de adjacência que é inserida como dado de entrada pelo usuário. A matriz é composta dos números 0 e 1, sendo que o numeral 0 corresponde à não relação entre ambientes e o numeral 1 determina que existe relação entre eles. Nesse algoritmo as relações são sempre bidirecionais. Essa matriz é reorganizada de acordo com uma sub-rotina que aproxima as relações da sua diagonal, maximizando a proximidade entre os ambientes que se inter-relacionam. Em seguida, o algoritmo identifica aglomerados (*clusters*) de relações e os mapeia em um grafo.

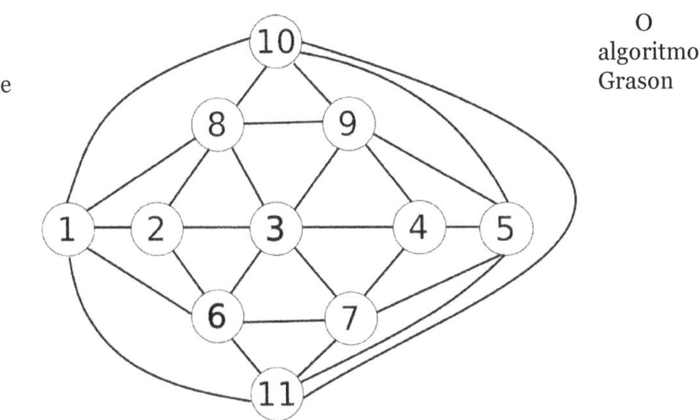

63
Grafo planar máximo.

O algoritmo de Grason foi denominado GRAMPA (*GRAph Manipulating PAc–kage*). O método é baseado em um grafo dual. Um grafo dual é derivado de um primeiro grafo X, em que, para cada face de X (região obtida por arestas que definem um plano), há um vértice de X'; estes vértices se interligam através de arestas por regiões adjacentes de X. O GRAMPA foi desenvolvido com uma pseudo gramática chamada PGG (*Planar Graph Grammar*), que especifica os grafos.

Os dados de entrada do GRAMPA são o programa de necessidades arquitetônico, com as dimensões físicas dos ambientes e suas relações de adjacência correspondentes. Em seguida, é gerado um grafo planar onde as arestas representam segmentos de parede e os nós representam as quinas. O *dual graph* é criado a partir de um nó colocado no centro de cada ambiente e arestas que interligam os espaços adjacentes entre esses nós (figs. 64 e 65). Por convenção do programa, segmentos de aresta que passam no sentido norte-sul são traçados como (.....) e os que passam no sentido leste-oeste são traçados como (——). Cada aresta recebe o valor da dimensão do segmento de parede que a atravessa. Depois de criado o dual graph, uma sub-rotina avalia se o grafo é planar e se os nós formam uma região.

Para gerar alternativas geométricas para os grafos é usada a PGG. Assim, o grafo é dividido em subgrafos, que podem ser tratados como entidades separadas. Os subgrafos são livres para reconfigurar sua posição, e terminam por criar diferentes configurações espaciais. Depois de aplicada a PGG, uma série de sub-rotinas avaliam planaridade, requerimentos de adjacência, formação de região através dos nós e requerimentos de dimensão. O objetivo do GRAMPA é gerar diferentes configurações de leiaute com uma mesma matriz de adjacência.

64
Exemplo de grafo dual.

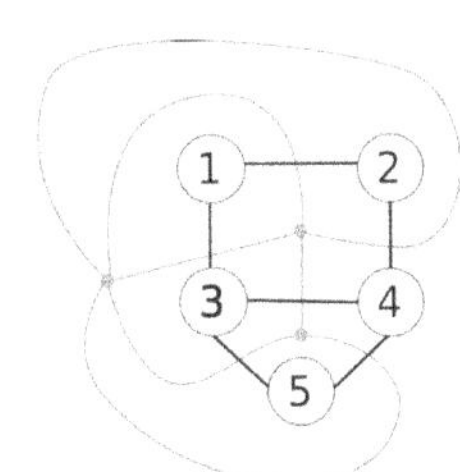

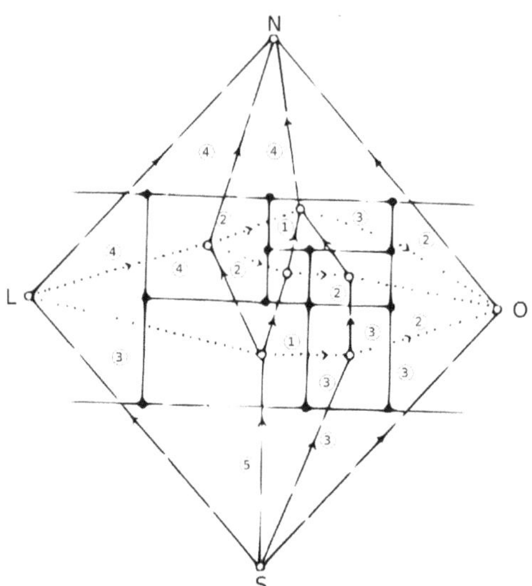

65
Grafo dual de Grason.

Outros algoritmos buscam maximizar a soma de benefícios através de um valor atribuído à aresta. Esse valor, denominado peso, representa o grau de interação entre os elementos correspondentes (vértices). Se as interações entre ambientes são uma matriz de fluxo material, podemos usar os números dos fluxos de materiais como pesos.

Improvement algorithms

Os *improvement algorithms* tem a capacidade de tornarem mais eficazes a cada interação, e têm sido aplicados com sucesso a problemas de difícil solução (HERAGU, 2008). Liggett (2000) exemplifica um modelo simples de *improvement algorithm*: dada uma solução inicial, o procedimento consiste em avaliar sistematicamente as possibilidades de intercâmbio entre pares de atividades, realizando a troca se o procedimento aprimorar o valor especificado.

O *Computerized Relative Allocation of Facilities Technique* (CRAFT) é um software desenvolvido por Armour e Buffa em 1963, muito popular nas pesquisas em SP (KUSIAK; HERAGU, 1987). A partir do custo inicial de um determinado leiaute, o software avalia as possíveis mudanças de localização entre espaços pareados adjacentes ou que tenham a mesma dimensão. As mudanças de localização dos espaços continuam até que o custo estimado do leiaute seja reduzido ao máximo.

O professor Paul Jesen, da Universidade do Texas, desenvolveu uma implementação do CRAFT[21] em Excel. Nela, a criação do leiaute se dá pelos passos: definição do nome do projeto, número de espaços, número de pontos fixos e a distância entre eles. Quando a opção *Make Random Problem* é marcada, os fluxos de materiais entre os ambientes são definidos aleatoriamente. O usuário deve preencher o comprimento, a altura e as distâncias, que serão convertidas em células através do fator de escala especificado. O CRAFT tem um limite de dimensão de 50 células de altura por 100 de comprimento. Quando o leiaute excede as dimensões limite, o fator de escala deve ser ajustado acima de 1, convertendo a medida de distância para medida de célula. Um fator de escala maior que 1 reduz o tamanho do leiaute, produzindo soluções mais rápidas.

Considerações finais

Diferentemente dos problemas de fácil resolução, onde se espera uma resposta de sim ou não, os problemas de SP são considerados de difícil resolução. Os algoritmos destinados a resolvê-los não são determinísticos, ou seja, existem diferentes comportamentos e respostas para um mesmo dado de entrada. Os algoritmos heurísticos, por serem eficientes na busca de uma resposta viável, vinham sendo mais utilizados para esse tipo de problema (HERAGU, 2008). Atualmente, com a maior disponibilidade de ferramentas de implementação de técnicas de inteligência artificial, surgem novas oportunidades para a aplicação dos algoritmos de SP para os arquitetos, em especial por meio da computação evolutiva.

No entanto, a difusão e efetiva aplicação dessas técnicas depende do estabelecimento de uma nova cultura de uso da computação como efetivo a auxiliar do processo de projeto em arquitetura.

Referências

EASTMAN, C. M. Cognitive processes and ill-defined problems: a case study from design. In: **Proceedings** of the International Joint Conference on Artificial Intelligence: IJCAI. [S.l.: s.n.], 1969. v. 69, p. 669–690.

EASTMAN, C. M. **Heuristic algorithms for automated space planning**. [S.l.]: Institute of Physical Planning, Carnegie–Mellon University, 1971.

EASTMAN, C. M. Automated space planning. **Artificial intelligence**, Elsevier, v. 4, n. 1, p. 41–64, 1973.

FEOFILOFF, P.; KOHAYAKAWA, Y.; WAKABAYASHI, Y. **Uma introdução sucinta à teoria dos grafos**. 2011. Disponível em: <*http://www. ime. usp. br/˜ pf/teoriadosgrafos*>

GRASON, J. An approach to computerized space planning using graph theory. In: ACM. **Proceedings** of the 8th Design Automation Workshop. [S.l.], 1971. p. 170–178.

HERAGU, S. S. **Facilities design**. [S.l.]: CRC Press, 2008.

HIREGOUDAR, C. **Facility Planning and Layout Design**. [S.l.]: Technical Publications, 2007.

HOMAYOUNI, H. **A genetic algorithm approach to space layout planning optimization**. 2007. Tese (Doutorado), University of Washington, Washington.

KOOPMANS, T. C.; BECKMANN, M. Assignment problems and the location of economic activities. **Econometrica**: journal of the Econometric Society, JSTOR, p. 53–76, 1957.

KUSIAK, A.; HERAGU, S. S. The facility layout problem. **European Journal of operational research**, Elsevier, v. 29, n. 3, p. 229–251, 1987.

LIGGETT, R. S. Automated facilities layout: past, present and future. **Automation in construction**, Elsevier, v. 9, n. 2, p. 197–215, 2000.

LIGGETT, R. S.; MITCHELL, W. J. Optimal space planning in practice. **Computer–Aided Design**, Elsevier, v. 13, n. 5, p. 277–288, 1981.

MILLER, W. R. Computer-aided space planning. In: ACM. **Proceedings** of the 7th Design Automation Workshop. [S.l.], 1970. p. 28–34

MITCHELL, W. J. The theoretical foundation of computer-aided architectural design. **Environment and Planning B**, v. 2, n. 2, p. 127–150, 1975.

MITCHELL, W. J. **A lógica da arquitetura: projeto, computação e cognição**. [S.l.]: Unicamp, 1990.

OXMAN, R. Theory and design in the first digital age. **Design studies**, Elsevier, v. 27, n. 3, p. 229–265, 2006.

REITMAN, W. R. **Cognition and thought**: an information Processing approach. Wiley, 1965.

ROCHA, A. J. M. **Architecture theory, 1960–1980**: emergence of a computational perspective. 2004. Tese (Doutorado), Massachusetts Institute of Technology, Cambridge.

SIMON, H. A. The functional equivalence of problem solving skills. **Cognitive Psychology**, Elsevier, v. 7, n. 2, p. 268–288, 1975.

SINGH, S. P.; SHARMA, R. R. A review of different approaches to the facility layout problems. **The International Journal of Advanced Manufacturing Technology**, Springer, v. 30, n. 5–6, p. 425–433, 2006.

TERZIDIS, K. **Algorithmic architecture**. [S.l.]: Routledge, 2006.

UHR, L. M. **Pattern recognition, learning, and thought**: computer-programmed models of higher mental processes. [S.l.]: Prentice-Hall Englewood Cliffs, NJ, 1973.

Como citar este capítulo

CALIXTO, V. **Geração automatizada de leiautes: uma revisão da literatura**. In: CELANI, M. G. C.; SEDREZ, M. (Organizadores). Arquitetura contemporânea e automação: prática e reflexão. São Paulo: ProBooks, 2018. p. 99 a 110.

A10

Projeto baseado em desempenho: arquitetura performativa

Daniel Lenz Costa Lima

Zeitgeist: a era da informação

Ao longo do século XX, todo um pensamento relacionado à informação e suas inter-relações começou a ser formalizado e sintetizado, levando a humanidade à atual era da informação, com impactos em todos os aspectos da nossa vida, das transações bancárias e entretenimento à nossa mediação do mundo por meio de aplicativos de celulares, ou mesmo da arquitetura. Com origem no final do século XIX e primórdios do século XX, o mundo como informação encontra influências da semiótica de Charles Sanders Peirce, de Ferdinand de Sausurre e dos pensamentos de tectologia dos russos Alexander Bogdanov e Avanir Uyemov (VIEIRA, 2008). As realizações teóricas e tecnológicas das décadas de

1940 e 1950, especialmente as teorias da informação, cibernética e teoria geral dos sistemas (TGS), a invenção do transistor e o desenvolvimento do computador incentivaram profundas revisões na ciência e até mesmo o surgimento de novas disciplinas. A era da informação entra definitivamente em cena com o advento do computador, uma máquina que tem como fundamento quantificar, processar e traduzir informação de um meio para outro.

A discussão sobre cibernética e teoria da informação foi desenvolvida em grande parte ao longo da década de 1940, por um grupo que manteve reuniões, relações de trabalho e até mesmo pessoais (WIENER, 1948; GERTNER, 2012). Isso explica a naturalidade com que as ideias entre essas pessoas eram compartilhadas, permeando conceitos e estruturas, com algumas delas se dedicando a distintos aspectos do mesmo pensamento, sem fronteiras muito nítidas. O livro A Teoria da Informação e Comunicação, de Claude Shannon e Warren Weaver, por exemplo, trata principalmente de como se quantifica e transmite a informação de um sistema para outro. Em Cibernética, de 1948, Wiener discorre sobre como a troca de informação com o meio controla a dinâmica e estabilidade dos sistemas. Enquanto a química, a física, a biologia e a informação, por exemplo, tratam de aspectos específicos da realidade, a teoria geral dos sistemas (TGS), formulada pelo biólogo Ludwig von Bertalanffy, nos anos 1950, propõe uma visão geral ontológica da mesma.

A TGS, a teoria da informação e a cibernética formam um corpo teórico com fronteiras um tanto quanto sobrepostas. Com uma proposta transdisciplinar, desde seu surgimento, esse corpo vem sendo aplicado em diversas áreas e, como resposta, vem recebendo uma série de retroalimentações, o que levou ao desenvolvimento da cibernética de 2ª ordem, da autopoiesis e da teoria da complexidade, entre outros desdobramentos. Esta última trata justamente do grau de organização dos sistemas e da dinâmica da suas relações com o meio e com os demais sistemas.

A arquitetura e urbanismo, assim como diversos outros campos do conhecimento, também recebeu influências dessas teorias que, segundo Herr (2002), apresentam grande potencial de contribuição para a área, possibilitando uma ressignificação do processo de projeto com o uso de ferramentas de computacionais.

Sistemas, arte, arquitetura

No final do artigo em que apresenta a teoria da comunicação, Shannon (1947) introduz um método estatístico para verificar se a mensagem recebida está correta. Ele havia notado que existia um certo padrão na frequência das palavras em uma frase, e que a ocorrência de algumas palavras implicava na presença de outras logo em seguida. Por exemplo, os artigos costumam preceder os substantivos; "a", "e", "de", "com" são palavras muito frequentes, e certas letras são mais comuns que outras. Ao final da década de 1950, o linguista Noam Chomsky, muito influenciado por essa observação, defende que a gramática das linguagens naturais obedecem a uma ordem estatística, e que as pessoas nascem com uma estrutura gramatical inata, descrevendo um modelo que chamou de gramática gerativa. Dessa gramática saem dois conceitos que alcançam a arquitetura contemporânea com bastante força. O primeiro é a própria ideia de gramática como uma estrutura existente dentro de um contexto mais ou menos determinado, que obedece a uma lógica e recorrência estatística, o que permitiria a sua reprodução mecânica. A base da língua deixa de ser o discurso constituído, isto é, a frase, falada ou escrita, e passa a ser o processo de construção dessa frase. Busca-se identificar que elemento vem em que lugar e que função pode ocupar.

Esse conceito foi rapidamente adotado pelo campo das artes, que tem buscado maneiras de explorá-lo e subvertê-lo. A arte conceitual, por exemplo, que tem como um de seus principais expoentes o artista americano Sol Lewitt, tem como objetivo produzir não o objeto em si, presente, instanciado, mas a estrutura implícita a este, a gramática gerativa que lhe dá origem. É comum que essas obras sejam séries de variações de objetos, na maioria das vezes apresentando um certo hermetismo pela tendência de manter implícito o discurso que descreve o processo de geração dos mesmos. O desafio ao apreciador da obra está em perceber ou descobrir o conceito, isto é, a gramática, utilizado para a geração ou execução da obra.

O segundo conceito bastante em voga atualmente é a performance. Chomsky compreendia que havia uma estrutura profunda, uma espécie de ideia platônica, e uma estrutura superficial, que seria o objeto na realidade em que conhecemos. A performance é o processo pelo qual parte dessa estrutura profunda se instancia de acordo com a gramática de uma língua específica. Se a gramática gerativa é a regra de combinações possíveis para uma frase em determinada língua, a performance é o processo pelo qual uma mensagem parte de uma ideia. A evolução da arte conceitual leva ao desenvolvimento da *performance art*, em que a obra passa a ser o processo de fazer, o percurso entre o potencial e o vir a ser (PASSARO, 2009).

Em constante flerte com a arte, não demora muito para a arquitetura buscar suas versões de arquitetura conceitual. Passaro (2009) nos mostra como Peter Eisenman é um dos primeiros responsáveis por essa tradução. *Notes on conceptual architecture*, apresentadas por Eisenman em 1970, são quase uma reedição das *Sentences on conceptual art* de Sol Lewitt. Os trabalhos de Eisenman e de John Hejduk, como resultados dessa apropriação, apresentam grande semelhança, inclusive estética, com as obras da arte conceitual. A gramática da forma de George Stiny e James Gips, publicada em artigo em 1972, usa processos semelhantes aos da gramática gerativa de Chomsky, e também possui forte similitude com o trabalho de Sol Lewitt.

Essas visões começam a se estabelecer nos anos 60 e 70 e produzem uma série de revisões e questionamentos sobre os dogmas da arquitetura moderna, alguns dos quais encabeçados por grupos que Herzog (2005) identifica como precedentes do que chamamos hoje arquitetura performativa. Tais críticas apontam a necessidade da adaptação e flexibilidade da edificação, ou partes dela, às mudanças dos desejos e/ou demandas espaciais de seus ocupantes, e propõem que a relação entre o potencial e o real, a performance de Chomsky e a *performance art*, pudesse acontecer em tempo real na operação do edifício. Como parte dessas reivindicações, estavam o resgate da complexidade e alguma espécie de continuidade da metáfora da máquina: inovações tecnológicas, melhoramentos de materiais e processos poderiam tornar certas partes ou sistemas arquitetônicos obsoletos, que deveriam, portanto, ser substituídos ou, ainda, modificados de acordo com as alterações nas demandas espaciais por parte dos ocupantes das edificações.

O livro *Performative Architecture*, organizado por Kolarevic e Malkawi (2005), traz uma coletânea de narrativas sobre experiências de projetar e ensaios teóricos que estão hoje acomodados sob o que se define como arquitetura performativa. Dentro de um contexto computacional, as tecnologias da informação são seu ponto de partida, desde a concepção, testes e avaliações, passando por processos de materialização, alcançando até mesmo os dispositivos que conferem às edificações as propriedades de responder aos estímulos do meio. Essas tecnologias são aplicadas em três momentos no processo de criação de um edifício:

1. concepção e representação do projeto,
2. materialização de partes do edifício ou do edifício como um todo e
3. operação do edifício (ou de seus mecanismos).

O primeiro grupo é relacionado aos processos de projeto, e a tecnologia oferecida abarca, de programas de avaliação e simulação digital, ambientes de desenvolvimento de algoritmos para arquitetura, a outras ferramentas ligadas à arquitetura paramétrica e aos sistemas generativos.

O grupo da materialização costuma ser acompanhado dos termos fabricação digital e prototipagem rápida, ambos usados como argumentos para a viabilidade dessa arquitetura digital, indo dos protótipos para estudo e desenvolvimento até a materialização do próprio edifício ou de suas partes. É importante lembrar que técnicas de materialização digital existem desde os anos 1950, e dependem apenas de uma versão digital do objeto a ser materializado.

O terceiro grupo se apropria de tecnologias relacionadas à incorporação da automação como parte da arquitetura. Entre os anos 1990 e 2000, o termo utilizado para se referir a este tecnologia era domótica, e abrangia especialmente a automação de sistemas prediais, como iluminação, condicionamento de ar, segurança, abertura e fechamento de cortinas e janelas, eventualmente incluindo a gestão de energia. Em tempos de *performance*, essa automação assume elementos e formas mais espetaculares, acionando diafragmas e tentáculos que controlam aberturas para o controle da entrada de sol e vento, telas de vídeo ou projeções combinadas com sensores de presença e movimento, que estabelecem novas relações de interação com os transeuntes e ocupantes, enfim, com o público dos edifícios.

Adotar a TGS como base ontológica significa entender que o mundo é composto por sistemas dinâmicos, que se estabelecem e se relacionam a partir de determinadas informações, ou propriedades, presentes no ambiente. Quando tais informações são internalizadas, delimita-se o *Umwelt* do sistema, ou seja, o pedaço da realidade com o qual este interage, seguindo uma relação de troca que descreve a constante coevolução da relação ambiente-sistema, onde ambos buscam garantir sua permanência. O processo de adaptação do sistema às mudanças do ambiente dentro de um certo intervalo de tempo, de modo que ambos, sistema e ambiente, conseguem coexistir, é chamado homeostase. Em outras palavras, cada mudança de estado do ambiente implica em certo estado do sistema, que deve suportar ou se adaptar a uma nova condição, pois, do contrário, o sistema se desfaz, é destruído. Essa flexibilidade está relacionada com as propriedades *conectividade* e *estrutura* do sistema.

$f(arquitetura)$ $f(arquitetura)$

Conectividade são as conexões possíveis entre as partes do sistema e delas com o ambiente, e suas naturezas e intensidades, ou seja, a capacidade do sistema de se adaptar. Essas conexões descrevem o comportamento dinâmico do sistema. Já a estrutura seria um mapa das conexões e relações estabelecidas em determinado momento, descrevendo um estado em que o sistema consegue existir dentro de determinado intervalo.

Essa descrição está na base tanto dos sistemas generativos como dos modelos paramétricos, e pode servir de guia nas classificações sobre arquitetura performativa. É uma modelagem discursiva da arquitetura, onde importa apenas o comportamento do sistema na sua troca de informação com o ambiente, independentemente de qual seja, estática ou dinâmica, e como se dá essa relação. Quase um contraponto às especulações formais tão comumente relacionadas à modelagem paramétrica, esse discurso descreve a coerência do objeto e sua relação com o ambiente, promovendo um desenho crítico consistente.

Schumacher (2011) interpreta a arquitetura como um dos sistemas que fazem parte da superestrutura autopoiética dentro do entendimento de sociedade apresentado Luhman (parte fundamental do seu *Umwelt*), e indica a estética e a coisa construída como as principais informações que a arquitetura devolve à sociedade. Em contrapartida, uma das informações mais importantes que a arquitetura recebe seria a aprovação ou desejo que sociedade teria pela estética e/ou pela coisa construída que ela produz. Por sua vez, essa aprovação vem da percepção pela sociedade sobre quão bem essa estética e/ou coisa construída atendem às suas necessidades. Essa mútua satisfação dá origem a um ciclo autopoiético, um conjunto de subsistemas que se promovem a existência. Assim, a busca por melhora no desempenho aparece como estratégia de permanência, tendendo a promover a valorização da arquitetura performativa.

Uma descrição assim fala da dinâmica de um objeto arquitetônico, de alguma maneira aberto, talvez inacabado, capaz de se adaptar a mudanças. Herr (2002) aponta ainda que os sistemas generativos podem ser utilizados para essa relação com o ambiente, falando sobre a que elementos do ambiente aquela arquitetura se adapta ou suporta, inclusive da incompletude do objeto construído. O termo *Performative Architecture*, título do livro de Kolarevic e Malkawi (2005), é um dos que buscam expressar essa condição, sendo praticamente sinônimo de *Performalism* e *Responsive Architecture*. Enquanto isso, *Parametricism* é um estilo divulgado em manifesto por Patrick Schumacher.

Performalism, parametricism e arquitetura performativa

Sistemas generativos, projeto paramétrico, fabricação digital e prototipagem rápida costumam andar juntos. Essas teorias e tecnologias, aplicadas à arquitetura contemporânea, se acomodam e atendem simultaneamente aos rótulos arquitetura performativa, *performalism* e *parametricism*, manifestações que traduzem o *zeitgeist* da era da informação. Enquanto arquitetura performativa ou *performalism* se posicionam como observações, constatações a partir dessa tradução, *parametricism* é um manifesto de estilo com agenda programática consciente e baseada nessas observações. No contexto deste manifesto, o uso de ferramentas computacionais é questão essencial para atingir a complexidade plástica defendida, derivada da intensificação da conexão entre os subsistemas do objeto, tendendo a um continuum, a forma como resultado de fluxos, enquanto as dinâmicas são ressaltadas por populações de geometrias progressivamente diferenciadas. Sendo observações, *performalism* e arquitetura performativa contemplam essencialmente o alto desempenho, incluindo estéticas mais tradicionais.

Em seu manifesto de 2008, Schumacher define *parametricism* como estilo e expõe uma agenda com cinco pontos guia: 1) a inter-articulação de múltiplos subsistemas; 2) *parametric accentuation* (reforçar a sensação geral de integração orgânica por meio de correlações); 3) *parametric figuration* (percepção visual da ordem e da configuração além dos parâmetros usuais de objetos geométricos); 4) *parametric responsiveness* (reconfiguração e adaptação); 5) *parametric urbanism* (edifícios formam um campo em constante mudança). Em publicações seguintes ele esmiúça e desenvolve as hipóteses e teorias em que baseia o novo estilo, que estaria sempre ligado a um programa de *design research*, já que a sequência de estilos seria baseada na sucessão de inovações, ou seja, a dinâmica de adaptação do sistema arquitetura às variações no ambiente. Os estilos são as manifestações dos estados que o sistema arquitetura apresenta, enquadrado na superestrutura de Luhmann (SCHUMACHER, 2009). O *parametricism* se baseia em ferramentas digitais de simulação e modelagem, intrinsecamente ligadas aos novos meios de representação e manipulação, seja da informação digital, seja da matéria física, com a materialização digital.

De maneira similar, os exemplos ao longo do livro de Kolarevic tratam tanto de uma busca por um desempenho com relação a grandezas específicas, como de uma adaptabilidade a mudanças. Em alguns exemplos a ênfase é estrutural, aquela específica configuração de relações, quando se busca a otimização de determinado desempenho. Nesses casos se chega a um objeto estático, por exemplo, ao se otimizar o uso de iluminação natural, ou a massa da estrutura de um edifício. Em outros a ênfase é na conectividade, buscando uma flexibilidade capaz de adaptar a construção a variações mais amplas, promovendo edifícios que se reconfiguram.

Eran Neuman e Yasha Grobman, na primeira sessão do livro *Performalism*, também conceituam performance de duas maneiras. A primeira como uma arquitetura cristalizada, definida em termos de eficiência de certo parâmetro, e outra como a performance social realizada naquele espaço (GROBMAN; NEUMAN, 2012). Independentemente do conceito adotado (desempenho energético, estrutural, lumínico ou performance social realizada), a arquitetura resultante é palco, onde certas atividades humanas podem ser realizadas, encenadas. Entretanto, essa performance nem sempre é contemplada na totalidade pelo espaço cristalizado, e demanda alterações tanto na performance como no próprio espaço, mudanças que vão acontecendo paulatinamente. Essas modificações conjuntas são justamente a evolução dinâmica do sistema.

Entre as ideias em suspensão sugeridas por Neuman (2012) estão a de um pensamento gerador de arquitetura que, enquanto assume a eficiência de algum parâmetro, está aberto o suficiente para permitir variações em outros parâmetros de trabalho, bem como qual seriam suas condições de eficiência. O autor sugere que a flexibilidade oferecida pelos sistemas digitais, seja no processo de projeto, seja no controle do comportamento dos sistemas arquitetônicos (na concepção do sistema arquitetura de Schumacher) amplia o grau e as possibilidades de personalização do espaço arquitetônico, inclusive em tempo real. A situação do espaço que define a performance e é definido por ela, e essa mútua evolução, encontra eco nas discussões sobre robótica coevolutiva e sobre cibernética de segunda ordem. O projeto do *Fun Palace*, resultante de uma parceria entre o arquiteto Cedric Price e o ciberneticista Gordon Pask, na década de 1960, buscava justamente isso. É um espaço semi-definido, em que sua configuração momento a momento vai sendo alterada pelos usuários, como fica explícito em seu programa de necessidades-fluxograma.

Reforçando a ideia da dimensão dinâmica da arquitetura como plataforma para a performance humana, Sprecher (2012) enfatiza ou explicita a natureza enquanto fonte de informação para os parâmetros de projeto. Devemos deixar claro que o mais fundamental aqui é tratar as leituras e atuações no ambiente como processamento de informação, o que não nos obriga a realizar um tratamento do espaço a partir de sistemas controlados ou monitorados eletronicamente. Compostos bi-metálicos que mudam de forma reagindo à incidência solar e às resultantes mudanças de temperatura são um exemplo de que esse processamento pode ser feito de forma "passiva". Além disso, Sprecher fala de um dinamismo muito mais intenso como responsabilidade da atual ubiquidade dos sistemas de processamento de informação.

Podemos notar como os termos *performalism*, *parametricism* e arquitetura paramétrica apresentam grande sobreposição, se é que se pode falar em distinção entre eles. São termos novos e ainda a caminho da estabilidade. Compartilham entre si os mesmos objetos de descrição, além de quase todo o conjunto de fundamentação teórica, essencialmente a teoria da informação, a cibernética, a teoria dos sistemas e até a linguística estruturalista.

Independente dessas definições, a indústria criativa tem utilizado essas estratégias de informação como um suporte à capacidade humana. A capacidade dos computadores de processar grandes quantidades de informação em pouco tempo estimula o seu uso para simular sistemas cada vez mais complexos, tanto para otimizar quanto para gerar cenários alternativos. Na arquitetura, Terzidis (2006) enfatiza seu uso como auxiliar no processo criativo, expandindo a exploração dessa grande quantidade de cenários possíveis. Esforços nesse sentido podem ser respondidos pelo desenvolvimento dos sistemas generativos, por exemplo, em que todas as diretrizes para o instanciamento de um determinado objeto estão codificadas em um algoritmo que gera as alternativas e variações, por vezes incluindo alguma quantidade de aleatoriedade em determinadas etapas do processo. As práticas de *arquitetura performativa* também lançam mão dessa capacidade para otimizar determinadas características arquitetônicas, como estrutura, desempenho térmico, etc. (GROBMAN; NEUMAN, 2012). Consciente dessas questões, sentimos-nos provocados a perguntar: existe um limite para o qual essa eficiência de desempenho é percebida de modo a ainda contribuir para a autopoiésis social?

Referências

GERTNER, J. **The idea factory**: Bell Labs and the great age of American innovation. New York: Penguin Books, 2012.

GROBMAN, Y.; NEUMAN, E. (EDS.). **Performalism**: form and performance in digital architecture. New York: Routledge, 2012.

HERR, C. M. Generative architectural design and complexity theory. Generative Art 2002, **Proceedings**... of the 5th International Conference on Generative Art. Politécnico de Milano, p. 16.1 – 1613, 2002.

HERZOG, T. Performance form. In: KOLAREVIC, B. (Ed.). **Performative architecture**. [s.l.] Routledge, p. 71 – 84, 2005.

KOLAREVIC, B.; MALKAWI, A. (EDS.). Performative architecture: beyond instrumentality. New York, London: Routledge, 2005.

NEUMAN, E. The collapsing of technological performance and the subject's performance. In: **Performalism**: form and performance in digital architecture. New York: Routledge, p. 33–36, 2012.

PASSARO, A. Linguística e estruturalismo na arquitetura dos anos 70. In: OLIVEIRA, B.S.; et al. **Leituras em teoria da arquitetura**. 1. ed. Rio de Janeiro, RJ: Viana & Mosley, v. 1, p. 128–161, 2009.

SCHUMACHER, P. **Parametricism as style**: Parametricist manifesto. 2008. Disponível em: <www.patrikschumacher.com/Texts/Parametricism%20as%20Style.htm> Acesso em: 20/04/2015.

SCHUMACHER, P. **The autopoiesis of architecture**: a new framework for architecture. v. I. Chichester: John Wiley & Sons Ltd, 2011.

SHANNON, C.E. A mathematical theory of communication. **The Bell System Technical Journal**, v. XXVII, n.3, p 379 – 423, 1948.

SPRECHER, A. Informationism: information as architectural performance. In: GROBMAN, Y.J.; NEUMAN, E. **Performalism**: form and performance in digital architecture. New York: Routledge, p. 27–31, 2012.

STINY, G.; GIPS, J. Shape grammars and the generative specification of painting and sculpture. Proceedings... of IFIP Congress 1971, North Holland Publishing Co., Amsterdam, 1972. Republished in PETROCELLI, O. (ed.) **The best computer papers of 1971**. Auerbach, Princeton, New Jersey, 1972.

TERZIDIS, K. **Algorithmic architecture**. Burlington: Elsevier, 2006.

VIEIRA, J.A. **Ontologia formas de conhecimento**: uma visão a partir da complexidade. Fortaleza: Expressão Gráfica, 2008.

WIENER, N. **Cybernetics**: or control and communication in the animal and the machine. Cambridge, Mass: MIT Press, 1948.

Como citar este capítulo

LIMA, D.L.C. **Projeto baseado em desempenho: arquitetura performativa**. In: CELANI, M. G. C.; SEDREZ, M. (Organizadores). Arquitetura contemporânea e automação: prática e reflexão. São Paulo: ProBooks, 2018. p. 111 a 119.

A11

Projeto performativo baseado em regras: otimização multi-critério

Filipe M. de Campos

Nos últimos anos ocorreu uma crescente preocupação com questões ambientais e o impacto das ações humanas no ambiente. Como consequência, a demanda por edifícios sustentáveis cresceu, e tem sido exigido melhor desempenho nos mais diversos quesitos. Com alguns exemplos, podemos citar a redução do material utilizado na construção, canteiros de obra mais inteligentes e coordenados, métodos de redução no consumo de água e energia elétrica durante o funcionamento do edifício e desenvolvimento de práticas para a redução de custos de manutenção.

Neste mesmo período, houve um grande desenvolvimento e difusão de ferramentas computacionais para arquitetura, permitindo projetar e construir edifícios que não seriam possíveis no início do século (BURRY;BURRY, 2010). Entre elas, ferramentas de modelagem NURBS, parametrização e simulações computacionais que estão modificando os métodos de projeto, permitindo projetar e construir formas orgânicas e complexas.

O uso destas novas formas arquitetônicas tem nos levado a rever regras práticas e tradicionais de projeto, pois não se aplicam a estas geometrias, ou não permitem efetuar os cálculos e simulações necessários com maior rapidez e precisão. Esta revisão tem se dado não somente para estas geometrias orgânicas e complexas, mas também para as tradicionais e ortogonais, bem como tem sido revistos os métodos de projeto e teorias de geração de formas.

Em todo projeto em que há preocupações com a sustentabilidade, é importante, desde os primeiros momentos, buscar soluções que contribuam passivamente para a melhora no desempenho do edifício. Fatores como ganho térmico solar, insolação, ventilação entre outros, podem ter seu desempenho melhorado pelas primeiras decisões de projeto. Dentre esses, o ganho térmico solar se destaca, pois é dado, basicamente, pela geometria, implantação e orientação do edifício. Os materiais construtivos e as cores utilizadas também fazem parte do cálculo do ganho térmico; contudo, tais fatores podem ser alterados em etapas posteriores do projeto sem grandes impactos. O ganho térmico está diretamente conectado aos gastos com condicionamento de ar do edifício durante seu período de funcionamento, que pode durar décadas. Logo, um bom projeto pode economizar grandes quantidades de energia e, consequentemente, dinheiro.

Do mesmo modo, novas ferramentas podem ser introduzidas desde o início do processo de projeto. Além de permitir novas formas arquitetônicas, tais ferramentas poderiam auxiliar no desenvolvimento de projetos sustentáveis? Seria possível utilizar estas ferramentas de projeto para melhorar o desempenho térmico do edifício, reduzindo seu ganho térmico solar? Seriam equivalentes, piores ou melhores que as regras práticas utilizadas na arquitetura tradicional?

Este capítulo apresenta uma pesquisa desenvolvida com base nestes questionamentos, buscando, através de testes com diferentes geometrias e métodos de redução de ganho térmico solar, identificar em quais casos cada método e ferramenta é mais adequado. É apresentado também um método de redução de ganho térmico desenvolvido durante a pesquisa, que se baseia na aplicação paramétrica de um envelope de proteção solar no edifício.

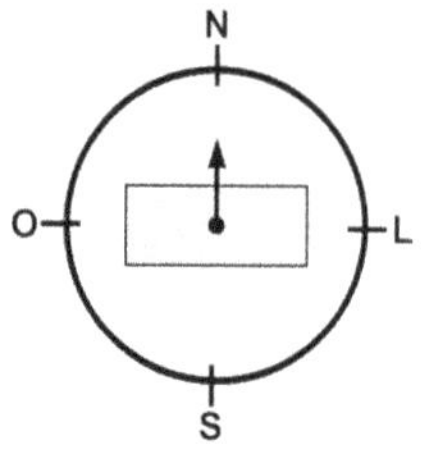

66
Orientação idealizada.

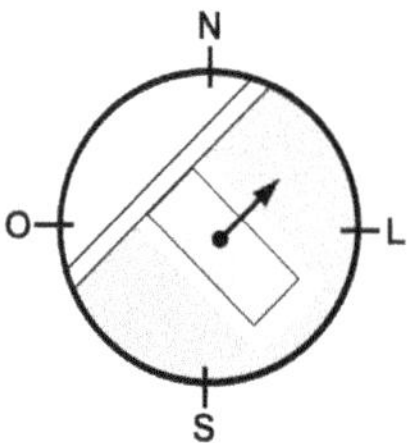

67
Orientação não-idealizada.

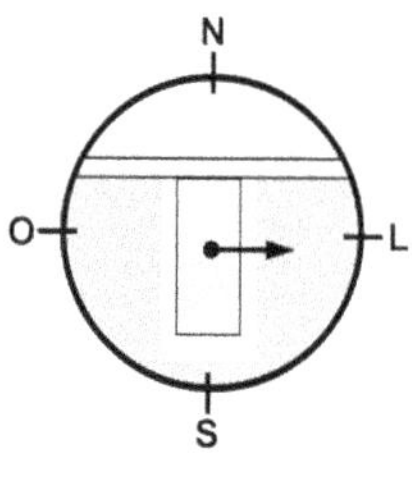

68
Orientação oposta à regra prática.

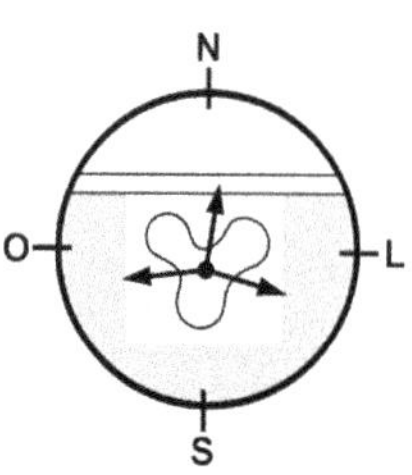

69
Orientação de forma orgânica.

Regras práticas

As regras práticas buscam orientar o arquiteto quanto ao posicionamento do edifício em relação ao sol, sugerindo métodos passivos para melhorar o desempenho térmico, ventilação cruzada, iluminação natural, entre outros. Estas regras foram desenvolvidas com base em teorias matemáticas que permitem calcular, por exemplo, o ganho térmico das fachadas, taxas de renovação de ar e iluminância dos ambientes.

Por terem base científica e, em tese, garantirem um melhor desempenho para a construção, estas regras são amplamente adotadas por órgãos de certificação para construções sustentáveis, tais como o LEED[22]. Além deste uso, são difundidas em cursos de graduação de arquitetura e urbanismo, e muitas vezes são utilizadas como justificativa para determinadas implantações, formas de edifícios e distribuição interna de ambientes.

Tais regras são bastante práticas e são utilizadas amplamente, mas apresentam limitações; para determinados tipos de obras, ou não são aplicáveis, ou não são capazes de aferir melhorar melhora significativas no desempenho destas. Estas limitações se dão pela própria concepção destas regras, criadas para analisar formas arquitetônicas básicas e idealizadas, normalmente simplificadas à forma de um paralelepípedo.

Outro problema recorrente de algumas destas regras são suas limitações, tais como divisas, dimensões e orientação do terreno, ou ainda questões como vistas, fluxos e outros fatores fundamentais para o desenvolvimento do projeto. Como já citado anteriormente, neste caso estamos tratando do ganho térmico solar do edifício, e uma das primeiras decisões de projeto a serem tomadas, e que influencia diretamente este índice, é a orientação da construção.

A regra prática para o hemisfério sul é orientar o edifício de forma que suas fachadas maiores se voltem para norte e sul, priorizando as aberturas na fachada norte (fig. 66), minimizando as fachadas e aberturas voltadas para leste e oeste, diminuindo, a princípio, a necessidade de condicionamento de ar (CELANI, 2012). Contudo, a forma e orientação do terreno podem não ser as ideais (fig. 67) ou ainda completamente contrárias à regra prática (fig. 68).

Nos exemplos acima foi utilizada a forma de um paralelepípedo em uma implementação idealizada. Entretanto, caso quiséssemos utilizar uma forma orgânica, o que aconteceria? Nesse caso (fig. 69), a regra prática se tornaria inaplicável? Mesmo que a forma fosse inserida em um paralelepípedo, somente para orientação, será que a regra prática iria garantir o melhor desempenho deste edifício com relação à redução da necessidade de condicionamento de ar?

Métodos de simulação e otimização

Com o crescente desenvolvimento e disseminação dos programas de parametrização[23] e BIM[24], uma boa parte dos arquitetos já utilizam ferramentas digitais, parcialmente ou em sua totalidade, para gerar, além dos desenhos arquitetônicos das obras, também modelos virtuais tridimensionais. A partir destes modelos, diversas simulações computacionais podem ser feitas, com o propósito de antecipar e resolver problemas arquitetônicos ainda nas primeiras fases do processo de projeto.

Estas simulações baseiam-se nas mesmas teorias matemáticas que fundamentam as regras práticas, e podem ser utilizadas para analisar as mais diversas formas e composições, sejam estas orgânicas e/ou complexas. Nestes casos, em vez de se criar diretrizes genéricas, que não são aplicáveis a todas as situações e, talvez, não possam garantir o melhor desempenho, é utilizada a forma específica daquele edifício, sua localização (incluindo o terreno, entorno e variáveis ambientais específicas para a área), entre outros fatores específicos para aquela obra.

A grande vantagem em aliar o uso da parametrização com as simulações computacionais é a possibilidade de realizar modificações nos valores dos parâmetros que descrevem aquela forma e, automaticamente, esta será analisada, obtendo os resultados em tempo real, sem necessidade de criar modelos separadamente para isso e ter que redesenhá-los para cada analise e modificação. Deste modo, é possível testar diversas possibilidades, quanto à forma, implantação ou orientação, extraindo as mais adequadas.

A imagem a seguir (fig. 70) ilustra este método de projeto, onde os modelos são gerados parametricamente em Grasshopper (*plug-in* para o programa Rhinoceros), e enviados através do Geco (este, um plug-in para Grasshopper) para o programa de simulação Ecotect. Este processa o modelo de acordo com as informações meteorológicas do *weatherfile* da região, retornando ao Grasshopper os dados da análise, tais como ganho térmico, insolação e outros.

Com este sistema, é possível explorar diversas soluções arquitetônicas e de implantação, selecionando as mais adequadas;

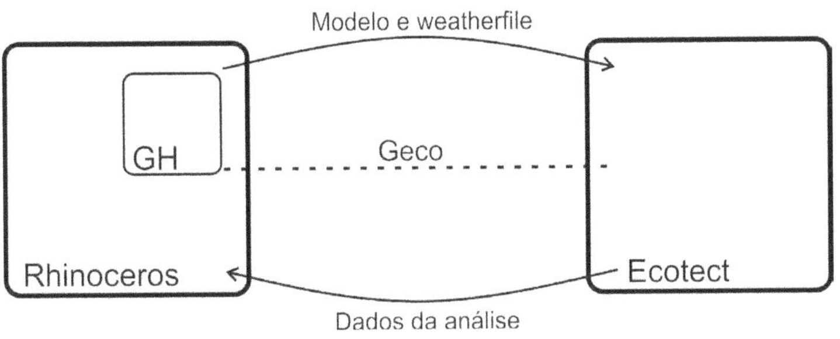

70
Diagrama de otimização paramétrica por simulações.

contudo, tais resultados não necessariamente serão os que garantem um melhor desempenho ao edifício. Para atingir resultados melhores, é necessário utilizar, em conjunto com os processos apresentados anteriormente, métodos de otimização[25], que podem ser desenvolvidos com o uso de algoritmos; neste caso, foi utilizado o plug-in Galapagos (que funciona a partir do Grasshopper). O Galapagos é descrito pelos seus desenvolvedores como sendo uma plataforma de aplicação e testes de algoritmos genéticos para não-programadores.

Algoritmos como os do Galapagos buscam as soluções possíveis e mais adequadas a partir dos limites estabelecidos pela variação dos parâmetros, de acordo com os objetivos da otimização. Nesta pesquisa, por exemplo, foi utilizado um parâmetro para permitir a variação da rotação do edifício em relação à direção norte. Através da modificação deste ângulo pelo algoritmo genético, foi possível localizar as melhores soluções entre as apresentadas, tendo como objetivo a redução do ganho térmico solar pelo edifício.

Apesar do foco da pesquisa ter sido em ganho térmico solar, os métodos de otimização podem ter diversos objetivos, tais como a melhora de desempenho estrutural, da iluminação natural e ventilação, observando-se parâmetros como forma, orientação, posicionamento, dimensões de brises, uso de envelopes (levando-se em conta a época do ano, dimensões, afastamento da fachada e padrões) e distribuição da estrutura. O edifício pode também passar por otimizações multicriteriais, buscando soluções integradas, respondendo simultaneamente a diversos objetivos (não necessariamente alcançando o melhor desempenho para cada um separadamente, mas sim para o conjunto).

O uso de parametrização, em conjunto com simulações e métodos de otimização, permite uma ampla exploração no processo de projeto, utilizando não só a capacidade dinâmica generativa intrínseca ao método (KOLAREVIC, 2005), mas inserindo limitações relacionadas a parâmetros de desempenho, normas e outros desde o início do processo de projeto.

Apesar de todos os pontos positivos no uso destes métodos e tecnologias, sua utilização se dá somente em uma pequena parcela de projetos. Diversos fatores podem ser apontados como limitantes, desde a falta de conhecimento por parte dos arquitetos, até por questões monetárias. Contudo, a principal questão desta pesquisa é se a utilização dessas tecnologias fornece sempre resultados significativamente melhores do que as regras práticas, independente da geometria utilizada, ou se há momentos em que a diferença entre ambos os métodos é mínima, não sendo necessário utilizar simulações para encontrar soluções adequadas.

Uso de envelopes em edifícios

Em projetos onde não existem fatores limitantes para que sejam feitas alterações na implantação, orientação ou forma do edifício, estas características podem ser utilizadas como parâmetros para a otimização do desempenho deste, seja através da parametrização e simulações, ou pela utilização das regras práticas. Por outro lado, como é possível realizar a redução de ganho térmico e otimização de desempenho em projetos que apresentam parâmetros que não podem ser modificados? Limitações nas dimensões do terreno, por exemplo, podem invalidar ou dificultar a aplicação de regras práticas: sendo assim, quais medidas podem ser tomadas?

Diversas técnicas podem ser trabalhadas, como alterar materiais e cores, usar brises ou aplicar envelopes ao edifício. Todas são capazes de alterar o ganho térmico solar do edifício, porém a mudança de materiais e cores é limitada pelo coeficiente de transmissão e é igual para todo o edifício. Os brises, apesar de possuírem, basicamente, a função de proteção contra a insolação, também diminuem o ganho térmico do edifício.

A solução do envelope funciona como uma segunda pele para o edifício, utilizando placas ou elementos perfurados que ficam afastados da fachada recobrindo toda ou grande parte dela. Deste modo, é possível que o envelope não recubra e proteja somente as aberturas, mas também fachadas cegas e áreas de fechamento. Estes elementos perfurados podem possuir diferentes texturas e padrões, permitindo uma variação destas ao longo das fachadas, podendo ser geradas parametricamente, com a função de reduzir o ganho térmico solar da obra.

Por ser afastado da fachada, o envelope cria uma zona de ventilação entre esta e os elementos perfurados, auxiliando na dissipação do calor absorvido. Estes elementos podem reduzir a velocidade dos ventos, permitindo a ventilação natural em grandes edifícios verticais. Existem também outras vantagens e no uso das fachadas ventiladas, como facilidade de manutenção e troca de placas, mas que não estão ligadas à redução do ganho térmico solar.

Porém, a simples aplicação de um envelope com padrão regular consegue reduzir de modo eficaz o ganho térmico? É possível simular o ganho térmico do edifício sem envelope, determinar a redução desejada de ganho térmico para todo o edifício, e dimensionar um envelope de padrão regular para o edifício todo. O problema da aplicação regular é que esta considera o ganho térmico total do edifício e não de cada uma de suas partes e faces, o que pode dar origem a incorreções no dimensionamento para algumas (com uma densidade inadequada de aberturas, que podem ser maior ou menor número que o necessário). O erro na especificação pode levar a problemas de iluminação natural, pois certas áreas de menor ganho térmico poderiam receber mais iluminação natural, que terminam por serem bloqueadas devido à densidade-padrão especificada.

71
Padrões paramétricos.

Com o uso de programas de parametrização e simulação computacional, é possível dimensionar as aberturas para cada face, de modo que as aberturas sejam maiores ou menores conforme a necessidade de se obter uma maior ou menor redução de ganho término. Esta distribuição permite ajustar o ganho térmico do edifício até o valor ideal, tal como com a aplicação do padrão regular, contudo aumentando significativamente a área de aberturas.

Para este experimento foram criados quatro padrões de aberturas, utilizando-se uma subdivisão recursiva (fig. 71). Cada painel possui, respectivamente, 1, 3, 9 e 27 aberturas. Foi definido que, quanto mais furos tivesse o painel, menor seria a área total aberta em cada um deles.

Para o processo de aplicação dos painéis foi desenvolvido um algoritmo de três etapas: triangulação da superfície, cálculo do ganho térmico solar das faces e aplicação otimizada de painéis (fig. 72). O método de simplificação por subdivisão de quadriláteros (POTTMAN et al., 2007) foi utilizado para simplificar a forma orgânica..

A decomposição de geometrias complexas em peças simples por métodos de triangulação apresenta uma série de vantagens: permite cálculos mais rápidos e com diferenças insignificantes de valor em relação aos cálculos com a superfície original, além de tornarem a produção e montagem mais rápidas. Em grande parte das construções em que os projetos apresentam superfícies orgânicas as soluções construtivas são baseadas em decomposições trianguladas ou quadranguladas, com o propósito de gerar peças fáceis de serem produzidas e montadas. Além disso, a maioria (se não todas) as simulações de ganho térmico solar subdividem a superfície original, caso seja orgânica, em subsuperfícies triangulares

72
Método de aplicação de padrões paramétricos.

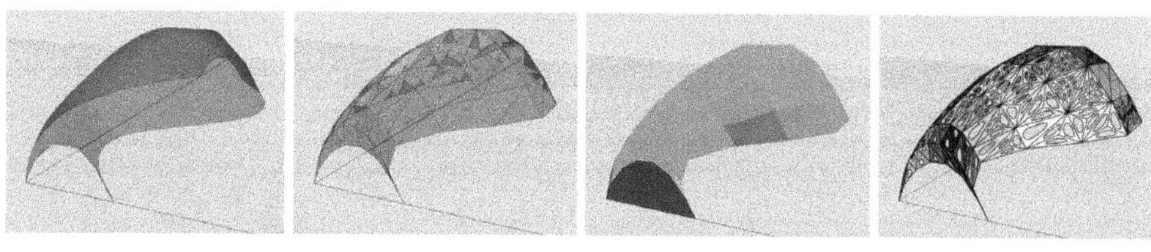

ou quadrangulares; contudo, o projetista pode controlar como esta subdivisão é feita.

As faces trianguladas passam, a seguir, pela simulação de ganho térmico; cada uma é analisada separadamente. Os painéis propostos seriam aplicados de acordo com os resultados da análise realizada para cada face. Esta aplicação foi feita através dos métodos de otimização citados anteriormente, onde os painéis foram distribuídos de forma que o ganho térmico final fosse o mais próximo possível do ganho térmico ideal do edifício.

Aplicações em edifícios

Com o objetivo de responder às perguntas anteriores (em que circunstâncias seria melhor utilizar as regras práticas, quando seria necessário o uso de simulações e se a orientação do edifício e o uso de envelopes conseguem reduzir significativamente o ganho térmico solar), foram montados cinco experimentos, tendo como variáveis a orientação do edifício e a aplicação ou não de envelope de proteção solar.

Em cada um dos experimentos foram testados três diferentes padrões geométricos (fig. 73): paralelepípedo (por ser usado como base nas regras práticas), forma ortogonal composta por vários paralelepípedos (por sua similaridade com a arquitetura tradicional ortogonal) e forma orgânica assimétrica de múltiplas curvaturas. Para estes experimentos se considerou um lote ideal, que não apresentasse limitações, pois o objetivo é comparar o uso de cada uma das técnicas de redução de ganho térmico solar, e não estudar um lote em específico e como ocupá-lo.

Os dois primeiros experimentos dizem respeito à orientação solar, de acordo com as regras práticas. No primeiro, os edifícios foram posicionados de acordo com a pior orientação solar (com as fachadas maiores voltadas para as direções leste e oeste), sendo considerada a posição original do edifício. No segundo, o edifício está voltado para uma melhor orientação, com fachadas maiores voltadas para as direções norte e sul e maior área de aberturas para o norte.

Os experimentos três e quatro também se baseiam na orientação solar, porém utilizando algoritmos genéticos para encontrar o melhor posicionamento e o pior. Buscou-se inferir qual o

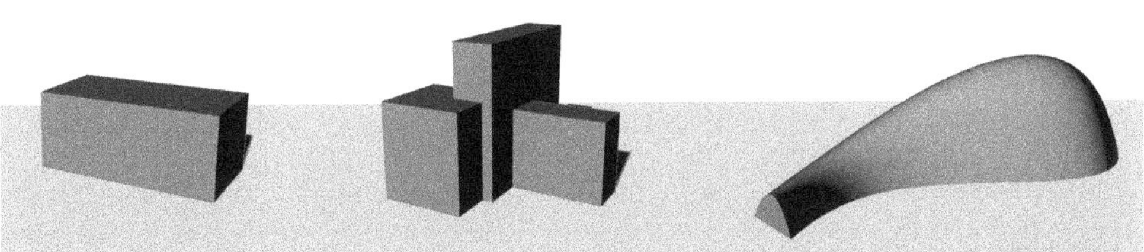

73
Geometrias utilizadas nos experimentos.

pior posicionamento segundo os algoritmos, com o objetivo de compará-lo com o pior posicionamento de acordo com as regras práticas.

O último experimento apresenta os edifícios na posição original; neste caso, cada edifício recebeu um envelope de proteção solar. As imagens (figs. 74 a 76) apresentam a aplicação dos painéis para gerar o envelope nas três geometrias. Para fins de análise, foi padronizado que o ganho térmico ideal deveria corresponder a 80% do original.

A Tabela 3 apresenta o ganho térmico total do edifício em cada uma das situações citadas, em conjunto com o valor relativo em relação ao ganho térmico total da situação original.

74
Aplicação de envelope no edifício em forma de paralelepípedo.

75
Aplicação de envelope no edifício em forma ortogonal composta.

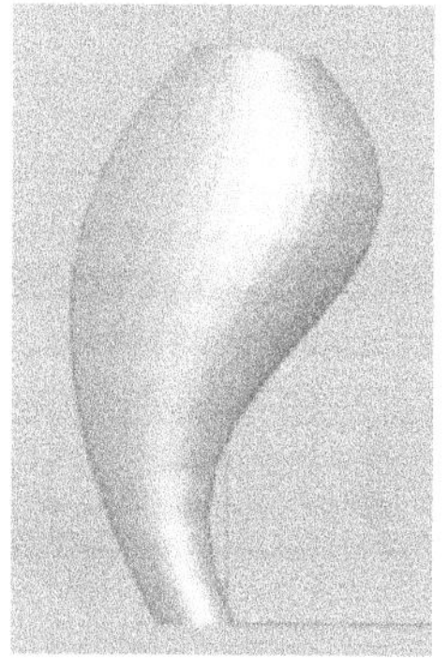
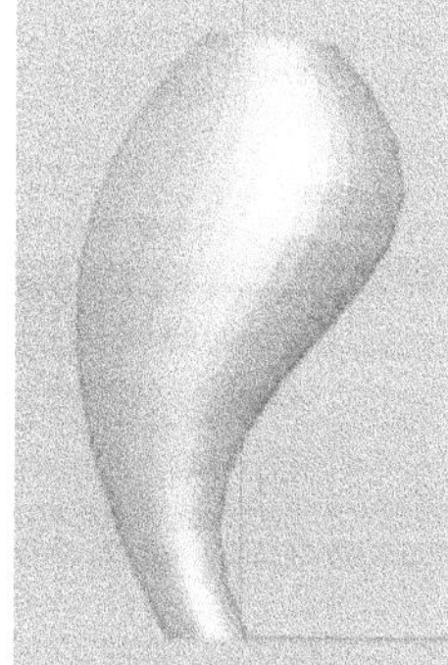
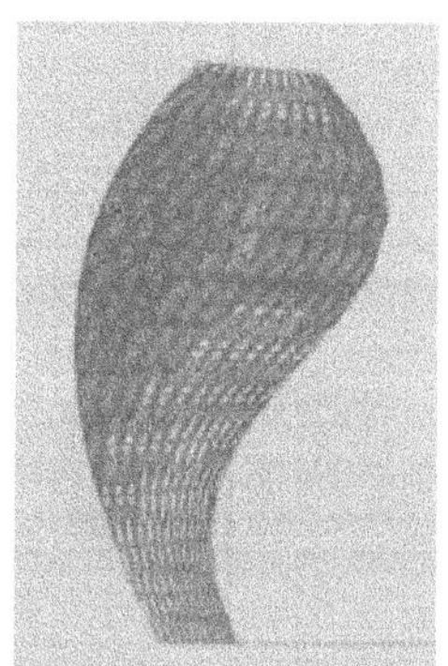

76
Aplicação de envelope no edifício em forma orgânica.

Tabela 3
Resultados dos experimentos.

N	Paralelepípedo simples	Paralelepípedos compostos	Forma orgânica
Original			
	172,67 MWh 100%	211,24 MWh 100%	714,54 MWh 100%
Regra prática			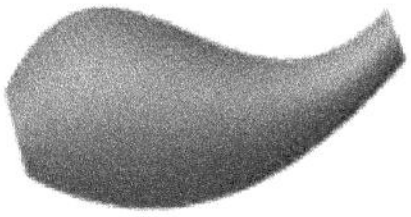
	(Rotação: 90°) 155,86 MWh 90,26%	(Rotação: 90°) 203,66 MWh 96,41%	(Rotação: 125°) 705,31 MWh 98,7%
Otimização de orientação (Menor ganho)			
	(Rotação: 94°) 155,76 MWh 90,2%	(Rotação: −86°) 203,41 MWh 96,3%	(Rotação: 95°) 701,07 MWh 98,1%
Otimização de orientação (Maior ganho)			
	(Rotação: −16°) 173,19 MWh 100,3%	(Rotação: 151°) 213,36 MWh 101%	(Rotação: 12°) 714,69 MWh 100,03%
Aplicação de painéis			
	138,15 MWh 80%	168,99 MWh 80%	571,51 MWh 80%

Análise dos resultados

Caso a regra prática fosse aplicada para corrigir a orientação dos edifícios, haveria uma redução de quase 10% no ganho térmico. No caso do paralelepípedo, esta redução foi superior às demais, o que era esperado, pois as regras práticas foram desenvolvidas para esta solução formal. No caso da geometria orgânica, a redução seria de somente 1,3%, demonstrando que o uso da regra prática, neste caso, não trouxe nenhuma melhora significativa para o processo de análise.

Ao se utilizar a análise de otimização por ferramentas tecnológicas, os resultados obtidos foram melhores do que os conseguidos através das análises feitas a partir das regras práticas, em todos os casos, seja na busca pela melhor ou pior orientação do edifício. Contudo, em nenhum caso, essa melhora foi significativa, não passando de 0.6% de redução. O mesmo ocorre quando comparado o maior ganho térmico com a pior orientação, onde a diferença é de, no máximo, 1%.

Ao se observar os ângulos de rotação entre estes quatro experimentos, percebe-se que a diferença entre a orientação ortogonal e a otimizada varia de −16° a 29°. Apesar da geometria ortogonal composta apresentar rotação de −86° na otimização de menor ganho, sua diferença para com o eixo ortogonal é de 4°; esta faixa é relativamente grande e não há diferenças significativas no ganho térmico.

No último experimento foram aplicados painéis, e foi possível demonstrar que o ganho térmico é reduzido para o valor ideal em todas as situações, independentemente da orientação do edifício. Com este método é possível controlar com maior precisão o ganho térmico do edifício, e recomenda-se que este processo seja utilizado não só no caso de limitações de projeto (como a localização e tamanho do terreno), mas em um amplo número de casos.

Este método também apresenta suas limitações, dadas tanto pela geometria, pelos materiais ou quantidade necessária de iluminação natural. No caso de edifícios tradicionais, onde os elementos de vedação são separados dos elementos de cobertura, o envelope seria aplicado somente nas fachadas; assim, a cobertura não ficaria protegida, mantendo seu ganho térmico original. Em edifícios de forma orgânica, ou onde não há uma clara distinção entre vedações e cobertura, toda a superfície seria recoberta por esta proteção, reduzindo o ganho do edifício como um todo.

A Tabela 4 apresenta um resumo da utilização destes métodos nas geometrias analisadas. No caso dos paralelepípedos compostos, o uso da mudança na orientação como estratégia para melhorar o desempenho do edifício (seja pelo uso de regras práticas ou pela otimização) pode ou não resultar em melhoras significativas, dependendo da complexidade de sua geometria e o quanto se aproxima do paralelepípedo simples. Neste caso, a melhora não foi significativa (menos de 4%).

Considerações finais

Os debates sobre a utilização das regras práticas, simulações computacionais ou soluções paramétricas (com ou sem uso de algoritmos de otimização) irão continuar por muito tempo. Esta pesquisa busca apresentar alguns dos métodos de avaliação e redução de ganho térmico e quais suas implicações em alguns tipos de geometrias, e não pretende, portanto, fazer qualquer tipo de afirmação a respeito de é sempre melhor e necessário utilizar um método em detrimento de outro,

A utilização de cada método depende dos objetivos do projeto e das limitações impostas a ele, como a caraterística do terreno e fluxos até questões monetárias e de desempenho pretendido. Supondo que, para um edifício que tem a forma de um paralelepípedo, e que se assuma que o valor do ganho térmico ideal seja de 90% do original, o uso da regra prática já garantiria um desempenho bem próximo do ideal, não sendo necessária a construção do envelope (note que, para se obter este dado, e todos os demais, foi necessário efetuar as simulações descritas acima).

Ao se observar, por exemplo, um edifício que tem sua geometria composta por paralelepípedos, podemos concluir que, se o valor pretendido de ganho térmico ideal correspondesse a 80% do original, teria de ser feito o envelope para que este resultado pudesse ser alcançado de forma passiva. Porém, se o valor ideal correspondesse a 95% do original, provavelmente seria necessário realizar a otimização

Tabela 4
Adequação dos métodos às geometrias.

	Paralelepípedo simples	**Paralelepípedos compostos**	**Forma orgânica**
Regra prática	Uso adequado (Melhora significativa)	Uso em alguns casos (Melhora razoável)	Uso inadequado (Melhora insignificante)
Otimização da rotação	Uso adequado (Melhora significativa)	Uso em alguns casos (Melhora razoável)	Uso inadequado (Melhora insignificante)
Aplicação de painéis	Uso adequado (Melhora significativa)	Uso adequado (Melhora significativa)	Uso adequado (Melhora significativa)

77
Uso de envelope de proteção solar em superfície regrada.

através da mudança da orientação do edifício e compensar os 1,3% restantes com outras técnicas passivas (como mudança no material ou cor).

No caso de geometrias orgânicas e complexas, mesmo quando se assemelham à forma de um paralelepípedo, o uso da simulação é indispensável; no experimento, demonstrou-se que a mudança na orientação apresenta resultados insignificantes, sendo necessário o uso do envelope de proteção solar. Contudo, é possível que determinadas formas possam ter o desempenho otimizado somente com o uso da rotação. De qualquer forma, com o uso de geometrias orgânicas e complexas, a regra prática não se mostra eficiente e recomenda-se não utilizá-la.

Quanto a edifícios simétricos, ou os que apresentam dimensões, no plano horizontal, em X e Y, que sejam as mesmas, a regra prática de orientação não é aplicável; no entanto, o uso do envelope é. As figs. 77 trazem uma aplicação em uma superfície regrada, e as figs. 78 a apresentam em uma simulação de edifício vertical. Perceba que a geometria dos dois exemplos apresenta superfícies com dupla curvatura.

78
Uso de envelope de proteção solar em edifício vertical.

A principal conclusão é que, na maior parte das vezes, a aplicação das regras práticas no processo de projeto não garante um bom desempenho do edifício, sendo que, em diversos casos, a melhora

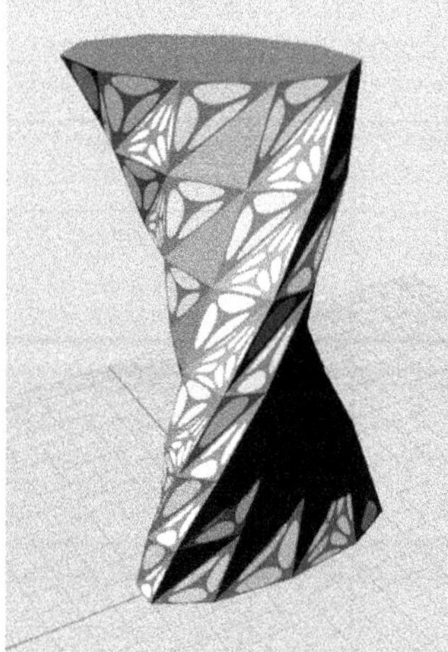

é insignificante. O ideal seria fazer a simulação,por algoritmos, do ganho térmico para cada edifício, permitindo calcular corretamente qual o impacto das decisões arquitetônicas no desempenho destes.

Tal conclusão, no entanto, serve a este estudo, orientado à avaliação de ganho térmico solar; acredita-se ser possível afirmar que as ferramentas de simulação são, provavelmente, válidas para analisar diversos aspectos do projeto do edifício, como desempenho estrutural, iluminação, ventilação e outros, com o propósito de garantir um melhor desempenho para a obra.

Referências

BURRY, J.; BURRY, M. **The New Mathematics of Architecture**. Londres, Ed. Thames & Hudson, 2010.

CELANI, G. Além da avaliação energética e ambiental nas etapas iniciais do processo de projeto. **Parc**, vol3, n2, p. 56–64, Outubro 2012.

KOLAREVIC, B. Computing the Performative In: KOLAREVIC, B., MALKAWI, A. M. **Performative Architecture**: Beyond Instrumentality. Londres: Routledge, 2005, p.195–202

POTTMANN, H.; ASPERL, A.; HOFER, M.; KILIAN, A. **Architectural Geometry**. 1ª edição. Exton, PA: Bentley Institute Press, 2007.

Como citar este capítulo

CAMPOS, F. M. **Projeto performativo baseado em regras: otimização multi–critério**. In: CELANI, M. G. C.; SEDREZ, M. (Organizadores). Arquitetura contemporânea e automação: prática e reflexão. São Paulo: ProBooks, 2018. p. 120 a 133.

A12

Fabricação digital: tecnologias e aplicações

Wilson Barbosa Neto

A tecnologia CAD (*Computer–aided Design*, ou projeto auxiliado por computador) é o que propicia o uso de computadores como auxiliares na criação e desenvolvimento de projetos; as informações manipuladas podem ser tanto bidimensionais quanto tridimensionais. Plantas, cortes, elevações e detalhes, assim como volumes e formas, podem sem criados digitalmente, para que sejam enviados, por meio virtual, a outros agentes, durante o processo de execução do projeto (KOWALTOWSKI, 2006).

Nos sistemas conhecidos como CAM (*Computer–aided manufacturing*, ou manufatura auxiliada por computador), essas informações são interpretadas em maquinários de controle numérico computacional (CNC), e utilizadas para produzir o objeto projetado, valendo-se de diferentes técnicas e materiais (KOLAREVIC,2003; IWAMOTO,2009; CORSER, 2010; DEAMER; BERNSTEIN, 2010). Logo, a fabricação digital é considerada a fase final do processo pelo qual as informações virtuais do projeto são utilizadas para produzir um determinado objeto, seja uma peça de design ou um elemento do projeto arquitetônico, em equipamentos CNC (IWAMOTO, 2009).

A presença de equipamentos CNC no mercado vem acompanhando o aperfeiçoamento da técnica de fabricação digital desde o seu aparecimento nas indústrias automotiva, aeroespacial e marítima. Nas últimas décadas, os avanços tecnológicos e o aumento da disponibilidade de equipamentos têm impactado o campo da arquitetura e da construção civil, abrindo novas oportunidades para a prática e para a produção arquitetônicas. Como consequência, observa-se uma expansão no campo de atuação do arquiteto, em virtude das possibilidades que processos de fabricação digital têm oferecido à vivência da profissão.

O advento de recursos CAD/CAM no processo de concepção e desenvolvimento do projeto do edifício tem permitido aos arquitetos e projetistas buscarem diferentes abordagens no método de solução do problema arquitetônico, além de participarem ativamente das etapas de produção do espaço edificado (PUPO, 2008b). A prática digital reveste-se do potencial de estreitar a distância entre a fase de representação do projeto e a sua construção, proporcionando uma conexão perfeita entre o projetar e o produzir (IWAMOTO, 2009).

Para Kolarevic (2003), os novos processos de projetação digital permitem o estudo de possibilidades arquitetônicas até então inéditas, ou seja, alteram a maneira como os arquitetos estão projetando os edifícios. Portanto, estes processos também alteram o modo como as edificações estão sendo construídas (KOLAREVIC, 2003). O mesmo autor também argumenta que arquitetos e projetistas fazem uso das novas tecnologias digitais não pelo desejo de transformar tudo em uma arquitetura *Blobby* ou seja, com formas complexas (semelhantes a bolhas), mas com intenção de integrar as etapas de concepção e produção de maneiras nunca vistas desde os empreiteiros (*master builders*) dos tempos medievais. O presente capítulo pretende apresentar brevemente o estado da arte e busca esclarecer os principais conceitos e definições acerca do tema fabricação digital.

Estado da arte em fabricação digital

Diferentemente da frequência com que os processos de fabricação digital são notados na indústria da engenharia mecânica e do design de produto, sua utilização e assimilação no campo da arquitetura e construção ainda se mostram incipientes (CELANI; PUPO, 2008a). Por outro lado, o impacto provocado pela fabricação digital, desde o início do desenvolvimento do projeto até a fase de produção final, vem tornando sua aplicação uma prática ascendente e um tópico significativo de pesquisa em todo o mundo. Assim, observa-se que nos últimos anos existe um crescimento no número de grupos de pesquisa e escritórios de arquitetura que se dispõem a aprofundar os conhecimentos na técnica e a transpor o seu uso para o exercício da profissão.

Dentre os autores de publicações relacionadas à inserção das novas tecnologias digitais no campo da arquitetura e construção civil, mais especificamente sobre o tema de fabricação digital, estão Branko Kolarevic (2003, 2005), Lisa Iwamoto (2009), Robert Corser (2010) e Peggy Deamer e Phillip Bernstein (2010). Kolarevic (2003, 2005) discute a contribuição dos meios de concepção digital e produção automatizada do edifício para o aparecimento de novas maneiras de pensar e produzir arquitetura, abrindo caminho para outras oportunidades de atuação do arquiteto no processo de produção do edifício. O autor também disserta sobre o uso de programas CAD com o objetivo de realizar uma investigação aprofundada de quesitos relacionados ao desempenho do edifício e seus desdobramentos no ambiente construído.

Lisa Iwamoto (2009) faz um completo apanhado das tecnologias e processos de produção por meios automatizados aplicados à arquitetura. A autora apresenta as diversas técnicas existentes e exemplos de aplicação da fabricação digital desenvolvidas por escritórios de arquitetura por todo o mundo. As publicações de Corser (2010) e Deamer (2010) buscam reunir o pensamento de diversos autores sobre o tema, por meio de coletâneas textuais, abrangendo assuntos que vão desde o surgimento das tecnologias digitais no campo da arquitetura, passando pelos desafios atuais enfrentados na vivência da profissão, até a discussão sobre as consequências da inserção das novas tecnologias nas próximas gerações.

Com relação à formação do arquiteto frente às novas tecnologias digitais, o assunto vem sendo tema de caloroso debate internacional. Entre seus principais interlocutores podemos apontar os professores Pottman, Asperl, Hofer e Kilian (2007), autores do livro *Architectural Geometry*, que trata do ensino de métodos eficientes de construção da geometria em CAD, e vai além, contribuindo para o aprofundamento da discussão sobre a necessidade de atualização do ensino da geometria para arquitetos e engenheiros civis.

Também é importante destacar o trabalho do *SmartGeometry Group* de Londres, grupo de pesquisadores na área da projetação digital que buscam promover o estudo de novas ferramentas e conectá-las ao processo de projeto e produção no setor da arquitetura e construção (PUPO, 2008b; CORSER, 2010). No campo da aplicação da fabricação digital na prática profissional, Kolarevic (2003) relata que o arquiteto Frank Gehry assume um papel importante na trajetória do uso de CAD/CAM no processo de projetação arquitetônica. Em sua obra, Kolarevic dedica um capítulo exclusivo para relatar as inovações propostas na abordagem arquitetônica digital de Gehry.

No universo acadêmico, Celani e Pupo (2008a) relatam o empenho e pioneirismo de William Mitchell, do Massachusetts Institute of Technology (MIT), dos Estados Unidos, aos estudos das aplicações da prototipagem rápida e fabricação digital na arquitetura e construção. Os frutos de seu trabalho induziram ao surgimento de disciplinas e laboratórios dedicados à disseminação do tema nos principais cursos de arquitetura por todo o mundo. Dentre os exemplos no exterior, comparecem instituições providas de linha de pesquisa, grade curricular e infraestrutura específica para o desenvolvimento da técnica, a exemplo do *Digital Design Fabrication Group*, do MIT, a *AA Digital Prototyping Lab* da *Architectural Association School of Architecture*, na Inglaterra, a *Harvard Graduate School of Design*, nos Estados Unidos, o Digital Architecture Lab, da *University of Technology Sydney* (UTS) e a *University of Sydney*, ambas na Austrália.

No Brasil, observa-se relativa defasagem na inserção das técnicas de fabricação digital na prática da arquitetura, notadamente pela ausência deste conteúdo na grade curricular do ensino superior de arquitetura e de engenharia civil (CELANI; PUPO, 2008a). Além disso, poucas são as instituições nacionais que contam com laboratórios de produção de maquetes e modelos geométricos tridimensionais como ferramenta pedagógica ao ensino da arquitetura e urbanismo (COSTA; TINOCO, 2009).

Apesar disso, nota-se um forte interesse dos principais centros de pesquisas deste país na difusão e na expansão dos conhecimentos acerca do assunto. Celani e Pupo (2008a) relatam, com base em dados do Diretório dos Grupos de Pesquisa no Brasil (do CNPq), o engajamento dos primeiros grupos de pesquisa a investigar a prototipagem rápida e/ou fabricação digital aplicadas à arquitetura e/ou construção civil. São eles:

- Laboratório de Estudos Computacionais em Projeto da UnB, renomeado, desde 2010, para LFDC, Laboratório de Fabricação Digital e Customização em Massa.
- Arquitetura, processo de projeto e análise digital da Universidade Mackenzie e
- Teorias e tecnologias contemporâneas aplicadas ao projeto (Laboratório de Automação e Prototipagem para Arquitetura e Construção) da Unicamp.

Uma busca mais recente no mesmo banco de dados revelou o surgimento de outros dois grupos de pesquisa com os mesmos objetivos. Isso demonstra uma tendência de crescimento da investigação científica nesta área do conhecimento. São eles:

- DIGI FAB — Tecnologias digitais de fabricação aplicadas à produção do design e arquitetura contemporâneos da USP e
- LEAUD — Grupo de Pesquisa das Linguagens e Expressões da Arquitetura, Urbanismo e Design da UFJF.

Conceitos e definições

Muitos dos processos digitais e técnicas de produção automatizada, inicialmente desenvolvidos para outros setores da indústria, foram gradativamente inseridos no campo da arquitetura e construção, e hoje estão cada vez mais presentes na prática da profissão. Consequentemente, a inovação tecnológica trazida pela rápida evolução da indústria da computação tem

> *"introduzido novas técnicas, estabelecidos novos desafios e criado novas ferramentas na rotina dos arquitetos" (PUPO, 2008b:2).*

Entretanto, Sousa (2009:73) relata que

> *"apesar de arquitetos poderem usar software empregado na indústria do cinema, ou até mesmo fazerem uso de equipamentos CNC disponíveis na indústria mecânica, a sua proposta e significado para cada uma das disciplinas pode ser bastante diferente".*

Para melhor compreendermos os métodos de produção automatizada e os processos digitais mais comuns, a seguir serão apresentados alguns dos conceitos, definições e terminologias utilizadas no campo da arquitetura e construção.

CAD/CAAD

Computer-aided Design e *Computer-aided architectural design*, em português, projeto auxiliado por computador e projeto arquitetônico auxiliado por computador, representam o sistema computacional utilizado para a criação, modificação, análise e otimização de um desenho (ou projeto) virtualmente. (SOUSA, 2009; CORSER, 2010; HAUSCHILD; KARZEL, 2011).

Como parte deste processo, as informações do projeto (plantas, elevações, modelos tridimensionais, etc.) podem ser representadas em meio digital com o auxílio de software específico capaz de gerar informações por meio de desenhos em 2D, 2.5D e modelos 3D. Ibrahim Zeid (1991) apud Sousa (2009) sintetiza o sistema CAD como a intersecção entre a computação gráfica, a modelagem geométrica e ferramentas de desenho.

CAM

Computer-aided manufacturing significa, em português, manufatura auxiliada por computador. Enquanto os sistemas CAD influenciam a maneira como arquitetos desenvolvem os desenhos construtivos de seus projetos, os sistemas CAM têm impactado no modo como estes estão sendo fabricados e construídos (KOLAREVIC, 2003). Lee (1999) apud Sousa (2009:104, tradução nossa) refere-se aos sistemas CAM como:

"O uso de sistemas computacionais para planejar, gerenciar e controlar as operações de manufatura por interfaces diretamente ou indiretamente computadorizadas nos recursos de produção da fábrica".

CNC

Computer Numeric Control, em português, controle numérico computacional. Segundo Moe (2010), controle numérico é a técnica que permite a execução das operações CAD/CAM nos processos de fabricação digital, nos programas para projetos paramétricos e no gerenciamento das informações de projeto no computador. Além disso, Moe (2010:154, tradução nossa) ainda acrescenta que o conceito de controle numérico apoia-se, fundamentalmente:

"na técnica de abstrair propriedades em forma de números com o objetivo de efetivamente regularizar, criar rotina, e quantificar aquilo que é, de maneira oposta, irregular, aleatório e qualitativo".

Em outras palavras, Pupo (2008b), resume que os novos métodos de produção não são mecânicos, mas controlados por computadores. Logo, o nome *Computer Numeric Control*, ou CNC.

Prototipagem rápida e fabricação digital

Ainda que bastante difundidos em setores da indústria mecânica e desenho industrial, a prototipagem rápida e a fabricação digital são processos considerados novos quando associados às áreas da arquitetura e construção (PUPO, 2008b). Por esse motivo, muitos autores têm se dedicado a investigar a produção da técnica aplicada à arquitetura e aproximar os conceitos e as definições a essa realidade. Prototipagem rápida é o termo comumente utilizado para definir os processos de materialização rápida, por meios aditivos, de protótipos de geometrias tridimensionais (KOLAREVIC, 2003; VOLPATO,2007; HAUSCHILD,2011).

Esse processo de produção está diretamente associado a procedimentos controlados por computador, visto que as informações do modelo tridimensional, gerados em programas CAD, são codificadas em arquivos específicos, normalmente no formato STL (abreviação de *stereolithography*, em português, estereolitografia) e enviados para equipamentos para a produção dos protótipos (VOLPATO, 2007; SOUSA, 2009; HAUSCHILD,2011). É importante esclarecer que processos aditivos são aqueles caracterizados pela sobreposição de camadas de materiais para a composição do modelo físico 3D.

Pupo (2009) fez um levantamento dos principais autores sobre o tema e constatou falta de consenso entre as opiniões quanto às definições e terminologias utilizadas, bem como as distinções de

Quadro 1
Autores e definições de prototipagem rápida.

AUTORES	DEFINIÇÕES
WILLIAN MITCHELL (Mitchell e McCullough, 1995, p.212)	Produção automatizada de maquetes físicas como parte do processo de projeto, frequentemente produzidas por tecnologias de formação incremental.
BRANKO KOLAREVIC (Kolarevic, 2003)	Parte de um grande campo chamado Fabricação Digital. Campo que divide aplicações de prototipagem para o projeto e para a construção (CAD/CAM).
LARRY SASS (SASS e OXMAN, 2006)	Uso de técnicas que utilizam equipamentos menores que os de CAD/CAM, como cortadoras a laser, e as técnicas subtrativas e aditivas.
NERI VOLPATO (VOLPATO et al, 2007)	Um processo de fabricação através da adição de material em forma de camadas planas sucessivas, isto é, baseado no princípio da manufatura por camada.

quais métodos pertencem a cada processo. A autora selecionou as definições de prototipagem rápida de quatro autores, que foram organizadas no Quadro 1.

Diante desse fato, Pupo (2009) propôs o enquadramento dos métodos que permitem a transição de modelos digitais para físicos em dois grupos: prototipagem digital e fabricação digital (Quadro 2).

A autora descreve que as aplicações dos processos de produção automatizada, do meio digital ao físico,

> *"podem variar desde a produção de maquetes de estudo para o apoio ao processo de projeto até a construção de edifícios inteiros, passando pela elaboração de elementos construtivos, construídos e enviados diretamente para a obra."* (*PUPO, 2009:28*).

Pupo (2009) ainda sugere que há distinção de finalidades para as categorias: prototipagem digital e fabricação digital. A primeira delas engloba a prototipagem virtual — modelagem e avaliação do edifício ou parte dele no computador apenas — e a prototipagem rápida, que se destina a produção de maquetes em escala reduzidas e protótipos em escala 1:1 para avaliação. Já a fabricação digital é reservada a produção final, seja do edifício inteiro, de parte dele ou de elementos construtivos a serem enviados para a obra (PUPO, 2009).

Quadro 2
Campos de utilização da prototipagem digital e fabricação digital.

PROTOTIPAGEM DIGITAL	FABRICAÇÃO DIGITAL
PROTOTIPAGEM RÁPIDA - Materiais Líquidos - Materiais Sólidos - Materiais em Pó - Materiais em Lâminas CORTE A LASER FRESADORA CNC CORTE EM VINIL	FILE-TO-FACTORY DOBRA DE METAL BODRA DE TUBO CNC
PRODUTOS	PRODUTOS
Maquetes e Protótipos 1:1	Fôrmas e peças finais

File-to-factory

O processo *file–to–factory*, em português, do arquivo para a fábrica, é caracterizado pela comunicação direta entre o arquivo digital e o equipamento de produção controlado numericamente utilizado para a fabricação do projeto (PUPO,2009). Boer e Oosterhuis (2005:7, tradução nossa), definem *file–to–factory* como:

> *"o processo de produção que é amplamente simplificado ao fazer uso do arquivo criado pelo arquiteto, eliminando ineficientes processos intermediários, suscetíveis a erros".*

Logo, as informações digitais de projeto, como as peças planificadas que compõem uma determinada estrutura arquitetônica, são organizadas em arquivos específicos e enviadas diretamente para a produção em equipamentos de tecnologia CAM.

Personalização em massa

Mass customization, ou em português, personalização em massa, é uma terminologia utilizada para identificar processos de produção onde sistemas CAD e CAM são utilizados na produção de peças que tem as mesmas diretrizes de projeto, mas que são formalmente diferentes, quando comparadas às que foram produzidas antes e depois (KIERAN; TIMBERLAKE apud WILLIS; WOODWARD, 2010). Utilizando tal processo, seria possível utilizar o sistema industrial de produção em série disponível nos dias de hoje para personalizar edifícios com elementos individualizados sem a necessidade de uma padronização tão rígida.

Categorias e tecnologias de prototipagem rápida de fabricação digital

Segundo Pupo (2009), os métodos de produção automatizada utilizados na arquitetura e construção podem ser categorizados quanto a sua (1) finalidade, (2) o número de eixos com que trabalham e (3) a maneira como os objetos são produzidos. A relação entre essas categorias, os processos, objetivos e técnicas de fabricação automatizadas foram apresentadas pela autora e estão sintetizadas no Quadro 3.

Da mesma maneira que as técnicas digitais de modelagem paramétrica têm influenciado o modo como arquitetos e projetistas concebem seus projetos, o domínio do conhecimento das diferentes categorias de produção automatizada disponíveis no mercado permite que esses profissionais projetem para esses equipamentos e explorem a sua potencialidade de produção (KOLAREVIC 2010; 2003). A necessidade de se categorizar os diferentes métodos

MÉTODOS DE PRODUÇÃO AUTOMATIZADA - ARQUITETURA E CONSTRUÇÃO - PUPO (2009)				
CATEGORIAS	MÉTODO/PROCEDIMENTO	ETAPA/PROCESSO	OBJETIVO	EXEMPLOS
1. Finalidade	**Prototipagem Rápida** - Produção de modelos em escalas reduzidas e protótipos em escala 1:1 para avaliações.	Escala reduzida - Maquetes	- Estudo - Avaliação - Apresentação	Criação Túnel de vento Vegetação (...)
		Escala 1:1 - Protótipos	Avaliação	Mock-up´s para teste de materiais (...)
	Fabricação Digital - Produção final do edifício inteiro, de parte dele ou de fôrmas para a produção de elementos construtivos.	Partes do edifício	Elementos construtivos	Ornamentos esculpidos (...)
		Produção final	Edifício inteiro	Contour Crafting/Robôs
		Produção de fôrmas	- Prod.série - Peça única - Série peq.	Telhas Painéis Restauro (...)
2. Número de dimensões	**2D** - Perfilagem de peças em material plano a partir de vetores 2D.			Cortadoras - Laser e vinil
	2.5D - Produção de baixo relevo sobre material em bloco a partir de vetores 2D.			CNC 1 Eixo
	3D - Produção de relevo sobre material em bloco a partir de modelos 3D de superfície.			CNC 3 Eixos - Impressão 3D
3. Maneira que os objetos são produzidos	**Subtrativo** - Desbaste do material até que a peça final seja produzida.			-Fresa CNC - Proc. Cortes
	Formativo - Produção de peças a partir de moldes adaptáveis de equipamentos CNC.			Conformação de material
	Aditivo - Produção de peças a partir da sobreposição sucessiva de camadas.			Sólidos, Líq., Lâmina, Pó

Quadro 3
Métodos de produção automatizada.

de produção automatizada se deve ao fato de que um mesmo equipamento pode trabalhar em diferentes dimensões, 2D, 2.5D ou 3D, com diferentes objetivos, produção de protótipos ou de produtos finais e por meio de diferentes estratégias, aditivo, subtrativo e de conformação.

Referindo-se ao conhecimento sobre os maquinários disponíveis para a execução do projeto arquitetônico por meios automatizados, Kolarevic (2010: 71, tradução nossa) expõe que:

> *"a variedade de processos CNC usados para modelar e remodelar o material, baseados na fabricação por métodos de corte, subtrativos, aditivos e por métodos de conformação, tem estimulado, de maneira sem precedentes, a capacidade de projetistas controlarem os parâmetros de produção e alcançarem de maneira precisa o resultado desejado".*

Método aditivo

O método aditivo, também conhecido como manufatura por camada (*layer manufacturing*) ou fabricação de forma livre (*solid freeform fabrication*) é constantemente confundido com o termo prototipagem rápida. Trata-se de um processo baseado na adição de material em camadas planas. Volpato (2007) inclui nesta categoria sistemas baseados em líquidos, em materiais sólidos e em materiais em pó.

Entretanto, não existe consenso quanto a essa nomenclatura, pois ela pode ser destinada à produção de protótipos ou de produtos finais. Originalmente, os equipamentos de produção aditiva limitavam-se à produção de protótipos. Mais recentemente têm surgido máquinas com procedimentos aditivos que utilizam materiais como metal e concreto, permitindo a produção de peças para uso final. Isso fez com que o termo prototipagem rápida se tornasse impreciso.

Para Volpato (2007), por se tratar de um método

> *"aplicado inicialmente à fabricação rápida de peças visando a uma primeira materialização de ideia (protótipos)",*

o termo prototipagem rápida é a denominação persistente atualmente ao se referir a qualquer processo aditivo:

> *"Talvez o nome prototipagem rápida seja uma incoerência, não mais representando este importante processo de fabricação. Apesar de não ser considerado apropriado, este nome original foi mantido, pois se tornou popularmente mais aceito."* (VOLPATO, 2007:2).

Independentemente da nomenclatura, Kolarevic (2003:36, tradução nossa) afirma que "todas as tecnologias de fabricação aditiva compartilham o mesmo princípio, em que o modelo digital (sólido) é fatiado em camadas bidimensionais". Essa informação é transferida para o equipamento e o modelo físico é fabricado camada por camada.

Atualmente, encontram-se disponíveis no mercado diversos equipamentos com diferentes tecnologias de fabricação aditiva. Cada tecnologia adota procedimentos distintos de produção, valendo-se de uma variedade de materiais e sistemas de cura da peça baseados em luz, calor ou produtos químicos (KOLAREVIC, 2003). Existe inclusive a possibilidade de se produzir peças com materiais compostos resultantes da combinação de resinas com propriedades diferentes (*polyjet*): um exemplo deste processo é a cadeira *Beast*, de Neri Oxman (OXMAN, 2015).

Dentro do método aditivo são normalmente incluídas as tecnologias: SLS (*selective laser sintering* , como mostra a fig. 79) FDM (*fused deposition modeling*, como mostra a fig. 80), 3DP (*3 dimensional printing*), LOM (*laminated object manufacturing*), *polyjet*, *contour crafting*, entre outras. No campo da arquitetura, Hauschild e Karzel (2011:46, tradução nossa) descrevem que a maioria dos procedimentos de fabricação aditiva limita-se à produção de protótipos:

> *"Na arquitetura, procedimentos rápidos são utilizados principalmente para a produção rápida e eficiente de modelos altamente complexos, modelos únicos e resistentes, protótipos e elementos para a construção até o tamanho máximo de 1x1x1m".*

No entanto, pesquisas recentes apontam para a possibilidade de impressão tridimensional de peças construtivas do edifício, ou até mesmo do edifício completo em escala 1:1. Alguns dos principais

79
Impressão com tecnologia SLS (selective laser sintering) e respectivo software de controle.

80
Exemplo de impressora 3D que utiliza a tecnologia FDM (fused deposition modeling).

grupos de pesquisa nessa área são o *Concrete Printing* (Universidade de Loughborough) na Inglaterra e o *Contour Crafting* (Universidade do Sul da Califórnia) nos Estados Unidos. Na Inglaterra, a empresa D-Shape disponibiliza essa tecnologia comercialmente.

Impressão 3D (3DP)

O equipamento apresentado neste tópico é a 3DP ou impressora 3D. Nesse equipamento, jatos de um produto químico aglutinante (*binder*) são projetados por cabeçotes de impressão controlados por computador sobre sucessivas camadas de material em pó para formar um objeto.

Existem diferentes materiais, com propriedades mecânicas variadas, que permitem a impressão de objetos rígidos ou flexíveis. Ao término da operação, o modelo impresso pode ser retirado do equipamento; o excesso de pó é removido com uma caneta de ar comprimido. O pós-processamento consiste na aplicação de uma resina de cianocrilato que penetra na peça, dando-lhe maior rigidez. Outros acabamentos podem ser utilizados, como tinta acrílica em spray.

Os equipamentos de impressão 3D testados nesta pesquisa foram fabricados pela empresa Z Corp. utilizam a mesma tecnologia de impressão. Um dos modelos, o 310Plus, imprime modelos em uma cor, e o 510Plus permite a impressão de modelos coloridos. Isso é feito por meio do uso de três galões de *binder* com pigmentos em ciano, amarelo e magenta. A descrição técnica dos dois equipamentos é apresentada no Quadro 4:

O fluxo de trabalho correspondente aos procedimentos realizados para a impressão de modelos nos equipamentos listados acima é apresentado na fig. 81.

EQUIPAMENTOS DE IMPRESSÃO 3D UTILIZADOS NA PESQUISA					
EQUIPAMENTO	TECNOLOGIA DE IMPRESSÃO	MÉTODO P. AUTOMAT.	FORMATO ARQ. P/ IMPRESSÃO	ÁREA MÁX. TRABALHO	VELOCIDADE IMPRE. VERT.
ZCorp 310Plus	(3DP) Impressão 3D Monocromática	Aditivo	STL, VRML, PLY, 3DS, FBX, ZPR	A:254mm L:203mm P:203mm	20mm/hr
ZCorp 510Plus	(3DP) Impressão 3D Colorida	Aditivo	STL, VRML, PLY, 3DS, FBX, ZPR	A:254mm L:203mm P:203mm	23mm/hr

Quadro 4
Equipamentos de impressão 3D utilizados na pesquisa.

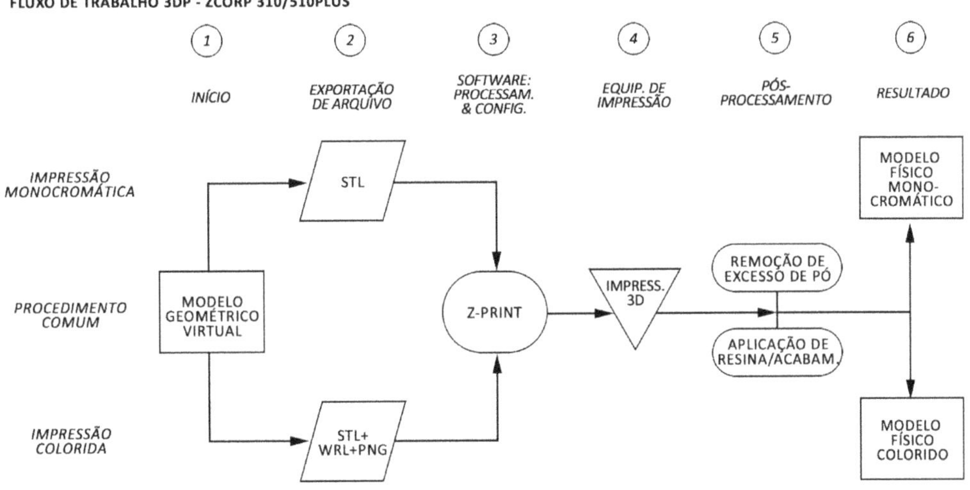

81
Fluxo de trabalho em impressora da empresa Z-Corp.

Método subtrativo

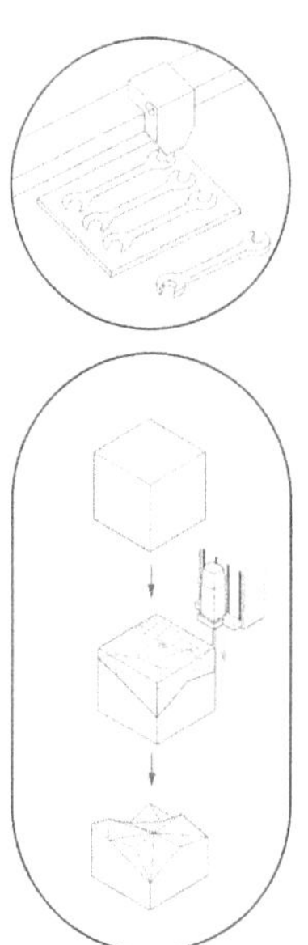

82
Procedimentos subtrativos de corte e fresagem.

Os procedimentos subtrativos são aqueles caracterizados pela remoção do material por dissolução ou desbaste da superfície da matéria prima (KOLAREVIC, 2003; VOLPATO,2007; PUPO, 2009; SOUSA, 2009; HAUSCHILD, 2011). Ao final da operação, partículas de material original foram eliminadas para a formação do volume final. A representação dos procedimentos subtrativos de corte e de fresagem pode ser vista na fig. 82.

Dentre os procedimentos subtrativos, destacam-se os equipamentos de corte (para materiais planos) e os de fresagem (para materiais planos e em blocos).

Segundo Hauschild e Karzel (2011:54, tradução nossa), processos de corte

> *"são utilizados para separar as formas da matéria prima plana, onde a espessura do material varia pouco".*

A fresagem do material é o processo que consiste no desgaste de partes do objeto por uma ferramenta em rotação (fresa), orientada ao longo de um percurso nos eixos X,Y e Z (KOLAREVIC, 2003; HAUSCHILD; KARZEL, 2011). As principais técnicas de fabricação automatizadas que utilizam métodos subtrativos são: o corte a laser, o corte por jato d´água (*water–jet*), o corte a plasma, a fresadora, o corte por lâmina pulsante e o corte por fio aquecido (*hot–wire*, para materiais como o isopor).

Algumas dessas técnicas podem ser combinadas com o uso de braços robóticos. Uma experiência recente do grupo de pesquisa *Hyperbody*, da faculdade de arquitetura da TUD (Universidade de Tecnologia de Delft), utilizou um dispositivo de corte de isopor acoplado a um braço robótico com múltiplos eixos de trabalho para a produção de peças de geometria complexa para uma estrutura arquitetônica.

A seguir, serão apresentados outros equipamentos pertencentes ao método subtrativo de produção automatizada.

Corte a laser

Neste tópico é apresentada a cortadora a laser de dióxido de carbono (CO^2). Esse equipamento é adequado para o corte de peças com formas complexas ou quando seu formato varia dentro de uma série a ser fabricada (HAUSCHILD; KARZEL, 2011). Além de executar o corte em materiais planos (2D), como chapas metálicas, de madeira ou de acrílico, este dispositivo pode ser adaptado em equipamentos de múltiplos eixos para cortar superfícies planas tridimensionais, como tubos ou conjunto de peças.

Equipamentos de corte a laser podem suprir diferentes demandas de corte de material. O tipo, o tamanho e a espessura que cada equipamento é capaz de cortar dependem da potência do laser, do número de eixos e do tamanho da área de trabalho (HAUSCHILD; KARZEL, 2011). A utilização desses equipamentos na indústria pode variar desde a produção de protótipos em escala até o corte de tecidos para a confecção de roupas e calçados e a fabricação de peças metálicas.

No campo da arquitetura, Hauschild e Karzel (2011:55, tradução nossa) relatam que essa tecnologia é "*bastante adequada para a construção de modelos arquitetônicos*". Sobre a mesma aplicação, Pupo (2009:94), descreve o corte a laser como um recurso muito utilizado para estudos preliminares:

> *"consiste no corte automatizado de placas de vários materiais, dentre eles a madeira, o acrílico, o papelão e a cortiça, com alta precisão e velocidade, os quais são posteriormente "empilhados" manualmente para formar o modelo ou o protótipo desejado".*

Os componentes fundamentais para realização do corte do material podem ser visualizados e estão representados na fig. 83. São eles: (A) feixe de laser, (B) conjunto de espelhos para rebatimento do feixe de laser, (C) lente, (D) entrada de ar, (E) feixe de focagem ótica, (F) regulagem do feixe de corte, (G) superfície do material e (H) suporte de apoio do material.

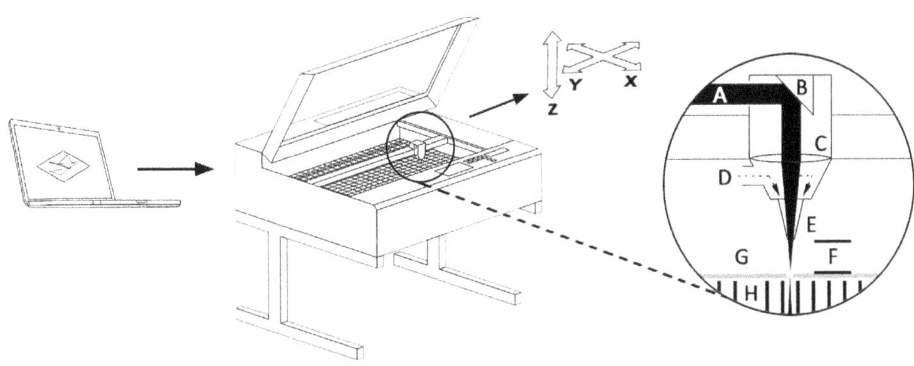

83
Ilustração do sistema da cortadora a laser X-660-60.

Além desses componentes, o equipamento ainda conta com o sistema de controle numérico das coordenadas X e Y, um compressor de ar e um sistema de exaustão de vapor residual do corte do material (HAUSCHILD; KARZEL, 2011). A informação técnica do equipamento X—660—60, da empresa Universal Laser Systems, utilizado na pesquisa é apresentada no Quadro 5.

Quadro 5
Equipamento de corte a laser utilizado na pesquisa.

EQUIPAMENTO DE CORTE A LASER UTILIZADO NA PESQUISA				
EQUIPAMENTO	TECNOLOGIA DE CORTE	MÉTODO DE PROD. AUTOMAT.	FORMATO DE ARQ. PARA CORTE	ÁREA MÁXIMA DE TRABALHO
ULS X-660-60	Laser CO^2 - 60W	Subtrativo	DXF, DWG	812x457mm LxP

As etapas do processo de corte de peças utilizando a cortadora a laser apresentada neste tópico foram organizadas na fig. 84.

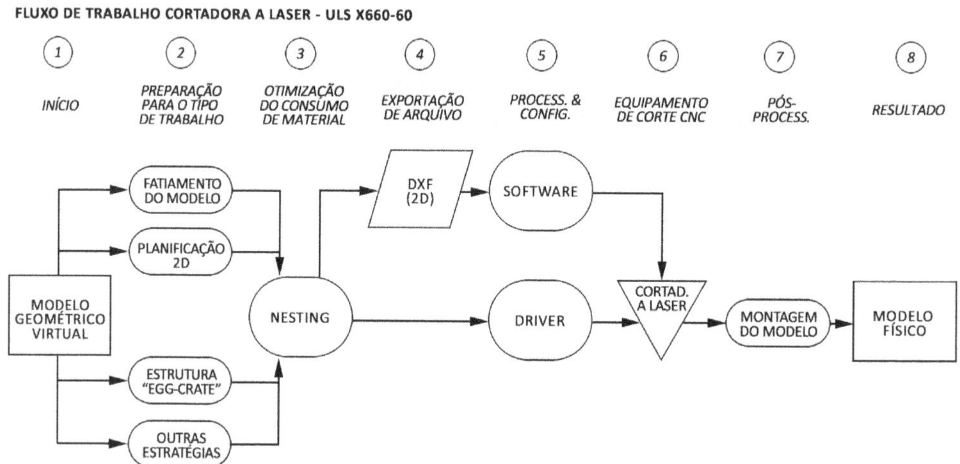

84
Fluxo de trabalho da cortadora a laser ULS-660-60.

Corte a plasma

No processo de corte a plasma,

"um arco elétrico é transmitido através de um jato de gás comprimido no bico de corte, aquecendo o gás ao estado de plasma a uma temperatura muito elevada" (KOLAREVIC, 2003:34, tradução nossa).

Esse processo pode ser usado para cortar materiais eletricamente condutores, fazendo com que a alta temperatura do plasma (até 30.000°C) derreta o material (BRUNO et al., 2009). O plasma é gerado a partir da mistura de gases que, ao receberem uma determinada carga de energia elétrica, se tornam ionizados e eletricamente condutores. Este condutor elétrico (gás ionizado) é chamado de plasma.

Em equipamentos desse tipo, a espessura do corte gerado no material é ligeiramente maior do que a produzida em equipamentos de corte a laser. Além disso, o processo de corte pode gerar rebarbas nas peças e exigir pós-processamento. Isso pode inviabilizar o uso dessa tecnologia para determinadas aplicações, como em casos de peças sem tolerância de variação geométrica. Em contrapartida, materiais com espessuras até 160mm podem ser cortados em velocidade e precisão muito maiores que em cortadoras a laser (BRUNO et al., 2009).

A máquina CNC de corte a plasma é composta basicamente pelo seguinte conjunto de partes: (1) uma mesa de corte equipada com um sistema de exaustão de fumaça, (2) uma fonte de alimentação que promove a mistura de gases e fornece o arco de plasma, (3) um maçarico (ou tocha) contendo um conjunto de bicos (consumíveis) que permite o afunilamento do plasma e (4) um *software* que controla o processo.

O equipamento descrito acima é uma máquina CNC de 2x14m, chamada Multi Therm, da empresa Messer, que com a fonte de alimentação Hypertherm HPR 400, é capaz de cortar até 60 milímetros de chapas de aço inoxidável (Quadro 6) .

EQUIPAMENTO DE CORTE A PLASMA UTILIZADO NA PESQUISA				
EQUIPAMENTO	TECNOLOGIA DE CORTE	MÉTODO DE PROD. AUTOMAT.	FORMATO DE ARQ. PARA CORTE	ÁREA MÁXIMA DE TRABALHO
MESSER	PLASMA	Subtrativo	DXF	3000x14000mm LxP

Quadro 6
Equipamento de corte a plasma utilizado na pesquisa.

As etapas do processo de corte de peças utilizando a cortadora a plasma se assemelham às apresentadas na cortadora a laser. Entretanto, alguns procedimentos de trabalho neste equipamento podem variar de acordo com as rotinas estabelecidas em cada empresa.

Referências

BOER, S; OOSTERHUIS, K. **Architectural Parametric Design and Mass Customization**. 2005. Disponível em: www.oosterhuis.nl/quickstart/fileadmin/Projects/129%20the%20web%20of%20north%20holland/02_Papers/000-040603-ECPPM.pdf Acesso em: 12/07/2011

BRUNO, A.; BOLLINGER, K.; DAVIES, J. M.; FELDMANN, M.; GRONMANN, M.; MAZZOLANI, F. M. **Featuring Steel**. Resources. Architecture, Reflections. Detail Practice. Pp224, 2009.

CELANI, G.; PUPO, R. T. **Prototipagem Rápida e Fabricação Digital para Arquitetura e Construção: Definições e Estado da Arte no Brasil**. Cadernos de Pós Graduação em Arquitetura e Urbanismo, Universidade Presbiteriana Mackenzie. São Paulo, v. 8, n.1, p.31–41, jan. 2008a.

CELANI, G.. **Os Workshops do SIGraDi 09 e a fabricação digital no Brasil**. Drops, São Paulo, 10.030, Vitruvius, jan 2010.

CELANI, G.; KUBAGAWA, B.. **O método projetual de Andrea Palladio**: uma implementação em VBA. Graphica, Curitiba, 2007.

CORSER, R.. **Fabricating architecture**: selected readings in digital design and manufacturing. 1. ed. New York: Princeton Architectural Press, 2010, 216p.

COSTA, F. J. M.; TINÔCO, M. B. M. **O uso de Maquetes e Modelos Geométricos Tridimensionais no Ensino de Arquitetura e Urbanismo**. Sigradi, São Paulo, nov. 2009.

DEAMER, P.; BERNSTEIN, P. G.. **Building (in) the future: recasting labor in architecture**. New York: Princeton Architectural Press, 2010, 215p.

HAUSCHILD, M.; KARZEL; R.. **Digital Processes**. Planning, Design, Production. Detail Practice. Pp111, 2011.

IWAMOTO, Lisa. **Digital fabrications: architectural and Material Techniques**. New York: Princeton Architectural Press, 2009, 144p.

KOLAREVIC, B.. **Architecture in the digital age: design and manufacturing**. Oxon: Taylor & Francis Group, 2003, 314p.

KOLAREVIC, B.. **Performative architecture: beyond instrumentality**. Spon Press, 2005, 266p.

KOLAREVIC, B.. Between conception and production. In DEAMER, Peggy; BERNSTEIN, Phillip G. (org.). **Building (in) the future: recasting labor in architecture**. New York: Princeton Architectural Press, 2010, 215p.

KOWALTOWSKI, D. C. C. K.; CELANI, G.; MOREIRA, D. C.; PINA, S. A. M.; RUSCHEL, R.; SILVA, V.; LABAKI, L.; PETRECHE, J. R. D.. **Reflexão sobre metodologias de projeto arquitetônico**. Ambiente Construído, Porto Alegre, v.6, n.2, p14–19, abr./jun. 2006.

MOE, K.. Automation takes command: The nonstandard, unautomatic history os standardization and automation in architecture. In: CORSER, Robert. **Fabricating architecture: selected readings in digital design and manufacturing**. 1. ed. New York: Princeton Architectural Press, 2010, 216p.

BARBOSA NETO, W. **Do projeto à fabricação**: um estudo de aplicação da fabricação digital no processo de produção arquitetônica. 2013. Dissertação (Mestrado). Faculdade de Engenharia Civil, Arquitetura e Urbanismo, Universidade Estadual de Campinas, Campinas.

OXMA, N. Special Issue: Material Synthesis: Fusing the Physical and the Computational. **Architectural Design**. Vol. 85, Issue 5. John Wiley & Sons, September/October 2015

POTTMAN, H.; ASPERL, A.; HOFER, M.; KILIAN, A.. **Architectural Geometry**. Bentley Institute Press, v.1, p.724, 2007.

PUPO, R. T. **Ensino da prototipagem rápida e fabricação digital para arquitetura e construção no Brasil: definições e estado da arte**. Pesquisa em Arquitetura e Construção, São Paulo, Vol.1, nº3, 2008b. Disponível em < *http://www.fec.unicamp.br/~parc/vol1-n3.htm* > Acesso em: 25 mai. 2010.

PUPO, R. T. **Inserção da prototipagem e fabricação digitais no processo de projeto: um novo desafio para o ensino de arquitetura**. Campinas, 2009, 240p. Tese de doutorado – Faculdade de Engenharia Civil, Arquitetura e Urbanismo – Universidade Estadual de Campinas.

SOUSA, J. P.. **From digital to material: rethinking cork in architecture through the use of CAD/CAM technologies**. Lisboa, 2009, 348p. Tese de doutorado – Universidade Técnica de Lisboa – Instituto Superior Técnico.

VOLPATO, N. et al. **Prototipagem Rápida: Tecnologias e Aplicações**. São Paulo: Edgar, 2007.

Como citar este capítulo

BARBOSA NETO, W. **Fabricação digital: tecnologias e aplicações**. In: CELANI, M. G. C.; SEDREZ, M. (Organizadores). Arquitetura contemporânea e automação: prática e reflexão. São Paulo: ProBooks, 2018. p. 134 a 151.

Sobre os diálogos

Ao longo dos últimos anos, os autores entrevistaram alguns dos expoentes na área de projeto computacional: pesquisadores, professores, arquitetos, engenheiros e especialistas em fabricação digital e programação para arquitetura.

Esses diálogos ajudam a fundamentar os capítulos da primeira parte deste livro, a partir da enumeração de exemplos práticos, por parte dos entrevistados, e da discussão sobre os conceitos apresentados, refletindo sobre as potencialidades da fabricação digital na arquitetura contemporânea.

Pretende-se que o leitor perceba, através dos diálogos, como os entrevistados caracterizam seus métodos de trabalho e ferramentas que utilizam para o desenvolvimento do projeto computacional, e de que forma apresentam as dificuldades que enfrentam e como encaram os paradigmas da revolução digital.

A maior parte das entrevistas aqui publicadas têm como tema geral a complexidade na arquitetura, seja a complexidade de formas, o ornamento contemporâneo ou a fabricação de complexidade. Algumas delas, no entanto, tem como tema principal a geometria fractal, assunto que não foi abordado na primeira parte deste livro, mas que integra o corpo de conhecimentos relacionados à complexidade na arquitetura. Tais entrevistas foram conduzidas por Maycon Sedrez, um dos organizadores do livro, à época de seu doutorado, e ajudam a enriquecer ainda mais o debate sobre o tema.

Os profissionais estrangeiros entrevistados são: **Arno Pronk** (TU Eindhoven); **Arnold Walz** (Design-to-Production); **Florian Gauss** (Teuffel Engenharia); **Howard Raggatt** e **Mark Raggatt** (ARM); **Juergen Mayer** (J. Mayer H.); **Michael Hansmeyer** - (Southwest Univ. China); **Milos Dimcic** (Programming Architecture); **Neil Katz** (SOM); **Peter Mehrtens** (BEMO); **Pieter Schreurs** (ONL); **Tobias Wallisser** (LAVA).

Os três arquitetos brasileiros que atuam no Brasil projetando formas complexas e que foram entrevistados para este livro são: **Daniel Corsi** (Corsi Hirano), **Guto Requena** e **Anne Save de Beaurecueil** (SubDv).

Algumas das entrevistas publicadas neste livro são inéditas; outras já foram publicadas no portal Vitruvius (*www.vitruvius.com.br*) que, gentilmente, autorizou a republicação dos conteúdos neste livro.

D01

Arnold Walz

A forma não importa

Arnold Walz é arquiteto e sócio fundador da empresa Design-to-Production (www.designtoproduction.com) que tem origem na cidade de Stuttgart. Walz estudou arquitetura na Universidade de Stuttgart e foi um pioneiro no desenvolvimento de modelos CAD paramétricos para planejamento da construção. O arquiteto ajudou a melhorar o trabalho da mão de obra e a precisão na execução de edifícios que exigiram técnicas extremamente complexas de produção e execução, como o Museu Mercedes-Benz em Stuttgart, Zentrum Paul Klee em Berna, P&C Weltstadthaus em Colônia, Museu Porsche, a Sede da Lufthansa Frankfurt, entre outros.

O trabalho realizado pela Design-to-Production — definido pelos seus diretores como organizar, otimizar, simplificar e materializar — surgiu como um novo tipo de habilidade, fundamental para a produção da arquitetura contemporânea. Grandes escritórios de arquitetura e engenharia na Europa e América do Norte, normalmente, tem grupos especiais de projeto e/ou de modelagem, formados por programadores, matemáticos, arquitetos e engenheiros, trabalhando para encontrar soluções para a construção de geometrias complexas. Por outro lado, empresas que não possuem este tipo de grupo de desenvolvimento e pesquisa têm a opção de contratar consultores especializados, como a Design-to-Production.

85
Arnold Walz e Gabriela Celani na Design-to-Production.

Walz veio ao Brasil em maio de 2014 para palestrar e participar de discussões sobre a fabricação digital no Laboratório de Automação e Prototipagem para Arquitetura e Construção (LAPAC) na Universidade de Campinas (Unicamp) com auxílio da Fundação de Amparo à Pesquisa do Estado de São Paulo (FAPESP).

Durante uma das discussões com os pesquisadores de diferentes universidades, uma interessante questão surgiu: se o escritório tem que, muitas vezes, recriar completamente a geometria em determinados projetos, ou interferir na seleção de materiais, como lidam com a questão da autoria? De acordo com Walz, a maior parte dos arquitetos nunca irá reconhecer a contribuição de sua empresa para o projeto. Contudo, isto trouxe uma importante discussão sobre o fim do conceito moderno de autoria, baseado na ideia do arquiteto como um criador solitário, e não como um membro de uma equipe cada vez maior de especialistas.

A entrevista a seguir é subdividida em dois blocos. Na primeira parte, Walz explica o tipo de trabalho realizado na Design-to-Production e seus aspectos técnicos, como o tipo de programas computacionais usados e o nível de interferência no projeto dos arquitetos. Na segunda parte, a discussão fica mais teórica e a relação entre aspectos técnicos e intenções arquitetônicas é estabelecida. Walz, ao fim da entrevista, tece especulações sobre o futuro da arquitetura.

1. Questões técnicas

Gabriela Celani: O que é Design-to-Production?

Armold Walz: Design-to-Production, em princípio, é uma empresa de arquitetura, porém nós não fazemos projetos. Nossos clientes são arquitetos que querem construir estruturas com geometrias complexas. Eles chegam à conclusão de que não precisam um grupo interno de projetos especiais em seus escritórios. Por exemplo, às vezes Renzo Piano constrói projetos com formas livres (*freeform*), mas a maior parte de seus edifícios apresenta um desenho pouco complicado, então ele não precisa de um grupo de geometria especial e opta por trabalhar em parceria com a Design-to-Production.

O que fazemos é auxiliar a produzir essas estruturas complexas de duas maneiras. A primeira etapa é dar suporte na fase inicial do projeto; nós escrevemos códigos para criar as formas. Os códigos são bastante flexíveis e nós podemos experimentar diferentes formas para fachadas, vigas, sistemas de posicionamento, qualquer aspecto que quisermos testar para otimizar o projeto como um todo. A etapa seguinte é quando o projeto parece estar pronto e a equipe concorda com o resultado, e chega o momento em que é preciso incorporar os aspectos de engenharia estrutural, aspectos físicos do edifício. Esses aspectos também causam mudanças que devem ser manejadas. Nestes edifícios complexos uma pequena mudança pode ter uma reação em cadeia por todo o projeto. Certa vez, no projeto do museu Mercedes (fig. 86), nós mudamos o núcleo central e isso afetou até mesmo a fachada. Do ponto de vista de um planejamento convencional, estas alterações teriam se tornado uma catástrofe. Para nós não é um grande problema, porque tudo está elaborado de uma maneira que você pode atualizar o projeto apenas mudando um parâmetro.

Maycon Sedrez: Quais são os arquivos que os arquitetos enviam para a Design-to-Production? Qual a documentação que você recebe? Quais as análises que você faz nesses arquivos?

AW: Isto varia muito. Por exemplo, para a fachada em Davos (fig. 87), nós recebemos uma maquete de argila que apresentava a intenção do projeto. Na maior parte das vezes, recebemos arquivos em Rhino, mas geralmente, a qualidade desses arquivos não é boa o suficiente para sobrepormos nossa programação a esses dados. Por exemplo, para o Centro Pompidou em Metz (fig. 88), o que nós tínhamos era basicamente uma malha triangular. O que precisávamos, como base, era uma superfície contínua. Então, se é muito complexo, como neste caso, nós temos

profissionais com quem frequentemente trabalhamos, da indústria automotiva, que nos auxiliam a criar essa superfície. Eles possuem ferramentas computacionais específicas para gerá-la com alta qualidade. Assim, se você faz um teste de reflexão, a superfície se apresenta totalmente regular, não há distorções. Se você tem uma superfície com descontinuidades, que foi feita a partir de diferentes partes, existirão problemas nas junções. Se você projetar algo nela, irá obter linhas descontínuas; portanto, antes de prosseguir com o projeto, deve unir as superfícies. É sempre uma ótima ideia iniciar com dados tridimensionais de alta qualidade.

86
Museu Mercedes Benz, Arquitetos UNStudio.

Nossos clientes são arquitetos e nos procuram com bastante antecedência, com um projeto desenvolvido, talvez, até a um nível para apresentar em um concurso, o que é, um trabalho bastante esquemático. Nesses casos , desenvolvemos o modelo geométrico inicial junto ao cliente, para obtermos uma superfície contínua, que, de certa forma, poderá prosseguir até a fase de produção.

87
Hotel InterContinental em Davos.

Em Stuttgart, não fazemos a programação (*G-code*) das fresadoras de 5 ou 6 eixos. Isso quem faz é o Fabian, que gerencia o escritório em Zurique. Lá, finalizamos os modelos dos nossos clientes, e normalmente isso é problemático. Não só por pela questão da qualidade mas, também, algumas vezes, por causa dos detalhes — pode funcionar no modelo CAD, mas não funciona na realidade. Geralmente temos problemas de montagem. Claro que você pode desenhar e tudo se encaixa perfeitamente, mas não há maneira de montar. Então isso é parte do nosso trabalho em colaboração com engenheiros estruturais. Isso é o que nós, às vezes, chamamos de "normalizar" o projeto.

MS: Quando você precisa fazer alguma mudança no projeto, como você procede?

AW: Existem diferentes tipos de arquitetos. Alguns são bastante rigorosos: por exemplo, quando o escritório do arquiteto italiano Maximiliano Fuksas define uma determinada forma, quer que seja construída exatamente igual. Claro que eu não quero mudar o projeto, mas é necessário encontrar um equilíbrio entre aspectos estéticos, de

88
Centro Pompidou em Metz, arquiteto Shigeru Ban.

projeto estrutural e de produção para tornar razoável o desempenho geral. Você pode, teoricamente, fazer qualquer forma, mas eu tenho que admitir que não faria alguns trabalhos. Por exemplo, Frank Gehry, do meu ponto de vista, tem um trabalho mais escultórico. Não há uma linha geral, ou o que chamamos na Alemanha, de linha vermelha condutora (lógica subjacente), é apenas fazer coisas aleatoriamente e isso afeta a maneira como os projetos são trabalhados. Normalmente esses projetos são feitos no CATIA , onde você ainda pode usar alguns aspectos de modelagem paramétrica e associatividade, mas não é uma ideia de projeto fluída, é algo como um monte de recursos agrupados. Claro, é uma maneira muito cara de fazer arquitetura, embora possua certas qualidades. Eu acredito que você jamais poderia descrever esse tipo de projeto em forma de *script*, ou programa de computador, de maneira eficaz, mas existem outras ferramentas para a realização desses projetos.

MS: Quais os programas de computador que você usa?

AW: Nos interessam programas que possuem muitos recursos geométricos, funções e coisas parecidas, e que são programáveis. Então, se você precisa da linha de intersecção de duas superfícies de dupla curvatura no espaço, eu jamais seria capaz criar os fundamentos matemáticos para conseguir isto, mas existe uma função que faz isto e é o que precisamos. Com essas ferramentas básicas nós produzimos o projeto.

Existem bons programas arquitetônicos, com muitos botões e bibliotecas e você pode fazer a arquitetura que deseja. Mas você tem que estar ciente que estará limitado. Eu não quero estar limitado por uma ferramenta de jeito algum. Mas entre essas duas situações há exceções, por exemplo, como resolver uma escada. Se você quer programar um código de escada que pode criar qualquer tipo de escada, poderia pensar em todas as diferentes configurações. Seria muito complexo, primeiramente para programar e posteriormente para usar o código, pois para muitas pessoas haveria inúmeras opções que não teriam nenhuma utilidade. Portanto, essa não é a maneira de fazer isso. Quando você se afasta da padronização, então você percebe que é melhor escrever seu próprio código para a sua escada específica. Isso não é complicado, você consegue exatamente o que quer e está com o controle total. Eu não quero estar limitado, porque, para mim, ferramentas computacionais padronizadas sempre serão conservadoras e antiquadas. Elas levam muito tempo para serem desenvolvidas e é preciso um longo tempo antes que novas influências sejam parte delas. Eu já havia percebido isso desde os anos 80. Naquela época, em Berkeley, eles trabalhavam em ferramentas para otimizar a distribuição de ambientes, mas eu desconheço qualquer programa CAD que tenha essa ferramenta incorporada — por quê?

GC: Acredita que seria muito chato o computador fazer isso por você? Há algo mais além da otimização?

AW: Talvez não seja possível... muitas pessoas diriam que o computador fez o projeto. Eu não acredito que surgiria algo interessante. Talvez alguém encontre algum tipo de algoritmo que produza algo. Mas sempre parte de você, você direciona o processo. O computador, para mim, é uma ferramenta; você é responsável pelos resultados, pois é quem desenvolveu o algoritmo. É a sua decisão. Mesmo quando não tenha entendido o algoritmo, ainda assim foi você quem o escolheu.

MS: Quais são os desafios de trabalhar com empresas que não estão acostumadas a produzir elementos arquitetônicos?

AW: Normalmente, nós chegamos a projetos que resultam em uma estrutura incomum, com a qual a indústria da construção civil não está preparada. Não existe uma empresa que tenha construído tal estrutura anteriormente, então você procura uma empresa que esteja próxima do que você quer produzir ou, ao menos, tenha as máquinas certas, ou tenha experiência com o material. Às vezes encontramos empresas que são perfeitas para fabricar o projeto, mas não têm equipe para montagem no canteiro de

obras; nestes casos, eles entregam o produto e a montagem é problema de outra equipe. Uma boa dica é trabalhar com empresas de fachadas, pois elas geralmente possuem boa experiência em lidar com vidro, aço e metal, e tem experiência em montagem na obra. Mas é sempre uma busca por empresas, e um aspecto muito importante para nós é sentir que a empresa está interessada e motivada.

Algumas empresas concordam em realizar o trabalho, mas não param para pensar sobre os detalhes do projeto antes de terem um contrato em mãos, e isso é um grande risco para o cliente. Assim que assinam o contrato e começam a pensar sobre o projeto, podem perceber que é mais complicado do que haviam pensando, então começam os problemas orçamentários. Há uma grande responsabilidade em escolher os parceiros certos. Você tem que realmente confiar na empresa e acreditar que estão motivados para finalizar totalmente o projeto.

GC: Qual é o seu papel em escolher a empresa para o cliente? Você sugere uma empresa ou diz que isto só pode ser feito por tal empresa? É promovida uma licitação?

AW: Você está correta, eu faço sugestões. Eu posso dizer ao cliente: é melhor optar por esta empresa, caso contrário não irei mais trabalhar neste projeto, pois já sei o que pode acontecer. Estou apenas garantindo qualidade para o meu cliente e evitando o tipo de empresa "projeto interessante, vamos fazer, será uma boa publicidade". Isso não é suficiente. Muitas empresas, apesar de terem capacidade, não estão acostumadas a trabalhar com projetos com formas livres [*freeform*], pois não possuem experiência suficiente. Frequentemente avançamos bastante em termos de propor como fabricar de maneira eficaz.

Por outro lado, estamos cientes de que não podemos assumir a responsabilidade final pela execução. Nós propomos uma maneira de executar para a empresa e temos que sentir que eles entenderam e desenvolverão ainda mais, então ficamos muito satisfeitos e tranquilos. Encontramos um parceiro com o qual podemos trabalhar e então eles acrescentam a sua experiência. Eu posso ir até certo ponto, tenho que sentir que posso passar o problema adiante em mãos responsáveis, que irão continuar a trabalhar nele.

MS: O que faz um projeto complexo ser mais caro para produzir?

AW: Se é possível executar com fabricação digital, não será realmente mais caro. É difícil de dizer, pois quando um projeto é mais complexo, significa que você não pode construir com ângulos retos. Você pode encontrar uma maneira de produzir que é muito mais cara, caso você não pense em certas coisas, ou você direcione as pessoas para problemas que não são esperados por eles, e isso pode realmente prejudicar um projeto. Se você está atuando nestes projetos, sabe que muitos deles não funcionaram da maneira como foram planejados. Muitos deles levaram anos para serem finalizados, o custo foi muito alto. Eu posso dizer, pelos projetos em que estamos envolvidos, que podemos realmente evitar isto. O museu Mercedes e a fachada em Davos foram entregues dentro do cronograma e do orçamento estabelecidos. No caso do museu, apenas uma empresa envolvida não obteve um lucro real, mas isso, às vezes, acontece também. Nós ficamos muito satisfeitos quando a empresa entrega o trabalho e recebe seu pagamento e o produto é bom. Porém, outras vezes, você tem que dizer: não, eu não quero estar envolvido nisto, eu não acredito que será um projeto com êxito.

MS: Você discute sobre materiais e efeitos produzidos por eles com os seus clientes?

AW: Há dois aspectos, primeiro é apenas o visual. Alguém precisa de uma superfície metálica com uma certa aparência. É muito raro que haja aspectos estruturais, que limitem sua escolha em termos de que você seja forçado a optar por certo material, caso contrário, não funcionará. A fachada em Davos foi, por um longo tempo, pensada em ser executada em alumínio, pois nós pensamos que seria mais leve e também poderia ter um efeito estrutural. Ao final, contudo, eles escolheram aço, porque é um material muito mais barato que o alumínio, e isso teve outro efeito. Quando a fachada já estava planejada e em produção, eles aumentaram a espessura das placas em alguns milímetros, o que causou vários problemas adicionais para a empresa de concretagem, que teve que adicionar mais concreto e mais armadura. Eu não sei se essa decisão foi realmente tomada com o objetivo de economizar. Eles apenas transferiram o dinheiro da fachada para a estrutura de concreto, o que pode ter sido por razões políticas, ou pode também ter sido uma estratégia, eu não sei o motivo. Outra questão é que no começo do projeto o orçamento não é levado em conta. Já vi inúmeros projetos que começaram com fibra de carbono e terminaram com aço comum (perfil de aço padrão). Muitas pessoas gostariam de ter esses materiais extravagantes, porém, em termos de custo e produção não há muitas empresas, especialmente no setor da construção, que estão acostumadas a usar esses materiais. Se você for, por exemplo, para o indústria naval é uma coisa totalmente diferente.

2. As novas tecnologias e a arquitetura contemporânea

MS: Você poderia falar um pouco sobre o interesse dos arquitetos em projetar e fabricar formas complexas?

AW: Em princípio, existem diferentes tipos de arquitetos, e alguns deles querem ser vistos como especiais. Por exemplo, a sra. Hadid. Ela tem um estilo pessoal e ela pretende resolver qualquer problema com isso. Se você assistir a uma palestra do Patrick Schumacher (seu sócio), verá ele dizer que gostaria de planejar cidades inteiras no estilo Hadid, o que acho, particularmente, um exagero. No outro extremo temos Renzo Piano: acho que ele tem uma atitude totalmente inocente a cada novo projeto. Ele tem uma abordagem diferente para cada novo projeto.

De modo geral, acho que o que chamam de arquitetura *Blobby*, como foi chamado no começo desta fase, que teve início aproximadamente no final do século passado, foi um tipo de reação à rigidez do projeto de arquitetura. Nós queremos algo totalmente diferente. E eu também acredito que esta fase terá um fim, pois agora temos edifícios de alta qualidade e também um monte de edifícios mal projetados. Se você olhar o *skyline* de uma cidade, está indo nessa direção... para que? Onde está a qualidade desse tipo de perfil na cidade? Eu acho que isto irá diminuir e agora é um problema nosso direcionar essa experiência para uma arquitetura mais cotidiana. Como eu disse, aumentar a liberdade do projeto; você não é obrigado a projetar edifícios em forma de caixas por conta de aspectos financeiros ou de produção.

Tenho a sensação que muitos arquitetos se rendem à indústria da construção civil, pois, adotando essa tipologia, podem construir de uma maneira mais econômica, rápida e confiável. Para escapar disso, se você deseja projetar algo especial, se torna muito difícil. Nós devemos tentar usar essa experiência e aproximá-la da arquitetura comum; isso significa que nós temos que desenhar novos processos construtivos e novas maneiras de fabricar elementos construtivos, e então montá-los em um edifício.

GC: Você já mencionou Renzo Piano, quem mais são seus clientes?

AW: Bem, nos últimos anos nós trabalhamos com Zaha Hadid, Foster and Partners, Herzog and De Meuron...

GC: Apenas arquitetos celebridades (*starchitects*)?

AW: A maioria, mas nem sempre; por exemplo, com relação à fachada do hotel InterContinental em Davos (fig. 89). O edifício foi originalmente projetado por Matteo Thun, que, por alguma razão, deixou o projeto. O arquiteto que o finalizou não era muito conhecido, mas veio com uma boa ideia para a fachada.

GC: Você mencionou que a maioria dos seus clientes são arquitetos celebridades. Por que nós, ou um arquiteto comum, ou um arquiteto no Brasil, devemos nos preocupar com a fabricação digital de edifícios?

AW: Se o arquiteto quer continuar a construir arquitetura *Blobby*, certamente essa não é uma razão. Eu gosto de ambientes intensos, quando eu entro em um novo espaço e fico impressionado pela atmosfera, pela luz, pela acústica, as cores ou o que seja.

Há muitas casas com uma fachada muito interessante, mas quando você entra é apenas um espaço comum, com quartos comuns e janelas comuns. Para mim é muito tedioso. Se você voltar na história da arquitetura, na cultura da construção, havia muita coisa fantástica acontecendo.

A questão que devemos apontar agora para a geração mais jovem é: como você quer viver? Estamos olhando para a arquitetura como um investimento de curto prazo? Você constrói uma casa e, 10 ou 15 anos depois, todos dizem, "vamos construir algo novo"? Ou deveríamos tentar desenvolver um estilo de arquitetura com melhor qualidade, que tenha a chance de durar algumas gerações?

Veja os edifícios do final do século XIX, que ainda são as habitações preferidas no centro das cidades grandes. Os apartamentos são um pouco maiores, têm pé-direito e janelas maiores. E você pode fazer o que quiser, pode usar como escritório, estudantes podem dividir o espaço, alguém pode ter seu próprio negócio nesses apartamentos. Por quê? Apenas porque eles são um pouco maiores e não são altamente otimizados, ao contrário do que se pensa a arquitetura hoje.

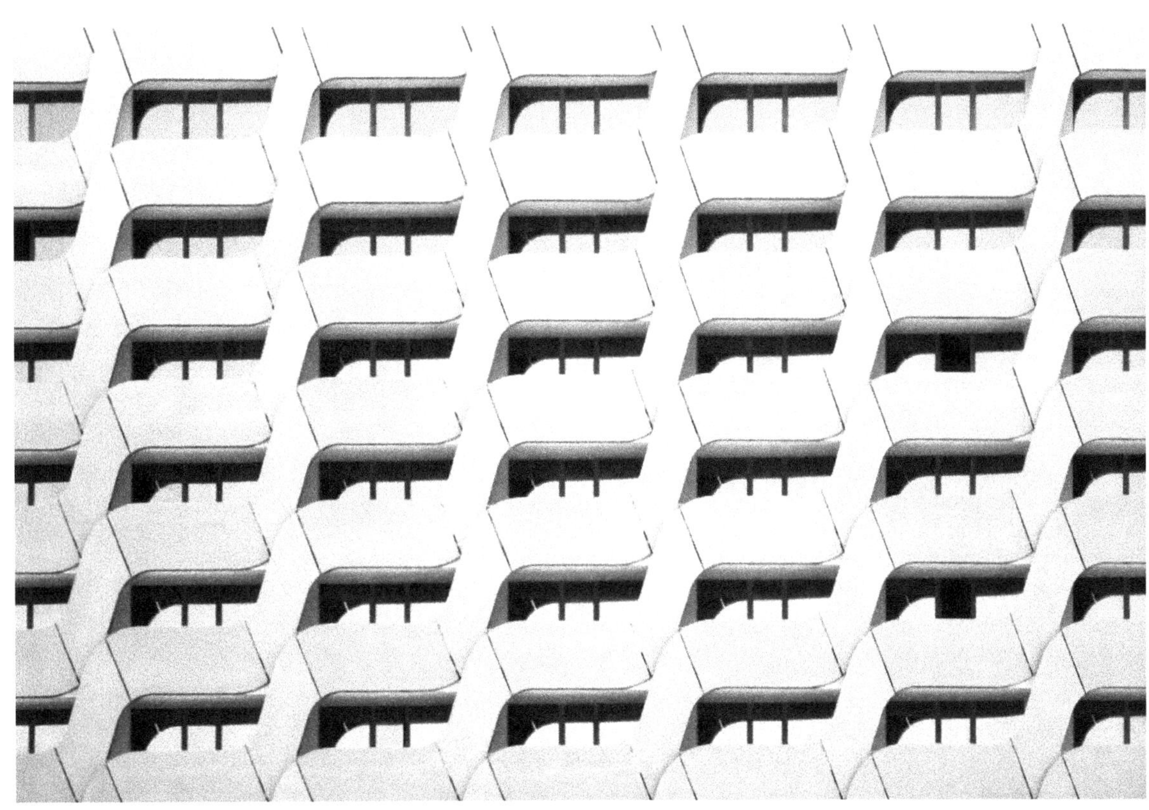

89
Detalhe da fachada do Hotel InterContinental em Davos.

Outro aspecto a ser considerado (com relação aos edifícios do final do século XIX), é que apesar de serem individualmente diferentes, eles se encaixam, formam um conjunto, e criam uma atmosfera única, uma atmosfera forte. Existem muitos desses edifícios em cidades europeias que não foram destruídos durante a guerra. As pessoas gostam de ir lá, pois é muito intenso caminhar nestas calçadas, apesar das casas serem diferentes. Antigamente havia uma limitação de materiais, cores e coisas desse tipo, mas hoje em dia você tem uma seleção infinita de materiais, cores e texturas... Essas cidades não são homogêneas, cada casa é basicamente algo único. Claro que é possível identificar, nelas, algo em comum; tudo depende da maneira como você olha para elas.

GC: Como você acha ser possível obter esse tipo de resultado na cidade, com uma linguagem arquitetônica subjacente, que não é monótona e ao mesmo tempo não é confusa... É uma questão de regulação urbana ou formação dos arquitetos?

AW: Certamente ambos, eu gostaria de separar. Eu diria, em princípio, que os arquitetos fazem o interior do edifício como o cliente deseja, mas quanto chega na fachada e nas proporções externas, em princípio uma responsabilidade com a vizinhança. Este é o motivo pelo qual eu gosto de trocar experiências com a nova geração, pois é o futuro deles, não o meu, descobrir se eles têm alguma ideia ou visão de como querem viver no futuro. Se dizem que querem isto ou aquilo, certamente encontro uma maneira de produzir que seja economicamente justa no futuro. Mas eu não sei o que poderia ser. O que deveria ser diferente de como é hoje?

Como citar este capítulo

CELANI, M. G. C.; SEDREZ, M. **A forma não importa**. Entrevista com Arnold Walz. In: CELANI, M. G. C.; SEDREZ, M. (Organizadores). Arquitetura contemporânea e automação: prática e reflexão. São Paulo: ProBooks, 2018. p. 153 a 160.

Versão traduzida do inglês e reeditada de SEDREZ, M; CELANI, G. **Form doesn't matter**. Interview with Arnold Walz. *Entrevista*, São Paulo, year 15, n. 058.03, Vitruvius, jun. 2014 <http://www.vitruvius.com.br/revistas/read/entrevista/15.058/5208/en>.

D02

Florian Gauss

Projetando e fabricando a complexidade

Florian Gauss é engenheiro pela Universidade de Stuttgart e é doutor pela Universidade de Berlim. Trabalhou com o escritório Arup na Unidade de Geometria Avançada (AGU), Werner Sobek e atualmente lidera o escritório Teufell Engineering em Stuttgart.

Atualmente, existem arquitetos que projetam e constroem formas complexas usando programação como uma ferramenta de projeto. Nessa conversa, o engenheiro Florian Gauss explica o processo de programação do projeto de uma fachada com geometria fractal. Ele também dá detalhes do processo de manufatura de um projeto com formas complexas de Zaha Hadid.

Na primeira parte, Gauss fala sobre o processo de projeto usando geometria fractal. Fractais são formas complexas geradas por regras simples. Os arquitetos do Grande Museu Egípcio, Henegahn Peng, usaram um fractal clássico no desenho da fachada, o triângulo de Sierpiński. É comum arquitetos usarem fractais quando é conveniente: no caso deste projeto, o objetivo foi criar uma relação com as pirâmides. Fractais implementados por computador têm sido aplicados na arquitetura por mais de 30 anos, mas nem sempre de uma maneira apropriada. Recentemente, o interesse dos arquitetos por geometria, matemática, projeto computacional e ornamento trouxe os fractais novamente para as formas arquitetônicas.

Pelas respostas de Gauss se observa que os arquitetos precisam aprender a programar. A programação se tornou na última década uma importante ferramenta para arquitetos e engenheiros. Rhino e Grasshopper são exemplos de ferramentas computacionais que podem ajudar com a geração de formas, mas a programação textual é essencial para a produção de arquivos para a fabricação digital. O processo de projeto do Centro Cultural Heydar Aliyev foi parcialmente automatizado; Zaha Hadid escolheu não racionalizar a superfície. Isto gerou painéis da fachada totalmente diferentes e uma estrutura especial para suportá-los. Também demandou uma pessoa para manualmente modelar a subestrutura por seis meses. Apesar de toda automação envolvida no processo de projeto, foi mais barato contratar trabalhadores indianos para produzir cada painel. Por ainda estarmos aprendendo como produzir complexidade, essas situações tendem a se tornar menos comuns. E o ensino para arquitetos e engenheiros precisa abordar esses dois aspectos, as habilidades de programação e a automação da construção, para preencher as lacunas entre o projeto e a fabricação.

1. Formas complexas

Maycon Sedrez: Eu estou pesquisando sobre fractais no processo de projeto e como produzir complexidade no projeto de arquitetura. Eu vi alguns projetos que você participou; poderia me falar sobre seu trabalho e suas experiências com geometrias complexas e complexidade no projeto?

Florian Gauss: Minhas primeiras experiências com formas complexas começaram quando trabalhei na Unidade de Geometria Avançada, grupo liderado por Cecil Balmond, no Arup, em Londres. É claro que ele estava muito interessado em formas complexas e em algoritmos de geração de formas, como fractais. Portanto, tínhamos muitos projetos usando algoritmos e sistemas geométricos, com o intuito de gerar formas e criar projetos. No Arup nós mais ou menos trabalhamos na fronteira do conhecimento em projetos para gerar formas complexas. Eu deixei Londres e retornei para Stuttgart, onde o grupo de geometria no escritório Werner Sobek, que era muito mais focado na realização de formas complexas. Os projetos eram enviados a nós por outros profissionais, arquitetos como Zaha Hadid ou Jean Nouvel, e nós éramos responsáveis por converter o projeto em um produto final. Era mais sobre computação, produção de toda a informação necessária, para que fosse possível construir a fachada integralmente.

MS: Quais os tipos de arquivos que você trabalha? Eu quero dizer, é Rhino e Grasshopper, Revit, AutoCAD? Você tem que fazer alterações no projeto para ser capaz de produzi-lo?

FG: Em princípio, sim. Geralmente você sempre tem que fazer mudanças. Isso é algo absolutamente normal, pois o projeto é um progresso, é um caminho, começa com um rascunho inicial, você avança sempre vai aprofundar no detalhe. Claro que os consultores vão parar em algum ponto, pois não são pagos para esse trabalho. Eles apenas têm que conduzir até certo ponto, então outros profissionais assumem o detalhamento. Se você quer construir, sempre tem que racionalizar e talvez mudar um pouco o que quer que seja requerido. E os arquivos que você submete: AutoCAD, modelos Rhino, modelos IFC (*Industry Foundation Classes*) estão se tornando mais comuns agora, vindos de programas como Tekla ou Revit.

MS: Você vê vantagens em usar Rhino e Grasshopper combinados?

FG: Acho que Rhino com Grasshopper é a mais poderosa ferramenta de projeto no mercado no momento. Há dez anos começamos a trabalhar intensivamente com Rhino, e quando entrei no AGU (*Advanced Geometry, do Unity* do escritório Arup), havia *scripting*, não havia Grasshopper, havia um pouquinho de Generative Components (programa de scripting paramétrico da Bentley) que funcionava muito bem e havia, é claro, o CATIA. Mas o CATIA era muito complexo, pois não é uma ferramenta de projeto, é uma ferramenta de fabricação e realização. Então, nesta época, *os scripts eram feitos no* AutoCAD usando VBA, *Visual Basic for Applications*. Isso era ok, mas o AutoCAD não era um bom programa 3D. Assim, rapidamente percebemos que poderíamos também programar no Rhino da mesma maneira, e fizemos todos os *scripts* no Rhino. Por exemplo, para o Grande Museu Egípcio, para a geometria fractal da fachada de pedra translúcida, a geometria foi programada no Rhino, assim como o arquivo para a análise estrutural. Deste modo, o dado de entrada para o programa estrutural é apenas um arquivo de texto que contém a informação retirada do modelo realizado no Rhino.

2. Formas fractais

MS: Você já trabalhou em algum projeto fez uso de fractais ou recursividade?

FG: Há um que avançou bastante, é uma fachada que é parte do Grande Museu Egípcio no Cairo, em frente às pirâmides. Você deve conhecer esse projeto. Heneghan Peng são os arquitetos de Dublin. A peneira de Sierpiński é um fractal simples, o que é, claro, um ponto de partida muito bom e racional, pois cria uma grelha recíproca adaptável para qualquer triângulo. É uma abordagem simples e poderosa. Eu não diria que é uma forma muito complexa. É rigorosa e gera uma forma visual interessante. Estruturalmente, você pode dizer que é sensível, não é algo que foi otimizado; contudo, possui uma organização interna razoavelmente utilizável para uma estrutura. Uma viga se apoiando na outra. Provavelmente não é a maneira mais eficiente, se você fizer com aço plano. Contudo, deve haver sempre equilíbrio entre suas inspirações para o projeto, os métodos que você tem disponível para fabricação e, claro, os impactos estruturais que são relativos às suas aspirações.

MS: Na verdade, estou estudando o Grande Museu Egípcio para a minha tese. Você tem alguma informação que poderia compartilhar sobre o projeto ou detalhes do projeto?

FG: Claro que eles são todos geometricamente relacionados. Você conhece a história: painéis, iterações de Sierpiński (fig. 90) e, no meio, uma rede de cabos. Você tem seis gerações, no meio você tem os triângulos maiores, que são sempre deixados abertos, e que vão receber a rede de cabos. O interessante é notar que a maneira estrutural de pensar está expressa na hierarquia e na profundidade das vigas, pois você sempre tem a viga menor descarregando na maior. Você tem vigas grandes e as próximas são curtas, então são menores, descarregam em si mesmas e vão ficando cada vez menores. Porque, como a carga nas vigas sempre fica menor, a seção da viga pode ser menor também. Tem uma lógica interna muito forte. Portanto, você pode colocá-las em diferentes níveis, elas não estão na mesma camada, o que dá esse efeito plástico em 3D, que enfatiza a hierarquia dos membros.

Claro, nós desenvolvemos o programa que gera, primeiro, a geometria fractal do triângulo de Sierpiński, o que é bastante simples. Há o triângulo de Pascal, que dá o mapa inteiro da subdivisão de Sierpiński, e é uma série de números. Na verdade, este é o método mais sofisticado de fazer, mas você também pode optar por um modo de trabalho completamente geométrico: apenas pegue a metade dos lados do triângulo e coloque um ponto lá. Ambos os métodos irão dar o mesmo resultado. Então você tem a geometria, são os únicos dados de entrada, você precisa de três pontos. Eu também dei aos perfis uma direção, pois nós precisamos orientá-los na direção do sistema de grelha não-ortogonal do prédio principal.

Aqui, você pode também pode dar os perfis das diferentes gerações. Você dá dimensões às peças, pois os triângulos vão ficando cada vez menores, conforme você percorre a parede. Eles estão mudando em tamanho, portanto você precisa atribuir diferentes dimensões. O programa está preparado para gerar todas as diferentes peças. Nós também brincamos um pouco com

90
evolução do triângulo de Sierpiński em cinco iterações.

a rede de cabos, em duas ou três direções, e a densidade pela metade, então você não tem, em cada geração, um cabo. Assim você pode estimar as seções de aço que nós programamos a partir das cargas e da tensão prévia dos cabos.

Ficará assim, é o triângulo de Pascal, então é uma fórmula bastante simples, onde o número de triângulos é gerado dependendo de quantas gerações de Sierpiński você quer. Esse é o modelo de palitos que é gerado automaticamente a partir do nosso código, então os elementos marrons são os cabos tensionados, e os verdes são as barras. Por terem um sistema estrutural diferente, todas as cargas estruturais não estão em um plano; são, de alguma maneira,deslocadas. Isso é algo que é considerado aqui, você pode ver, o programa estrutural tem uma funcionalidade específica que faz a conexão dos nós. O que nós fizemos foi estabelecer uma regra em que a cada geração de Sierpiński acrescenta seu próprio nó, em diferentes camadas, e nós os conectamos rigidamente. Quando você vê aqui, parece que estão flutuando, mas tem um método, no software estrutural, que você pode indicar: considere uma ligação rígida, pegue todos os nós juntos e os trate como se fosse um único nó. Parece simples, mas o software está considerando todas as excentricidades, pois isso é algo bem complexo. E essa é a fachada completa.

3. Fabricação digital

MS: Você pode me falar sobre as técnicas de fabricação digital que utilizou? Por exemplo, no caso do Museu Egípcio, como seriam produzidas as partes?

FG: Esse projeto ainda não foi construído. Eu não me envolvi nessa parte, mas espero estar; o empreiteiro será alemão, e nós fizemos uma oferta a eles. Eu posso mostrar outro exemplo de fabricação, que é muito bom. Esse é o centro cultural em Baku, de Zaha Hadid (fig. 91). A superfície tem aproximadamente 35.000 metros quadrados de painéis GRC (*glass reinforced concrete*) ou GRP (*glass reinforced polyester*) ou curvas individualmente moldadas e assim por diante. E, para isso, eu desenvolvi uma subestrutura que segura todos os painéis. Eu também posso dizer como os painéis foram produzidos e racionalizados.

MS: Sim, eu gostaria de saber.

FG: Tem um sistema que se apoia em uma estrutura espacial, que é a principal do edifício. É um sistema Mero (Mero Structures) e nós temos, sempre, a cada três metros, uma haste atravessando as camadas de isolamento térmico e impermeabilizante. Este elemento é utilizado para conectar a subestrutura que está segurando a fachada. Aqui você pode ver: esse é o sistema Mero e a bola; então você tem a haste atravessando e, claro, tudo será selado e impermeabilizado.

Portanto, foi desenvolvido um detalhamento que serve para todos os nós. Claro que a geometria varia. Você pode ver que esses tubos estão mais ou menos deslocados da superfície do envelope interno e se aproximando da parte externa do envelope. E isso foi construído a partir de vinte diferentes seções de arco. Você pode ver no código de cores, cada cor representa um diferente diâmetro de arco.

Tudo foi feito de modo que você sempre tenha passos de 20mm entre os arcos da curvatura. Utilizamos como referência a medida base de três metros, alguns são planos, os brancos são planos, e eles são retos. Então você os aumenta sempre em passos de 20mm, o que nós chamamos de tolerância, até que nós alcançamos a curvatura máxima que há no edifício;

91
Centro Cultural Heydar Aliyev. Zaha Hadid.

portanto, nós temos vinte diferentes arcos que cobrem todo a variação de curvatura da superfície.

MS: Essa é a racionalização da fachada? Você pensou em quanto material seria usado para produzir isso?

FG: Não. A superfície não foi racionalizada. A superfície nos foi dada. Não foi otimizada. Foi definida pelos arquitetos; as juntas entre os painéis também foram dadas. Foi definida, puramente, por uma questão estética e arquitetônica, não há nenhuma questão de racionalização ou fabricação por trás do desenho. Eles disseram "é isso o que nós queremos".

Tudo está baseado nesta estrutura espacial, com os nós aproximadamente a três metros, o que nos dá uma nuvem de pontos de fixação e, entre eles, nós temos este detalhe. O detalhe, em um lado, era fixado em uma direção, mas você pode girar ao redor do eixo da haste. E no outro lado é sempre um sistema, que você ver o lado da frente e de atrás, esse é um pino que irá lá dentro, então você também pode rotacionar e girar. É possível ajustar o arco em qualquer posição que quiser. A seguir, o algoritmo escolhe o arco mais apropriado, entre os que nós definimos, e o coloca no telhado.

E assim é feito, ao longo das juntas que foram dadas pelos arquitetos. E, claro, ao longo destas, é preciso fornecer arcos secundários, uma estrutura secundária. Esse método de aplicação segue exatamente o mesmo princípio do anterior. Entretanto, você pode ver que, por causa dos painéis de fibra plástica, são necessários suportes e certas distâncias. Então o vão máximo é de um metro e meio, mas todos os painéis têm comprimentos diferentes. Assim, são automaticamente definidos quantos suportes intermediários você precisa. Aqui é possível ver uma sobreposição: isso é a direção da estrutura espacial que está realçada. Na direção oposta você tem as vigas secundárias, que seguem a direção das juntas, e também os pontos de suporte intermediários dos painéis. Agora que definimos esses dados nós extraímos a informação para fabricação: temos o número, o comprimento e o raio de cada arco, assim como os pontos onde devem ser fixados os elementos secundários. Então só foi dada a informação do começo e do fim. Todas as partes são as mesmas: as únicas coisas que mudam são a geometria, o comprimento e o raio de curvatura do arco. Tudo é parametrizado de uma maneira bem simples, sem muita tecnologia BIM. O sistema estrutural secundário foi definido de maneira realmente pragmática; você pode realmente condensar sua informação de fabricação em um conjunto de desenhos tradicionais e planilhas.

Essa é a fabricação do painel, nós não trabalhamos nisso, foi outra empresa. Eles pegaram todos os painéis da cobertura e deixaram o mais plano possível. Depois, chegaram à linha de curvatura de cada painel, que tiveram seus gabaritos cortados em chapas de compensado. Eles tinham um compensado flexível como um fechamento. Inicialmente a ideia do fabricante era usar um equipamento ajustável, então você tem pinos e bolas que devem ser parafusados para cima e para baixo. E a empresa que fez o projeto também tinha produzido todos os dados para isso, todas as alturas, seria necessário apenas que parafusar os pinos. Contudo eles acharam que o processo de fazer com um molde cortado em madeira, para depois contratar mão de obra mais barata era mais fácil e mais barato do que utilizar a solução baseada neste fechamento ajustável. Para executar, utilizou trabalhadores da Índia ou Sri Lanka.

A subestrutura das bordas foi executada, em obra, puramente por trabalho manual, pois não havia uma regra dada, não há uma regra aplicável para criar a curva. Alguém apenas modelou toda a subestrutura de vigas manualmente por meio ano, pois não há como fazer isso parametricamente ou com programação.

MS: Eu gostaria de saber sobre custos. Em termos de custos, o que faz um projeto complexo custar mais do que, vamos dizer, um projeto tradicional? Por exemplo, neste prédio da Zaha Hadid, custou mais por causa das vigas desenhadas à mão?

FG: Claro que é a fabricação, pois você

tem que fabricar as partes individualmente. Por exemplo, vidro, por padrão você fabrica vidro plano. Se você quer vidro curvo... se for vidro curvo simples, é preciso dobrá-lo, então é um passo a mais na fabricação, o que custa dinheiro. Se for vidro com dupla curvatura é quatro vezes o preço, pois é preciso construir um molde individual para isso. São os passos de fabricação para chegar ao produto final. Quanto menos passos de fabricação você tiver, menor será o custo. Quanto mais você tiver que fazer para chegar a forma, maiores serão os custos. Se apenas usar um tubo de metal e cortar, é barato; se você tiver que dobrar uma vez, custos são adicionados, mas talvez ainda seja ok. E, se você introduzir uma dobradeira helicoidal, está utilizando o modo mais complexo e caro de fabricação. Além disso, existe a questão da logística e tolerâncias: se você tem uma fabricação altamente desenvolvida , talvez as tolerâncias sejam maiores, e você tenha partes soltas que não podem ser usadas. Por exemplo, se você dobrar vidro em dupla curvatura, irá destruir algumas peças enquanto fabrica e isso também tem que ser pago. Por exemplo os painéis GRC, para cada painel individual em GRC, tivemos que produzir um molde, e isso é um custo alto. Se você tiver um molde plano que sempre tem as mesmas partes, então você o faria em aço e poderia usá-lo centenas de vezes.

Como citar este capítulo

SEDREZ, M. **Projetando e fabricando a complexidade**. Entrevista com Florian Gauss. In: CELANI, M. G. C.; SEDREZ, M. (Organizadores). Arquitetura contemporânea e automação: prática e reflexão. São Paulo: ProBooks, 2018. p. 161 a 166.

Versão traduzida do inglês e reeditada de SEDREZ, M. **Designing and fabricating complexity**. Interview with Florian Gauss. *Entrevista*, São Paulo, year 17, n. 065.01, Vitruvius, jan. 2016 <http://www.vitruvius.com.br/revistas/read/entrevista/17.065/5878/en>.

D03

Pieter Schreurs

Um edifício, um detalhe

Pieter Schreurs é arquiteto e engenheiro, e mestre em Arquitetura pela Universidade de Delft, especializado em projeto paramétrico, BIM (*Building Information Modeling*) e soluções integradas, desde as primeiras fases do processo de projeto. Trabalha no escritório ONL - Oosterhuis_ Lénárd.

Nas últimas décadas, alguns sistemas generativos clássicos foram estudados e implementados com o auxílio da computação, permitindo aos arquitetos projetarem formas mais complexas. A produção destas formas é possível com os novos métodos de fabricação (todo tipo de maquinário), que também são aplicados na construção. O arquiteto Pieter Schreurs, do escritório ONL, explica como é o trabalho do escritório com projetos paramétricos e como produzem formas arquitetônicas complexas. O ONL foi fundado e é dirigido pelo arquiteto Kas Oosterhuis e a artista visual Ilona Lénárd. Eles projetam usando ferramentas computacionais de modo exploratório. Essa entrevista foi gravada na sede do ONL em Rotterdam, em 4 de maio de 2015.

Nessa conversa sobre fabricação digital e formas complexas, Pieter fala sobre o seu processo de projeto e o processo de manufatura da arquitetura contemporânea. Quando explica sobre o projeto A2 cockpit, enfatiza a importância de arquitetos terem habilidades de programação, caso contrário seria impossível, por exemplo, desenhar mais de dez mil elementos à mão em tempo hábil. É um grande desafio, para professores, pensar em como a arquitetura deve ser ensinada neste cenário.

Os arquitetos precisam ter um diálogo aberto com a indústria que irá fabricar seus projetos. Nesta abordagem contemporânea, explicada por Pieter, arquitetos também tem que ser capazes de controlar as máquinas e comunicar seus projetos para a indústria. No começo pode ser uma tarefa árdua, pois as máquinas têm sido usadas de maneira tradicional por muitos anos. Por outro lado, novas empresas estão surgindo para ajudar os arquitetos na produção de formas complexas, e alguns escritórios de arquitetura estão formando grupos de especialistas para lidar com a complexidade.

A implementação de um processo de projeto inteiramente paramétrico não é uma tarefa fácil, pois demanda dos arquitetos novas habilidades, novos conhecimentos e novos métodos projetuais. Apensar de alguns escritórios, como o ONL, já terem implementado essa abordagem contemporânea de projeto por muitos anos, projeto generativo ainda não é uma disciplina comum. Se os arquitetos precisam aprender novas habilidades hoje em dia, é importante discutir o que precisa ser alterado na formação em arquitetura.

1. Projeto generativo

Maycon Sedrez: O escritório ONL já utilizou recursão ou um sistema generativo em seus processos de projeto?

Pieter Schreurs: Bem, depende do que você entende por projeto generativo, em como você olha para isso. Vários dos nossos projetos são baseados em tecnologias *swarming*, onde existem nós individuais no espaço que definem a posição de elementos arquitetônicos da forma como um todo, ou do corpo do edifício. Eles são parte de um sistema unificado e informam entre si suas posições relativas; o sistema estrutural e o de fechamento são gerados a partir destes nós. Nesse sentido a nuvem de pontos forma a base do projeto arquitetônico, tudo é gerado a partir dela. Nossos projetos são sempre construídos em uma certa lógica que cria um sistema integrado onde todos os componentes são gerados a partir de uma mesma lógica. Nós temos diversos exemplos, e eu acho que o melhor deles é o A2 *cockpit,* em Utrecht, ao longo da rodovia A2.

O sistema estrutural e de fechamento que nós geramos é completamente integrado e suporta totalmente as cargas. Não usamos um processo de projeto generativo para projetar espaços ou fazer espaços, e sim para criar nosso sistema estrutural e detalhes paramétricos, o que nos permite integrar o projeto dinamicamente ao corpo do edifício, com suas formas complexas, baseado em um sistema que tem sua própria lógica interna.

MS: Então é também paramétrico? Você pode mudar a forma do edifício parametricamente?

PS: É totalmente paramétrico. Em nossos projetos, nosso ponto de partida é sempre fundamentado em um processo de projeto paramétrico. Nós sempre fazemos um sistema paramétrico para começar a projetar, no qual incorporamos nosso partido e nossa lógica. Isso nos permite sempre adaptá-lo a circunstâncias locais e observar as consequências das nossas decisões de projeto.

MS: Então a complexidade do projeto é, na realidade, o resultado desta informação utilizada como dado de entrada para a nuvem de pontos, ou informação que você coleta do local.

PS: Não é bem que nosso projeto é generativo nesse sentido. Nós nos vemos como arquitetos, então projetamos uma certa forma ou corpo do edifício. Usamos ferramentas digitais e *scripting* para abastecer nosso projeto com informações, enquanto integramos todas as condicionantes. Nós temos, claro, pensamentos e ideias sobre o porquê e como as coisas funcionam de um jeito ou de outro. Porém, criamos um sistema que incorpora diferentes tipos de informação e os acomoda para cada tipo de projeto, cada forma idealizada. É possível concluir que nós criamos um sistema que nos permite certa liberdade de projeto, a partir de nossa própria perspectiva. Em nossa abordagem do projeto utilizamos o conceito de linhas de força, semelhante ao desenho de carcaças de veículos, para modelar e simplificar o corpo do edifício, ou uma barreira de som, ou uma parede de escala, todos esses diferentes tipos de produtos e construções.

MS: Que programas vocês usam?

PS: No momento nós usamos muito Rhino e Grasshopper. São fáceis de usar, acessíveis. Nós utilizamos muitas ferramentas diferentes, desde que o escritório existe. Nós usamos programação em Python também. Realmente, a escolha dos programas depende especificamente dos requisitos de projeto. Nós usamos Pro/Engineer e este tipo de

ferramentas paramétricas para engenharia, pois elas são muito precisas, o que nos ajuda a controlar a produção da geometria. Usamos AutoCAD também para projeto paramétrico, com rotinas AutoLISP para gerar este tipo de nuvem de pontos, e também para gerar os desenhos de todos os elementos. Nós também usamos ferramentas como Processing ou às vezes códigos .net, como C# ou Java, para realmente fazer nosso próprio programa exclusivo para realizar certas rotinas.

MS: É um uso intenso de computação! E vocês produzem modelos físicos?

PS: Dificilmente. É tudo muito digital. Claro que nós usamos croquis nas fases iniciais do projeto. Porém, tentamos, o quanto antes, começar a usar as ferramentas digitais, para implementar e pensar o projeto, desde cedo, em um contexto de processo completamente integrado. Assim, somos capazes de quantificar e controlar os parâmetros de projeto o quanto antes. Um dos elementos-chave na nossa estratégia de projeto é integrar não somente o máximo de informação, mas também o máximo de diferentes atores ou fatores que influenciam o processo de construção o mais cedo possível. O que nós, em nossos projetos, estamos tentando fazer, é criar uma plataforma onde podemos ser capazes de, logo no começo, trabalhar em conjunto com, por exemplo, os especialistas de construção, os engenheiros, os especialistas em conforto ambiental e térmico, etc. Trabalhando em um ambiente digital e incorporando todos esses diferentes fatores logo na primeira fase do projeto e tentando entender quais são as relações paramétricas entre esses elementos, para então criar um modelo com qualidade o bastante para que você possa desenvolvê-lo.

2. Fabricação de formas complexas

MS: Gostaria de perguntar sobre a fabricação de formas complexas. Alguns arquitetos pensam na fabricação, em como resolver as partes após terminarem o projeto. Vocês pensam logo no início? Como vocês integram a fabricação?

PS: Todos os nossos projetos são sobre produção *file-to-factory*, portanto integramos o pensamento sobre o processo de produção logo nas primeiras etapas. Eu diria que isso é essencial, se você quer criar formas mais complexas e geometrias diferentes. Para criar certa quantidade de liberdade com a margem da sua comissão, você deve entender e controlar o processo produtivo. Nós vamos bastante longe, de tal forma que nós basicamente atravessamos a cadeia de produção regular de um edifício, no qual nós realmente controlamos as máquinas e o processo logístico diretamente dos nossos modelos com o qual o edifício é projetado. Então, eu posso mostrar algumas imagens que ajudam a entender. Por exemplo, para o A2 *cockpit* o que nós fizemos foi um modelo 3D e nós geramos todos os diferentes componentes que são únicos em tamanho e formato e variáveis por todo o edifício. É uma faixa de barreira de som de 2,5km e integrado a isso existe uma loja de carros de luxo, onde o volume infla no meio da trajetória.

Existe uma transição suave da barreira de som para a loja de carros. Cada parte ao longo do projeto é diferente, então continuamente muda e cada elemento é diferente. Não há outro modo senão controlar o processo produtivo para fazer isso possível. Não há outro modo que você pode criar esse tipo de variação e fluidez com processos tradicionais, onde alguém tem que desenhar, vamos dizer, dez mil elementos mais ou menos. Nós tivemos que definir uma cadeia completa do desenho para o local de produção ser capaz de fabricar isto. Então nós diretamente geramos a informação para as máquinas de corte CNC para produzir todas barras de metal e nós.

Basicamente você tem uma longa barreira de som que infla e se torna essa loja de carros. Toda a complexidade da geometria é na realidade concentrada nos nós, todos os demais elementos são todos de comprimento diferentes, mas padronizados, de certa maneira eles são... retos.

MS: Similares?

PS: Eles são todos únicos. A lógica é sempre similar inclusive para os nós.

Há um detalhe paramétrico basicamente que permitem todos os tipos de ângulos diferentes, então acomoda todas as diferentes posições e variáveis. Uma das frases que usamos é: "Um edifício, um detalhe", então basicamente você projeta um detalhe paramétrico que permite adaptar as circunstâncias necessárias e ao ponto exato no edifício. Nós temos um único envelope que muda se for uma cobertura, uma lateral, uma parece ou um piso, mas basicamente é o mesmo detalhe. Então nós podemos rotacionar e acomodar todas essas mudanças, e isto é o que fizemos aqui. Os nós seguem todos os mesmos princípios, mas todos os ângulos são sempre diferentes.

MS: E sobre o vidro, as peças são do mesmo tamanho?

PS: Elas são todas diferentes.

MS: Elas são planas?

PS: Sim. Se a trama for boa você ainda consegue uma forma e sensação de curva suave. E também tem a ver com o orçamento da obra, tornando possível realizar. Pois vidro curvo é caro e complexo para ser feito. Há também o pensamento sobre qual tipo de projeto você quer alcançar, qual resultado você está buscando e controlar e saber o que é possível com os métodos de produção. Você não cria um projeto totalmente maluco em 3D e então você tem que usar vidro curvo tornando muito caro. Você acha um método que se encaixa em um orçamento de obra regular. Esse tipo de edifício que nós fazemos sempre se mantém em um orçamento rigoroso e fica dentro das restrições da comissão. Basicamente o objetivo é sempre ter certeza que você, em todas as fases, controla os seus parâmetros, o que é também o orçamento do edifício. Você não sai projetando no Rhino e então no final do processo de projeto você diz: ok agora outra pessoa resolve todos os problemas e meio que jogar o problema por cima da cerca... Pois assim você terá orçamentos excessivos e os custos fogem do controle. Isso é o que vem na mente das pessoas quando eles pensam em arquitetura e formas complexas; você não estaria criando um projeto complexo, mas um projeto complicado.

MS: Eu li um artigo do professor Oosterhuis, ele fala sobre a abordagem "prática experimental". Vocês têm uma equipe de pesquisa ou vocês estão trabalhando com a universidade?

PS: Kas é o proprietário do escritório e ele é também um professor na TU Delft, na qual ele possui um grupo de pesquisa, Hyperbody. Há é claro alguma troca, onde eles fazem muito sobre ambientes interativos, projeto generativo também, olhando para novos métodos ou possibilidades de espaços de arquitetura interativos, e também sistemas adaptativos. Isso é basicamente a pesquisa que é feita lá.

MS: Ele traz essa experiência para o escritório.

PS: Sim. Na realidade nós fazemos pesquisa em cada projeto, pois nós continuamente desenvolvemos novas estratégias para permitir que possamos construir o que quisermos. Isso é a maneira que usamos essas ferramentas digitais; basicamente nós começamos a programar para permitir certa liberdade no projeto e para criar as possibilidades de fazer formas complexas e diferentes. Trata-se de repensar sobre o processo e então desenvolver novos métodos de produção. Como no projeto A2 *cockpit* nós desenhamos essa nuvem de pontos, nós criamos um *script* no qual criaria a geometria e você obtém toda a informação gerada pelo código. Você pega todas as medidas de comprimentos, todos os elementos e então você adota um processo de produção digital existente. Todas as ferramentas que nós usamos já estão disponíveis nas indústrias. A única coisa é que eles usam de maneira diferente, nós controlamos de uma maneira diferente. Muitas dessas máquinas CNC são manualmente controladas, tem uma pessoa digitando o número do raio para dobrar, comprimentos dos elementos ou o que quer que seja. Nesse ponto nós dissemos: nós geramos todos os dados e nós colocamos diretamente na máquina e você pode criar uma maneira de manufatura completamente diferente. Então você pode fazer cada elemento diferente, pois não tem uma pessoa que precisará digitar números. Você pode

fazer isso em cada iteração e então você pode fazer um projeto totalmente de formas livres.

MS: O tempo e o dinheiro que você gasta é praticamente o mesmo para produzir as peças...

PS: Essa é a ideia que eu estava falando anteriormente, você pode ultrapassar a cadeia desse processo tradicional de construção, você pode começar a controlar a produção do seu ambiente digital. Isso permite você construir projetos complexos, dentro de um orçamento padronizado, nesse sentido é um modelo padronizado da indústria da construção existente.

MS: Nas figuras que você mostrou, existem números ou marcações controladas pelo programa?

PS: Basicamente, nós pensamos que não deve haver nenhuma intervenção manual. Do seu arquivo de projeto, do ambiente digital que você trabalha até o local da obra, não deve haver intervenção manual. Nesse ponto você pode ter uma montagem como se fosse uma estrutura Lego, algo assim, você apenas conecta os números certos. Isso tende a funcionar muito bem.

MS: Eles têm algum problema ou dificuldade para montar?

PS: Dificilmente. Você também reduz o tempo de obra com este tipo de coisa, pois você tem um sistema retilíneo de montar toda a sua estrutura. Você tem certeza que terá as peças certas e conectadas. Isso irá formar a sua forma complexa, sua geometria completa.

MS: Vocês têm, na Holanda, parceiros para usar as máquinas CNC? É difícil fazer essa parceria com a indústria que nunca produziu trabalhos de arquitetura?

PS: Eu acho que existe um certo limiar. Você tem que ganhar a confiança do produtor, que você é um arquiteto que é capaz de controlar esse tipo de dados e dar a eles a informação correta para que eles possam diretamente produzir as formas. No momento que você estabelece isso então é muito fácil fazer esse tipo de cooperação. Na Holanda existem algumas empresas que possuem esse tipo de maquinário disponível e talvez eles não saibam como explorar todo o potencial, mas eles têm em suas fábricas. Quando você tem acesso a isso e consegue envolvê-los logo nas fases iniciais do processo, você ganha confiança e segurança de ambos os lados. Então você pode começar a estabelecer esse tipo de processo produtivo, mas é extremamente crucial chamá-los quanto antes para ter essa troca e também uma compreensão do processo produtivo. O que é possível na linha de produção define muito os parâmetros no seu sistema. É importante trazê-los da maneira certa e essa é a única forma de ser capaz de manipular o processo. Então você sabe que pode fazer algo que é edificável com o quadro que você tem. Nós criamos muitos aplicativos customizados também dentro do Grasshopper, nós criamos muitos *scripts* e programação em módulos que permitem a troca de dados e tem uma conexão direta. Mas nós sempre tentamos olhar para a forma mais simples de comunicação de dados, então o processo se torna bastante leve e você comunica somente o que é necessário. No final para a parede de escalada o que nós comunicamos é apenas um arquivo de texto descrevendo as coordenadas e ângulos, e isso alimenta o *G–code* da máquina, há uma pequena conversão, mas você não alimenta a geometria completa definida em um programa como AutoCAD ou Rhino.

3. Impressão 3D e ornamento

MS: Vocês já usaram tecnologia de impressão 3D para um edifício?

PS: Não. É difícil. Tem um grande salto do corrente estado da impressão e manufatura aditiva para se ter a produção de elementos de alto nível de qualidade. Você pode ter uma impressora 3D, você pode ter na sua casa, mas a questão é: que tipo de produto você pode fazer com ela? É muito limitado no momento, pois a tecnologia não é tão avançada para fazer produtos de alto acabamento. Isso é uma das questões principais e também a transferência disso para o processo construtivo e para estruturas de construção de verdade; pois basicamente é muito difícil obter resistência suficiente e obter um bom acabamento. Nós estamos experimentando em diferentes níveis com isso, mas é muito difícil chegar a um nível que seja praticável. Também, se você comparar o tempo de produção que consome para imprimir é expressivo. Meu colega Gijs Joosen fez uma palestra um tempo atrás; ele comparou o tempo que levaria para fazer o edifício A2 *cockpit*, para fazer a geometria complexa dos nós. Levaria 9375 dias, em vez dos 13 utilizados e custaria €$ 40.500.000,00 em vez de €$ 135.000,00 se eles imprimissem em aço em vez da construção em aço com a produção file-to-factory. É interessante também olhar para a impressão 3D que você pode fazer o seu nó customizado, e fazer realmente ornamental. Isso pode trazer para outro nível a ideia de que o detalhe se torna um ornamento arquitetônico. Pode se tornar completamente projetado de propósito, há apenas material onde é necessário para guiar as forças e conectar os diferentes elementos.

Há uma grande lacuna para ser transpassada do uso de métodos construtivos que realmente já existem e você os adapta começando a controlá-los digitalmente. Tendo os níveis dos métodos produtivos existentes ou usando elementos de manufatura aditiva e adaptando-os de alguma maneira. Isso requer uma lógica de pensamento diferente. Existe um grande potencial nos métodos já existentes assim que você perceber que pode começar a repensá-los. Não se trata de reinventar a roda. O método de produção atual é muito mais sobre a reinvenção do processo.

MS: Essa é uma excelente resposta. Eu particularmente também acredito que temos um longo caminho até que a tecnologia 3D se torne mais barata e disponível para construção.

PS: Ainda assim, é questionável se seria possível reduzir o tempo de fabricação. Para ter certeza que você terá a facilidade e o equipamento de produção que você teria em outros métodos de produção digitais. Também nessa comparação, esses nós e a estrutura foram feitos em 30 dias e se você imprimir em aço isso seriam quase 10.000 dias. Esse tipo de diferença de tempo é uma lacuna é que dificilmente superável. É muito mais interessante criar um caminho de abertura do processo de produção industrial e fazer isso acessível digitalmente, e controlável digitalmente. Então você pode na realidade começar a projetar formas livres, seus diferentes tipos de projeto, e você até permite o usuário final a projetar com métodos de produção industrial de alto nível. Em vez de distribuir impressoras 3D para todo mundo e permitir que eles projetem coisas de plástico. Então isso é o que estamos desenvolvendo agora, algo como um tipo de produto. Nós temos diversos projetos no momento, mas nós fazemos mais projetos do tipo produto. Nós fizemos esse sistema de paredes de escalada, por exemplo, o qual eu estou bastante envolvido.

Basicamente, nós fizemos um aplicativo no qual você pode projetar sua própria parede de escalada e isso é conectado com todo um processamento canalizado no Grasshopper com o qual nós criamos toda a geometria para produção. Então nós podemos na realidade sentar com a pessoa que quer ter uma parede de escalada, rodar um *script* e nós temos um ambiente de projeto que gera diretamente ângulos e formas das superfícies. Você tem uma visão 3D total do que você está fazendo e também lhe dá a geração dos elementos, se eles estão corretos e se você tem o ângulo certo e se eles são comportados pelo sistema até a produção, então os parâmetros são incorporados nisso. Você pode começar mudando o sistema de paredes e com esse aplicativo a pessoa pode fazer em casa ou com um iPad, e então mandar para nós e começamos o trabalho e diretamente fazemos um projeto realizável. Você cria uma casca 3D completamente autoportante; é totalmente manufaturado digitalmente e entregue no local. A única coisa que você tem que fazer é montar as peças e você tem uma forma 3D.

MS: Você falou um pouco sobre ornamento. Você acha que nos tecnologias podem trazer um novo tipo de ornamento ou estética?

PS: Sim. Como eu vejo, não deve se tornar algo aditivo. Quando se torna uma

estratégia integrada então eu penso que realmente se torna esteticamente prazeroso, o detalhe se torna o ornamento. Por exemplo, no projeto A2 *cockpit* ou talvez na parede de escalada a estrutura completamente integrada se torna uma estética, se torna o ornamento. O detalhe ou o projeto se torna o ornamento. Esse é o lado de trás da parede de escalada, mas tem uma estética muito interessante. Isso também é muito diferente da maneira que abordamos em relação a outros escritórios, no qual o ornamento frequentemente se torna uma sobreposição ou adição. Claro, técnicas digitais permitem que você faça isso, mas então é meramente funcional como uma camada de fachada ou um vestido. A completa integração disso, o detalhe se torna o ornamento em si mesmo e você tem uma estética completamente integrada bem como em termos de estrutura do envelope. O edifício inteiro se começa a se tornar um único projeto fluido e integrado.

Como citar este capítulo

SEDREZ, M. **Um edifício, um detalhe**. Entrevista com Pieter Schreurs. In: CELANI, M. G. C.; SEDREZ, M. (Organizadores). Arquitetura contemporânea e automação: prática e reflexão. São Paulo: ProBooks, 2018. p. 167 a 173.

Versão traduzida do inglês e reeditada de SEDREZ, M. **One building, one detail**. Interview with the architect Pieter Schreurs, ONL. *Entrevista*, São Paulo, year 16, n. 064.04, Vitruvius, nov. 2015 <http://www.vitruvius.com.br/revistas/read/entrevista/16.064/5821/en>.

D04

Anne Save de Beaurecueil

Arquitetura responsiva

Anne atuou como professora na *Architectural Association School* de Londres, no *Pratt Institute* e na Universidade de Columbia, em Nova Iorque. Publicou, expôs e palestrou sobre o seu trabalho com o arquiteto e professor brasileiro Franklin Lee em diversos eventos internacionais, incluindo a Bienal de Pequim, a Bienal de Rotterdam, a Exposição Synthasoris em Atenas, o Festival de Arquitetura de Londres e o Festival de Linguagem Eletrônica em São Paulo. Sua pesquisa na A.A. School foi publicada na revista AD, na ArchiCree e no livro A.A. Agendas 7 - *Articulated Grounds: Mediating Environment and Culture*. Atuou em grandes escritórios, no âmbito profissional e acadêmico, como Bernard Tschumi, Zaha Hadid, Greg Lynn, entre outros.

A arquiteta também coordenou eventos da *A.A. Visiting Schools* no Brasil e trabalhou com projetos de arquitetura para ONG's, associações de moradores em favelas, escolas de samba do Rio de Janeiro, além de uma academia de boxe informal sob viadutos de São Paulo. Esses projetos foram realizados por meio da negociação entre entidades formais e informais, públicas e privadas, para produzir intervenções de impacto social, combinando computação e fabricação digital com técnicas construtivas, materiais e recursos locais.

A entrevista foi realizada presencialmente no LAPAC (Campinas — Brasil), em 1º de outubro de 2012.

1. Formação

Gabriela Celani e **Maycon Sedrez**: Gostaríamos que você começasse falando a respeito da sua formação e sobre os trabalhos nos escritórios em que atuou.

Anne Save de Beaurecueil: Cursei a graduação em arquitetura na Cal Poly em San Luis Obispo, que é uma cidade no meio da Califórnia, entre São Francisco e Los Angeles. É uma escola bem técnica e o curso tem cinco anos. Para muitos dos meus professores a sustentabilidade e o meio ambiente eram muito importantes. São Luís Obispo foi a primeira cidade americana a ter um programa de reciclagem. Lembro-me da casa de uma professora que tinha tubos de água instalados na fachada sul, pois eram usados como parte de uma estratégia de climatização passiva. Nossos professores viviam o que ensinavam. Faziam *brise-soleils* em suas próprias casas, e nos convidavam para vermos do que eles estavam falando. Ensinavam-nos com a prática, e isso fez uma grande diferença em minha formação. A arquitetura sustentável faz parte de minha formação; não é simplesmente uma tendência a ser seguida.

Depois de me formar na Cal Poly senti que me faltava uma formação na questão urbana, e resolvi ir a Paris para fazer um mestrado em *Architecture Urbaine* (arquitetura urbana). Não se tratava de planejamento de cidades inteiras; o curso era direcionado para a organização dos edifícios e dos espaços públicos na escala do quarteirão, de uma Z.A.C. (*zone d'aménagement concerté*). Com origens no plano de Haussmann, os Z.A.C.'s possuem regras bem definidas em termos de controle da geometria, materiais dos edifícios, e mesmo a modulação de janelas. Achei que esse tipo de urbanismo era muito rígido e não muito criativo.

Em seguida, trabalhei por dois anos com Zaha Hadid, em Londres, e esse foi meu primeiro trabalho de verdade; não foi apenas um trabalho de verão. Foi uma boa experiência; o escritório era bem menor do que é hoje — tem agora cerca de quatrocentas pessoas. Eu entrei para trabalhar em um projeto para um concurso, e nesse período éramos dezesseis pessoas, mas depois do concurso, por muito tempo, havia apenas seis pessoas trabalhando no escritório. A dinâmica de trabalho lembrava o ambiente acadêmico. Não havia muita hierarquia; era uma professora com seus alunos, e todos estavam envolvidos em fazer muitas opções de projeto. O trabalho era muito criativo. Obviamente a estética era muito importante. Zaha queria sempre estudar muitas opções para achar a melhor solução. Ao mesmo tempo, sempre teve a filosofia de criar uma organização fluida para o programa e a circulação.

Trabalhei no projeto da Cardiff Bay Opera House, onde a relação entre espaço público urbano e o programa tipicamente elitista do auditório foi totalmente transformada. Era o inverso da Ópera de Paris do Garnier; em vez de muitas camadas ou filtros protegendo e escondendo o auditório da cidade, no Cardiff Opera House ela usou uma praça inclinada, subindo da rua em frente, como o lobby do auditório, expondo as funções do edifício para o público externo.

Posteriormente, trabalhei para Ken Yeang na Malásia. Foi uma boa experiência em termos de arquitetura bioclimática, e pude trabalhar em todas as fases do projeto, desde o início até os desenhos executivos e a fase de construção.

Depois trabalhar para Ken Yeang, fiz um mestrado na Columbia University, em Nova Iorque. Tive como professores Hani Rashid, Greg Lynn, Sulan Kolatan, Alejandro Zaera-Polo e Farshid Moussavi que, nessa época, eram sócios no FOA — *Foreign Office Architects*. Era um período de grandes inovações na Columbia: eram os primeiros anos dos *paperless studios*, e tive contato com a arquitetura digital e a fabricação digital. Greg Lynn foi um dos pioneiros deste movimento, e tinha uma pesquisa muito produtiva na Columbia durante esta época, junto a outros professores, como Jesse Reiser e Nanako Umemoto, Evan Douglis e William MacDonald. Nesse período, Alejandro e Farshid estavam construindo o terminal portuário de Yokohama, uma das primeiras manifestações físicas desse tipo de arquitetura.

2. Projeto paramétrico

GC e **MS**: Como o uso de modelos paramétricos e programação entraram na sua formação? Quando você, realmente, começou a utilizar tais métodos e ferramentas?

ASB: Comecei usar modelos paramétricos na Columbia. Porém, mesmo no escritório de Zaha, onde ainda desenhávamos à mão, já trabalhávamos usando uma mentalidade paramétrica na produção de múltiplas alternativas. Fazíamos séries de iterações com sequências de rotações, operações de escala e *morphing*, como se estivéssemos produzindo isso em um computador. Essas construções geométricas eram feitas com maquetes ou mesmo desenhando, fazendo essas operações de virar, mudar a escala, mover, repetir. É porque Zaha pensa assim; ela faz muitos croquis. Acho que este método de trabalho deve ter influência da primeira formação dela, que era matemática. Ela insistia nessa questão de ser bem rígida em como pensar a geometria. Mas ainda não havia nada como hoje em dia, de ser tudo controlado pelo computador com *scriptings* ou modelos paramétricos. Por isso eu fiquei muito contente na Columbia, onde comecei a usar o computador para fazer o que já estava tentando fazer a mão.

GC e **MS**: Quer dizer que a primeira vez que você passou a usar esses métodos, usando o computador, foi na Columbia?

ASB: É, de gerar formas no computador, usar a matemática, usar a geometria. No fim, estava criando conexões entre informação e geometria. Tínhamos muitas aulas de computação fora do estúdio, como suporte para a pesquisa.

GC e **MS**: E as aulas de computação eram dadas por professores das ciências da computação ou por arquitetos?

ASB: Eram arquitetos; José Sanchez, por exemplo, já lecionava lá. Alguns professores de arquitetura usavam o software Maya, como Greg Lynn. Alejandro Zaera-Polo usava o AutoCAD, porém de uma maneira bem mais avançada, quase que paramétrica, para projetar o edifício de Yokohama (fig. 92). Essa foi a primeira vez que usei elementos paramétricos, associando informações, números com formas e transformações geométricas.

GC e **MS**: Antes disso, no Ken Yeang, você já usava o computador, mas só para representação?

ASB: Sim, usava o AutoCAD apenas para fazer desenhos técnicos. Mas os engenheiros estavam usando programas avançados para fazer simulações em túnel de vento dos edifícios, para calcular a energia economizada pelo uso de *brise–soleils* e outros componentes ambientais.

GC e **MS**: E com Bernard Tschumi?

ASB: No escritório de Bernard Tschumi usei o Maya para gerar a geometria de dois edifícios de um complexo para a *Flórida Internacional University School of Architecture* em Miami, usando *wind dynamics* e *force fields* para esculpir as formas. Foi uma experiência boa e aprendi muito, porque os edifícios foram construídos e eu acompanhei todo o processo, do projeto à construção.

Depois que trabalhei com Bernard, comecei a trabalhar com Franklin Lee em nosso escritório, SUBDV, fazendo trabalhos na China e no Brasil, usando desenhos paramétricos. Nessa época comecei a ensinar no Pratt Institute. Quando Bernard deixou o cargo de diretor em Columbia, muitos professores que estavam ligados à questão do *parametric design* foram para o Pratt. Evan Douglis, por exemplo, que era um professor muito importante nos anos 1990, na Columbia, foi diretor do programa de graduação no Pratt. William MacDonald, outro professor muito importante na área de desenho, também se tornou diretor do programa de pós-graduação do Pratt, e posteriormente alguns de seus ex-alunos começaram a ensinar no Pratt. Ao menos três ou quatro professores todos os anos usavam desenho paramétrico; mas nem todos usavam esse método, é claro.

92
Yokohama Terminal.

Havia um grupo de professores usando softwares e conceitos computacionais. Nas apresentações de projetos, sempre convidávamos duas ou três pessoas que entendiam o que estávamos fazendo, além de outros que faziam coisas totalmente diferentes, promovendo uma discussão. É muito importante associar o *digital design* ao contexto urbano, ao desempenho climático e a outros assuntos importantes para a boa arquitetura. Franklin e eu sempre fizemos essa ligação com os outros aspectos da arquitetura, particularmente com projetos sociais e com projetos bioclimáticos. Nós queríamos fazer arquitetura, trabalhar o programa. Não queríamos fazer apenas *digital design*. Dessa maneira, tínhamos assunto para discutir com os outros professores que não usavam necessariamente recursos digitais; havia diálogo com eles.

Em 2004 parei de trabalhar com o Bernard Tschumi e comecei a trabalhar somente com o Franklin no SUBDV, mas continuei ensinando. Em 2005 fomos para a Inglaterra para dar aulas na *Architectural Association School* e gostamos muito de lá, porque, em vez de um semestre, tínhamos um ano inteiro para desenvolver os projetos com os alunos. Algumas vezes os projetos eram desenvolvidos ao longo de dois anos, porque os alunos faziam o quarto e o quinto anos conosco, aprofundando a pesquisa e desenvolvendo trabalhos mais interessantes. Sentimos que, na A.A., fizemos realmente uma pesquisa em projeto, mas ao mesmo tempo havia uma pesquisa sobre o *ground*, sobre a arquitetura brasileira, e arquitetura social. Acho que para nós a arquitetura do Brasil sempre foi algo muito importante. Mesmo não havendo uma palavra em português para o conceito de *ground*, ele é totalmente brasileiro.

3. Arquitetura Brasileira

GC e **MS**: Você acha que o conceito de *ground* é inspirado na obra de Niemeyer?

ASB: Niemeyer, Escola Paulista, Artigas, o Museu da Escultura, a FAU-USP... esse estudo do *ground* quebrando as hierarquias que existiam em um edifício tradicional. Na FAU-USP (fig. 93), por exemplo, você entra e não há portas. Existe uma fluidez entre fora e dentro, entre os departamentos e os estúdios... tudo é ligado por rampas. Essas ideias exerceram grande influência sobre os arquitetos europeus dos anos 80, começando com Rem Koolhaas, Zaha, e depois FOA, MVRDV, etc., inspirados por essa arquitetura brasileira do *ground*.

GC: Niemeyer eu já imaginava, mas inclusive o Artigas era conhecido? O Paulo Mendes era conhecido?

ASB: Não sei se para eles. Mas para nós sim, pois fizemos o mestrado na Columbia, que tinha a parte de projeto, mas também de teoria. A Columbia é muito boa em termos de teoria. Tem a maior biblioteca de arquitetura do mundo. Eu estava fazendo uma pesquisa histórica, e fiz uma comparação entre Frank Lloyd Wright e Artigas; mostrei que Wright viajou para o Brasil e foi influenciado pela arquitetura brasileira. E, quando ainda era estudante, Artigas viajou aos Estados Unidos para conhecer a arquitetura do

93
FAU USP.

Frank Lloyd Wright. Havia ligações entre o Guggenheim e a arquitetura brasileira da época. Todo mundo conhece Niemeyer; na minha pesquisa eu queria mostrar a outra arquitetura brasileira, a da escola Paulista, como Artigas e Mendes de Rocha, que estavam trabalhando com o conceito de *ground*. Há também uma nova geração, entre eles os arquitetos Eurico Prado Lopes e Luiz Telles, que projetaram o Centro Cultural São Paulo (fig. 94) entre o final dos anos 1970 e início dos 1980, aplicando o conceito de *ground*. Pode-se dizer que esse projeto é o avô de Yokohama do FOA, porque é realmente um *landscape building*, um edifício de paisagem, inserido no contexto. O edifício tem uma fluidez incrível. O exterior é ligado ao interior, com uma entrada inclinada que faz continuar a calçada da rua dentro do edifício, e com todos os espaços conectados por um sistema de rampas.

Essa arquitetura do *ground* foi a base das pesquisas que fizemos no A.A., só que nós queríamos resgatar essa arquitetura dos anos 1980, pois já nos anos 2000 ninguém mais falava do *ground*. Nós queríamos retomar essa pesquisa, mas de maneira mais articulada. O Yokohama é incrível, mas é muito monolítico. Não tem uma articulação para fluxos e forças menores, como os fluxos do meio ambiente, como o sol, o vento. Nós queríamos incorporar mais fluxos. Um novo tipo de articulação. Por isso criamos o conceito de *articulated ground*. Usar o *ground* dos anos 80 e 90, mas com uma articulação com as componentes mais inteligentes dos anos 2000. Todas as pesquisas de arquitetura paramétrica eram bem mais sensíveis aos fluxos de sol, vento, pessoas. Talvez o Maya fosse melhor para controlar as superfícies, mas agora, com o projeto paramétrico, podemos controlar componentes para fazer um edifício mais responsivo, menos monolítico.

94
Centro Cultural São Paulo.

Essa foi mais ou menos a base das pesquisas no A.A.: considerar sempre o meio ambiente, mas com uma visão diferente da sustentabilidade ensinada por nossos professores da Cal Poly. Nós queríamos ligar o controle do meio ambiente à cultura e aos fluxos urbanos. As manipulações do *ground* ajudam a mediar forças culturais. Usamos o *ground* para articular o movimento das pessoas e as relações entre as elas, o programa e os eventos.

GC e **MS**: Você poderia falar um pouco sobre o que você acha da arquitetura brasileira e da formação do arquiteto no Brasil?

ASB: Acho que o Brasil passou recentemente por uma época em que não havia muita intensidade em termos de arquitetura interessante. Os que têm esse fundamento de arquitetura de *ground* são os arquitetos modernos. Estou mais interessada no projeto do *ground*, na ligação entre programas, do que na parte formal do moderno e do modernismo. Eu acho interessante que o modernismo importado da Europa foi totalmente transformado aqui para ser mais ligado ao meio ambiente, mais tropical. O modernismo, que começou na Europa para representar uma filosofia, foi totalmente comercializado e industrializado nos Estados Unidos, com a produção em massa, como nos sistemas de *curtain wall* padronizados. Aqui foi interpretado para criar uma coisa mais aberta, o *free ground*.

No Brasil, logo no início do modernismo, foi feita essa ligação entre Le Corbusier e Niemeyer dentro do escritório do Lucio Costa, esse acordo para fazer o Ministério da Saúde. Essa interação entre países e ideias é

muito importante. O modernismo começou assim: o Le Corbusier veio falando de seus *five points*, mas foi interpretado. Quando o Brasil era mais fechado, havia menos conversações; parece que agora, em função da economia, as coisas estão mais abertas. Os arquitetos estrangeiros que estão vindo para cá não deveriam simplesmente importar as ideias de fora — eles precisam entender os materiais e a cultura local. Nós gostamos da ideia do *high–low* para introduzir tecnologias novas dentro do contexto brasileiro. Existe esse estudo do *high tech* de lá, mas como misturar isso com as baixas tecnologias daqui? É uma maneira de introduzir tecnologias do exterior, mas com coisas de baixa tecnologia de projeto. Por exemplo, usar materiais reciclados com componentes para encaixes fabricados em máquinas de corte a laser ou fresadoras CNC. É preciso repensar o que é universal, a arquitetura contemporânea, de uma maneira mais brasileira, usando técnicas e culturas locais. Acho que é uma coisa que está começando no Brasil, havendo essa fase de troca de ideias com arquitetos daqui, podemos ter novamente o que aconteceu nos anos 30 com Le Corbusier e Niemeyer, e criar uma nova geração de arquitetura brasileira.

4. Formação de arquitetos no Brasil

GC e **MS**: Você poderia falar um pouco sobre o acha da formação do arquiteto brasileiro? Acredita que o arquiteto brasileiro está preparado para, por exemplo, como você, ir trabalhar com o Ken Yeang a Zaha Hadid? Está preparado para enfrentar a arquitetura no mundo?

ASB: De uma maneira sim, porque aqui é tudo muito prático. Eles podem entrar em um escritório e ser úteis; parece que todos os alunos fazem estágio. Acho que este é um ponto positivo. Por outro lado, como eles têm oito matérias e trabalham todos os dias, eles têm menos foco na pesquisa, menos foco no projeto, simplesmente porque têm menos tempo. Não é que não queiram, eles têm energia, são inteligentes, são animados para aprender a fazer, mas parece que não têm o tempo. Acho que é o luxo da A.A.: ninguém trabalha. Em Nova Iorque, também, ninguém trabalha durante o ano acadêmico. Eles trabalham apenas durante o verão, durante as férias, mas ninguém trabalha durante o ano. Além disso, eles fazem apenas quatro outras matérias e se concentram mais no projeto, são mais produtivos, o que, no fim, eu acho que ajuda muito para criar arquitetos que vão fazer arquitetura original e criativa em cinco anos. Quando estudei na Cal Poly, as pessoas me diziam: "você vai achar um trabalho muito facilmente, pois está tendo uma formação muito técnica". Mas, depois, grande parte dos arquitetos que saem da Cal Poly não abre seu próprio escritório; no início, a maioria trabalha como *cad monkeys* e, só depois de uns cinco anos, alguns começam a fazer seu próprio trabalho, mas a maioria não faz um trabalho muito inovador porque não havia este tipo de formação durante a escola. É importante de ter uma boa educação não só na parte técnica, mas em projeto, em pesquisa, ter um tempo para realmente desenvolver a sua própria pesquisa em projeto.

GC e **MS**: Ainda com relação à formação do arquiteto no Brasil, você acha que a falta de formação na maioria das escolas na área de fabricação digital, arquitetura paramétrica, é um problema, uma dificuldade para depois ir para o mercado exterior?

ASB: Sim, e mesmo aqui, a construção é tão atrasada em comparação com outras indústrias brasileiras, que são bem mais avançadas. Se os arquitetos não estiverem usando técnicas novas, não vão pressionar a indústria de construção para mudar. Nós estamos fazendo um projeto agora e todo construtor que encontramos se mostra fechado às novas tecnologias. Acabamos buscando pessoas que produzem barcos, pois eles são os únicos abertos, que entendem a nossa língua. Eles usam Rhino, eles fazem objetos paramétricos, usam superfícies curvas. Então acho que, para realmente avançar na construção, é preciso começar com os alunos, pois eles irão pressionar a indústria, irão inspirar a indústria. Isso ocorre em todo lugar. Na Inglaterra há muitas empresas que realmente podem fazer coisas mais complicadas, mas isso também começou com a demanda dos arquitetos, e hoje outros escritórios podem usar essas tecnologias mais avançadas. É muito importante incorporar essas novas tecnologias à cultura dos arquitetos; não pensar isso apenas como uma novidade, pois isso pode economizar muito tempo em termos de projeto e dinheiro em um escritório. É uma maneira de avançar e de fazer coisas mais inovadoras, mais interessantes, não apenas repetir coisas que estão acontecendo lá fora. É preciso fazer essa fusão da arquitetura e da cultura brasileira com a nova tecnologia que vem de fora.

5. Ferramentas e avaliação

GC e **MS**: Havia também pessoas da área de matemática e computação nessa equipe trabalhando na A.A.?

ASB: Não na equipe, diretamente, mas dentro do *Specialist Modeling Group* (SMG) do escritório de Norman Foster. Havia, por exemplo, o Hugh Whitehead, que começou o SMG, o Robert Aish, que criou o Generative Components, e o filho dele, Frank Aish, que ainda trabalha com o Norman Foster. A pessoa do SMG com quem trabalhamos era o Adam Davis, que estudou matemática antes e depois fez arquitetura na *University of Pennsylvania*. Começamos com o Generative Components, mas depois o Grasshopper virou uma ferramenta importante nos anos de 2008–2009. Gostamos de Rhino, pois facilita a fabricação digital. Tudo começava no Generative Components, no Maya, mas tudo tinha de ser finalizado no Rhino. Com o Grasshopper, podíamos fazer tudo no Rhino.

Uma coisa boa na A.A., que ajudou nossa pesquisa, foi trabalhar diretamente com engenheiros dos escritórios Buro Happold e Arup. Além disso, podíamos contar com pessoas do *Specialist Modeling Group* de Norman Foster, que ofereciam *workshops* de Generative Components. Nessa época, antes de 2008, algumas grandes empresas inglesas estavam colaborando muito com as universidades. Era uma maneira de desenvolver pesquisa.

GC e **MS**: Quer dizer que, como professora de projeto, você tem tido melhores resultados com o Grasshopper do que você tinha com antes com o Generative Components?

ASB: Não sei. Bons resultados não estão ligados ao programas utilizados. O que é mais importante é a criatividade e a inteligência do design. A última vez que nós usamos o Generative Components os alunos fizeram projetos muito legais. Nós nunca ensinamos somente um software; oferecíamos *workshops* e os alunos escolhiam; o software não era a coisa mais importante. Muitas coisas eram feitas à mão, mas quase todo mundo no estúdio tentava usar softwares paramétricos, ao menos, para desenvolver a parte inicial do projeto. Na A.A. dá-se muita independência aos alunos. Por exemplo, se eles querem usar apenas Excel e FormZ, eles podem. Mas eles precisam ter o mesmo rigor, produzir o mesmo tipo de experimentações e obter a mesma qualidade de resultados que se estivessem usando programas mais sofisticados. Dentro do Unit [disciplina de projeto] oferecíamos *workshops*, mas, além disso, os alunos tinham cursos de *Media Studies* de seis semanas, e outros *workshops* de um dia para aprender a usar os programas. Apesar da disciplina de projeto ter apenas duas aulas semanais, os alunos trabalhavam muito fora do horário de aula. O treinamento de Grasshopper e de Generative Components, por exemplo, era dado em um sábado ou em sessões à noite, para podermos ter os professores do Foster, pois eles não tinham disponibilidade para vir durante o dia. Eu também participava com os alunos, para ir aprendendo. Comecei ensinando o que eu já conhecia, mas depois convidei pessoas de fora e fui avançando meu conhecimento.

GC e **MS**: É interessante ter as oficinas em paralelo ao desenvolvimento do processo. Você acha que, em algum momento, a falta de conhecimento das ferramentas prejudicava o desenvolvimento do projeto na disciplina?

ASB: No início, como em todo lugar, as pessoas acham muito difícil aprender tudo. Dizemos que as primeiras quatro semanas de aula são o *bootcamp*, o treinamento básico. Como os alunos da AA fazem

poucas disciplinas — história, matemática e estrutura, matérias com menor carga horária — eles têm mais tempo para se dedicar à disciplina de projeto, especialmente no início do ano, para aprender a usar os programas. Nós também trabalhávamos muito com os engenheiros e com o diretor do programa de *Sustainable Environmental Design*, Simos Yannas, para ajudar a desenvolver as partes mais técnicas dos projetos.

Quando dávamos aula no Pratt, em Nova Iorque, éramos mais ditadores; todos os alunos deviam seguir nossa metodologia. Mas, na A.A., precisávamos ser mais abertos. Isso funciona muito bem para alunos bons; eles encontram a sua própria maneira de trabalhar dentro do *framework* que oferecemos. Eles sabem o que você está propondo em termos de uma estrutura, mas fazem coisas que lhes interessam, encontrando outras forças e influências. Eu e Franklin gostamos disso; quando temos alunos bons, funciona muito bem. Por outro lado, quando tínhamos alunos que queriam um projeto muito fora da realidade, era mais difícil. Nós os aconselhávamos a elaborar uma estrutura ou a seguir nossa sugestão, pois sabíamos que iria funcionar. Essa é a coisa mais difícil da A.A.: você tem toda a liberdade de propor o que quer, de fazer o que quiser com os alunos, ninguém te fala nada em termos do que fazer, mas no fim do ano você não tem direito de mudar a banca, que é escolhida pelo diretor. Na banca sempre há alguém que simpatiza com a pesquisa e alguém que pode ser totalmente contra. Esses três ou quatro professores convidados decidem se o aluno é aprovado ou não. Não havia notas A, B ou C; apenas *pass* ou *fail*, e às vezes era muito difícil. No fim do ano os alunos precisavam saber explicar os projetos de uma maneira que os professores entendessem, tratando dos assuntos que interessavam a eles; assuntos mais gerais, mais ligados a questões urbanas. Isso era muito bom, pois tínhamos a oportunidade de fazer uma coisa bem focada na nossa pesquisa, mas também éramos forçados a pensar em outros aspectos. Enfim, era sempre como uma luta para defender a nossa pesquisa, e isso nos ajudou a avançar, porque aprendemos como argumentar melhor. Em Nova Iorque era muito fácil: convidávamos para a banca final todos os nossos amigos, nossos antigos professores... era quase como uma festa. Era bom, mas às vezes não havia crítica. As pessoas eram muito diplomáticas. Na A.A. eu acabei me tornando mais crítica com os alunos.

Como citar este capítulo

CELANI, M. G. C.; SEDREZ, M. **Arquitetura responsiva**. Entrevista com Anne Save de Beaurecueil. In: CELANI, M. G. C.; SEDREZ, M. (Organizadores). Arquitetura contemporânea e automação: prática e reflexão. São Paulo: ProBooks, 2018. p. 174 a 181.

Versão reeditada de CELANI, G; SEDREZ, M. Entrevista com Anne Save de Beaurecueil. **Entrevista**, São Paulo, ano 14, n. 055.01, Vitruvius, jul. 2013 <http://www.vitruvius.com.br/revistas/read/entrevista/14.055/4776>.

D05

Peter Mehrtens

Do projeto à fabricação

As novas tecnologias de fabricação digital podem ser utilizadas, por escritórios de arquitetura, de três maneiras diferentes: montando seu próprio grupo de especialistas dentro da empresa, estabelecendo parcerias com equipes externas vinculadas às indústrias de fabricação digital ou recorrendo a consultores independentes, que são mais flexíveis, mas ainda muito raros no mercado. O arquiteto alemão Peter Mehrtens representa, simultaneamente, o segundo e o terceiro casos: é chefe da equipe de concepção computacional da Bemo Systems e sócio de uma firma de consultoria chamada *Design to Fabrication*. Mehrtens é também professor em tempo parcial da Volkshochschule Schwäbisch-Hall e da VHS-Stuttgart.

Na Bemo Systems, empresa alemã especializada em sistemas de fachada, Mehrtens tem desenvolvido soluções para edifícios projetados por alguns dos arquitetos mais influentes do mundo: "Wei Wu Ying Center For The Arts", Kaohsiung, Taiwan (Mecanoo), "Zagreb International Airport", Croatia (Neidhardt architects / Institut IGH), "Baku Convention Center", Azerbaijan (Coop Himmelblau), "Salzburg Schallmoos Main Station", Áustria (Kadawittfeldarchitektur) e "Mriya Sanatorium", Jalta, Crimea (Foster and Partners).

Peter Mehrtens veio ao Brasil em março de 2015 para participar de encontros e discussões promovidas pelo projeto "Arquitetura contemporânea e automação: prática e reflexão", financiado pela Fundação de Amparo à Pesquisa do Estado de São Paulo (Fapesp) e organizado pelo Laboratório de Automação e Prototipagem para Arquitetura e Construção (LAPAC) da Universidade Estadual de Campinas (Unicamp). Em entrevista aos pesquisadores do LAPAC, falou sobre fabricação digital, diferenças entre abordagens e tecnologias usadas pela Bemo na Alemanha e no Brasil, e revelou suas opiniões sobre o ensino de projeto generativo e fabricação digital.

A entrevista foi realizada presencialmente LAPAC (Campinas/Brasil) em março de 2015.

1. Fabricação digital

Wilson Barbosa Neto: Nas coberturas com formas complexas que você nos mostrou, quais são os processos digitais empregados para o desenvolvimento das estruturas metálicas?

Peter Mehrtens: Quando diversos fornecedores para a construção de um mesmo edifício empregam alguma abordagem digital, isto geralmente assegura que os componentes de cada um serão fabricados com um nível de precisão dimensional muito alto, mas isso nem sempre assegura que a montagem no canteiro terá a mesma qualidade. No projeto da Áustria, por exemplo, a estrutura da estação de trem foi realizada com corte a plasma. Outra estrutura, em Taiwan, dependeu de muito trabalho manual; especialmente nas subestruturas, não ocorreu tanta participação da fabricação digital quanto seria possível. Acredito que as coisas vão caminhar para este lado no futuro, mas, em geral, isto depende da realidade do local onde a fabricação da estrutura ocorre.

WBN: Você usa técnicas de fabricação digital para criar modelos em escala reduzida no desenvolvimento dos seus projetos?

PM: Às vezes fazemos *mock-ups* para esclarecer detalhes, geralmente em escala 1:1. Quando se trata de uma subestrutura, ela é, em geral, construída à mão. Então, nestes casos, poderia responder que não. Por outro lado, quando criamos painéis para uma maquete, estes são fabricados digitalmente e, neste caso, posso responder que sim. Contudo, se nós estamos falando sobre etapas na produção, o que tenho visto são impressoras 3D na fase de concepção em pequena escala, mas isto é apenas para leiautes. De fato, nós recentemente adotamos impressoras 3D para estudo quando estamos desenvolvendo novas peças, componentes de subestruturas ou mesmo parte de substruturas, antes de iniciar a fresa em alumínio. Ao fim do processo, temos algo produzido a partir de ferramentas personalizadas, em termos de fabricação metálica. Então, sim, nós empregamos tecnologia de prototipagem digital para pesquisa e desenvolvimento de produtos dentro da empresa.

Gabriela Celani: Poderia descrever o tipo de trabalho que você e sua esposa desenvolvem na *DesignToFabrication*?

PM: *DesignToFabrication* cria plug-ins CAD personalizados para indústrias de fabricação, arquitetura, engenharia, construção e desenho industrial. O desafio é criar soluções feitas sob medida para processos de fabricação específicos, que usualmente não são de domínio público. A maior parte do trabalho concentra-se em componentes personalizados, que se somam às ferramentas nativas do Rhino e Grasshopper, e são destinados à geração de modelos geométricos paramétricos em sistemas de fachada para edifícios.

GC: Qual é o perfil típico de seus clientes, por que e como eles procuram pela sua empresa?

PM: Grande parte dos contatos que tenho deriva, de alguma maneira, de minha atividade docente. A maioria dos serviços terceirizados, relacionados a projetos em desenho industrial ou indústria automotiva, são contratados sob termos de confidencialidade, de forma que nosso trabalho é geralmente mantido sob sigilo. Nós não mantemos *website* e temos, por parte dos nossos clientes, a confiança de que seus dados são estritamente confidenciais.

2. Do escritório para a indústria

WBN: Como a Bemo recrutou você?

PM: A contratação foi uma decorrência de minha atividade docente. Eu estava lecionando CAD paramétrico, Grasshopper, modelagem em Rhinoceros e técnicas de *scripting* e alguns de meus alunos eram técnicos e arquitetos trabalhando para a Bemo. Eles me recomendaram e a empresa entrou em contato comigo. Eu fiquei impressionado com a unidade de novas tecnologias da Bemo. Eles haviam desenvolvido, junto com um fabricante, uma máquina inteiramente nova, para a qual ainda não existiam algoritmos para gerar os dados que a fizessem trabalhar. Sequer havia, naquele momento, experiência anterior para construir as fachadas de edificações com formas livres. Foi uma feliz coincidência, o fato de eu ter algo a oferecer, e eles terem desafios interessantes para serem resolvidos.

WBN: Porque a Bemo montou uma equipe de projeto? Qual o significado de incorporar arquitetos na planta de uma fábrica?

PM: A principal razão é a complexidade de um projeto de fachada com formas livres, que exige certo conhecimento de projeto generativo como de detalhes construtivos. Em certos casos, os arquitetos que desenvolvem o projeto conceitual não têm necessidade de manter profissionais tão especializados em seus escritórios. A Bemo já tinha uma equipe de projeto pronta, apta a resolver questões que vão de detalhamento a aspectos estruturais e, agora, este serviço está abarcando o auxílio para edificações de formas livres e projeto generativo.

WBN: Então, de certa forma, vocês estão fazendo a ponte entre fabricantes e arquitetos?

PM: Exatamente! Existe uma lacuna de conhecimento a ser vencida entre o fabricante e o escritório de projeto. E, obviamente, existem muitas maneiras diferentes de fazê-lo: você pode procurar ajuda fora do escritório ou montar sua própria equipe de especialistas. Esta decisão se baseia não apenas na viabilidade econômica de manter mais funcionários, como em criar uma equipe bem entrosada que se sente parte de algo maior. É por isto que nem sempre vale a pena terceirizar.

WBN: Quantas pessoas trabalham na sua equipe de projeto? São arquitetos ou possuem outro tipo de formação? Há estudantes trabalhando como estagiários?

PM: Há uma certa variedade de profissionais na nossa equipe. Nós temos arquitetos, engenheiros civis, desenhistas e técnicos formados (desenhistas com formação complementar e enorme capacitação em detalhamento). Temos estudantes que estão estudando tecnologia de fachadas na Universidade de Ciências Aplicadas. Eles trabalham e estudam: permanecem na empresa por três meses e então retornam à faculdade por outros três. Trata-se de um programa de formação técnica.

WBN: Em qual estágio do projeto você costuma entrar?

PM: Graças à modularidade dos componentes da Bemo, eu sou apto a colaborar já no projeto conceitual, auxiliando na modelagem geométrica para a produção. Contudo, nem todos os projetos chegam à minha equipe no mesmo estágio, isto varia muito de caso a caso. Há ocasiões em que somos chamados a participar quando as decisões já evoluíram em certo sentido e isto torna realmente difícil voltar atrás e mudar alguma coisa. Algumas vezes o projeto já estava na etapa de pré-contratação. E nós tivemos alguns projetos, penso eu, que foram mais frutíferos e a colaboração funcionou melhor porque começamos a trabalhar juntos o mais cedo possível. Por exemplo, é que temos feito para Foster and Partners. Também trabalhamos com Mecanoo, há alguns anos, em um projeto de uma estação ferroviária em Taiwan. Quanto mais cedo começamos, mais fácil é expressar e explicar todas as possíveis interdependências. As vezes isto implica em parametrizar projetos para escritórios de arquitetura que até então estavam trabalhando com representações convencionais de desenho.

3. Questões técnicas

Juarez Moara Santos Franco: As chapas no sistema de cobertura da Bemo possuem nervuras. Elas funcionam como enrijecedores para aumentar a resistência à flambagem? Qual o modelo numérico que vocês adotaram para estimar esta resistência? Os esforços internos nos painéis são calculados para a estrutura completa ou peça a peça?

PM: O enrijecedor, ou nervura, é adicionado na primeira fase de fabricação da peça. Eles previnem a flambagem nos painéis quando as abas que servirão de costura entre peças adjacentes estão sendo dobradas. Quando há uma curva na vista superior de um painel isto significa que uma região da peça está sendo tracionada ou comprimida, o que acarreta tensões em toda a seção dela. As nervuras paralelas às linhas de costura entre as peças (onde estas tensões estão sendo criadas) ajudam a acomodar estes esforços e, portanto, desempenham um papel fundamental, evitando a presença de tenções iniciais nos painéis. Nós usamos análises baseadas no método dos elementos finitos durante a prototipagem digital no desenvolvimento de um projeto. No entanto, para qualquer painel, nós já temos algoritmos pré-definidos e conhecemos os limites a favor da segurança. Assim, não é preciso rodar uma análise baseada em elementos finitos para cada seção para estimar resistência ou esforços, mas nós temos engenheiros de estruturas na equipe que fazem as verificações de segurança em questões globais. Quando você sabe as ações de vento sobre a fachada do edifício, conhece as forças que precisam ser transmitidas para a estrutura, a densidade dos elementos de fixação necessários e a quantidade destes elementos que você deve transportar. Para estes casos, nós usamos algoritmos que usam, de alguma forma, tecnologia baseada no método dos elementos finitos.

JMSF: Se for necessário substituir um único painel após a conclusão da obra, isto é simples? Como ele é produzido?

PM: Você removeria o painel danificado e o substituiria por outro com os mesmos encaixes. Há duas opções para isto: ou içar um segundo painel, idêntico ao primeiro, e refazer a costura original entre as peças adjacentes, ou usar um painel mais largo e cobrir o anterior. No entanto, se a máquina já não está mais no canteiro, a peça só pode ser produzida onde a máquina estiver naquele momento e o painel deve ser despachado. Para produzir uma única peça, é altamente improvável que a máquina da Bemo vá ser transportada. Trata-se essencialmente de uma troca. Se for um painel longo, difícil de transportar, ele pode ser dividido em partes menores e soldado na obra; isto é uma decisão de caráter econômico. Mas isto quase nunca acontece, pois a cobertura metálica de emenda vertical é uma tecnologia construtiva de vida longa. Algumas vezes, quando a pintura é danificada, basta repintar o componente.

4. Bemo da Alemanha e Bemo do Brasil

GC: Qual a diferença entre a Bemo na Alemanha e a Bemo do Brasil? Quais são seus principais campos de atuação?

PM: Bemo é uma aliança entre empresas. A Bemo do Brasil é controlada por seus proprietários brasileiros, ao passo que a Bemo Project Engineering e a Bemo Systems também são propriedades diferentes, operadas a partir da Alemanha. Isto significa que nós fazemos produtos semelhantes, mas a Bemo do Brasil é uma companhia que fabrica e instala coberturas, enquanto a Bemo Systems e a Bemo Project Engineering são basicamente um escritório de engenharia em uma *holding* que também tem instalações para a produção. Isto significa que nós projetamos e fabricamos fachadas de edifícios como um kit de montagem, mas nós não temos equipes para vão ao canteiro para fazer a instalação. A maior diferença, provavelmente, é a tecnologia. A Bemo alemã é uma unidade de produção de painéis de forma livre. Trata-se de uma tecnologia controlada digitalmente e que pode produzir painéis personalizados em massa em um ambiente industrial digital. A Bemo do Brasil colabora com a Bemo Project Engineering para projetar e executar formas complexas.

GC: Alguns dos trabalhos que você nos mostrou têm os atributos de uma arquitetura de alto nível. Eles empregam material industrial e possuem um caráter extremamente sofisticado. Não se vê este tipo de obra no Brasil, talvez porque não haja maquinário para trabalhar com chapas em dupla curvatura ou porque simplesmente não haja demanda por aqui. As pessoas talvez tenham a idéia de que o resultado seja demasiadamente industrial. Uma exceção foi a arena das Dunas em Natal. Você poderia contar qual foi o papel das duas empresas nesse empreendimento?

PM: Nesse estádio da Copa do Mundo da FIFA no Brasil, a Bemo do Brasil fechou o contrato global para a montagem do sistema de fechamento sobre a estrutura reticulada espacial, que foi executada por uma outra empresa de construção metálica, contratada pelo empreiteiro geral da obra. O projeto inicial foi uma concepção de *Populous*. Embora o projeto conceitual já estivesse definido, a sua execução foi deixada a cargo do empreiteiro geral, que por sua vez passou a tarefa de criar as superfícies e os painéis para a Bemo. Nesse ponto, a Bemo Project Engineering na Alemanha assumiu a responsabilidade pela modelagem paramétrica e pelo projeto gerativo de distribuição dos painéis. A forma do estádio tinha regiões com uma dupla curvatura muito acentuada, o que significa que era preciso produzir painéis personalizados para cobrir essas superfícies. Por outro lado, havia regiões de simples curvatura e que poderiam ser cobertas com painéis convencionais. Para manter os custos sob controle, tivemos que racionalizar a distribuição dos painéis de tal modo que apenas uma certa porcentagem do sistema de fechamento exigiu a tecnologia de fabricação de formas livres, que eram então fabricadas na Alemanha e despachadas para o canteiro no Brasil. A Bemo do Brasil produz seus painéis aqui e, para assegurar que os produtos executados na Alemanha e no Brasil tivessem exatamente o mesmo acabamento, bobinas com a matéria-prima e a pintura final foram enviadas do Brasil para a Alemanha com antecedência, para que nós produzíssemos os painéis especiais na Alemanha e enviássemos de volta. No final, todos os painéis tinham o mesmo acabamento. Uma alternativa teria sido transportar a maquinaria para o Brasil mas, devido a outros projetos simultaneamente em andamento e ao fato de que apenas uma pequena parte da cobertura efetivamente exigia painéis com forma livre, foi mais eficiente, neste caso, enviar os painéis em lugar da máquina. Mas ambas as estratégias são plausíveis.

GC: E os painéis foram despachados em contêineres, certo? Qual o maior comprimento desses componentes?

PM: Sim. Eles tinham até 11,5m, de modo que eles puderam ser enviados em um contêiner de 12m de comprimento.

5. Educação

GC: Você acredita que este campo em que atua é um nicho de mercado para uma nova geração de profissionais?

PM: Não, eu acredito que isto seja um nicho agora, não para a próxima geração. De fato, eu gostaria de encorajar a todos vocês a olharem este campo de trabalho (projeto generativo, *scripting* e todo outro tipo de modelagem) não apenas como uma ligação com o projeto para fabricação como também para engenharia de estruturas (neste sentido, há um plug-in chamado Karamba para Grasshopper) ou desenho industrial e, obviamente, o próprio projeto arquitetônico. Desse modo, acredito que isto seja um nicho, e é algo que eu os encorajaria a prestar atenção agora, para estar no topo do mercado amanhã. Isto é o que você precisa para o futuro.

WBN: É impossível negar que aspectos práticos da profissão são muito importantes, mas você acredita que as universidades, no seu país, preparam os estudantes de maneira adequada para trabalhar com parametrização e fabricação digital? Ou os estudantes ainda precisam fazer cursos e ganhar experiência fora da universidade?

PM: Hoje em dia, estudantes egressos das universidades podem até ter alguma experiencia com projeto generativo, mas é claro que, para desenvolver detalhamento e soluções para sistemas de fachada, é preciso ganhar experiência trabalhando. Contudo, acredito que isto seja assim para todos os ramos de projeto e construção. As pessoas que trabalham em equipes de projeto precisam de algum tipo de treinamento complementar, de um modo ou de outro, como projeto paramétrico, cálculo estrutural, fachadas ventiladas, técnicas de detalhamento para coberturas ou experiência de canteiro. Também é preciso manter o foco para entender que cada parte do que você projeta, cada suporte, cada peça da subestrutura, precisa ser posteriormente associada a outras no canteiro e, mesmo que sejam pré-fabricadas, é importante ter em mente os aspectos práticos das coisas que devem ser feitas à mão no canteiro. Se você vai trabalhar para uma companhia de projeto ou um empreiteiro especializado, é comum precisar de formação complementar quando termina o curso universitário, o que é bom, porque acredito ser importante nunca parar de aprender ao longo da carreira. O aperfeiçoamento profissional contínuo começa exatamente após o final na graduação e, se tudo correr bem, não acaba nunca.

WBN: Como você se sente vindo ao Brasil, contando suas experiências sobre abordagens digitais para projeto e fabricação aplicada à arquitetura para estudantes da Unicamp e para a nossa comunidade de arquitetos?

PM: Os participantes do workshop demonstraram muito entusiasmo com a fabricação digital, assim como os estudantes e convidados que vieram para a palestra. O desafio para os arquitetos colocarem isto em prática é quebrar as barreiras dos métodos de projeto convencional e superar a postura do tipo "nós já fizemos assim antes, então vamos fazer de novo e depois queremos repetir". É ótimo ver que os estudantes estão engajados em assimilar estas novas tecnologias e que eles têm contato com estas ferramentas aqui na Unicamp, que dá acesso a estes tópicos que vêm surgindo, entre eles o projeto generativo e a fabricação digital.

GC: Neste exato momento, existe um grande debate acerca da arquitetura contemporânea no Brasil, onde temos uma grande tradição em arquitetura moderna. Na minha opinião, a arquitetura contemporânea tem uma grande relação com estas novas tecnologias. Qual o seu ponto de vista a respeito da arquitetura de hoje e do uso de novas tecnologias?

PM: Eu acredito que a tecnologia está avançando na área de projeto arquitetônico, mas que isto não implica em um novo estilo de arquitetura. Ela está mudando o modo como trabalhamos e a velocidade com que desenvolvemos nossos projetos, mas se for bem usada, penso que não vai influenciar estilos. Você pode usar a mesma tecnologia para um projeto formalista ou para outro muito racional. A tecnologia não deveria ser encarada como estilo em si mesma, porque de fato ela é apenas uma ferramenta em um escritório.

GC: Nos primórdios da arquitetura moderna alguns críticos diziam que somente poderia ser considerada moderna a arquitetura que fazia uso de componentes industrializados. Caso contrário você estaria fazendo algo que se parece moderno e industrializado, mas de uma maneira completamente tradicional. Você pensa que um arquiteto contemporâneo que não utiliza nenhuma destas novas ferramentas, nem para geração geométrica nem para a fabricação do edifício, poderia ainda assim ser considerado contemporâneo?

PM: Provavelmente as ferramentas contemporâneas de projeto generativo e paramétrico estão possibilitando a produção de um novo tipo de arquitetura, no sentido de saber fazer arquitetura, mas eu não acredito que isto se defina propriamente como um estilo, porque não afeta o resultado, aquilo que emerge das mãos do projetista. Quando bem sucedidas, acredito que as ferramentas generativas de projeto podem

95
Arena das Dunas, projetada pelo escritório Populous.

dar mais liberdade ao arquiteto, mas não afetam o resultado final em termos estilísticos. Se estas tecnologias criassem um novo estilo a partir de si mesmas isto seria tremendamente restritivo para os arquitetos, porque significaria que, se você está usando aquela ferramenta, então seria levado a este ou aquele estilo, mas não é este o objetivo. O objetivo é remover as limitações e fazer possíveis coisas que não podiam ser feitas antes. Portanto, isto é uma questão de desempenho do escritório, de desempenho do trabalho.

GC: Nós sabemos que estas tecnologias poderiam ser usadas para criar projetos mais acessíveis para todos. Se você automatiza o processo de projeto, em princípio você pode reduzir os honorários do arquiteto. Contudo, o projeto paramétrico e a fabricação digital estão sendo usados, na maioria dos casos, para agregar valor aos edifícios, geralmente através de formas complicadas que seriam impossíveis de serem executadas de outra maneira. O que você acha que está acontecendo?

PM: O projeto generativo está tornando viáveis projetos que seriam impraticáveis em uma abordagem manual, e isto também do ponto de vista econômico, porque estas iniciativas são produzidas em um intervalo de tempo aceitável. Eu não penso que isto reduza honorários, nem para o arquiteto nem para o fabricante. Isto poderia ser usado para facilitar o projeto e fabricação de formas novas que pensava-se serem impossíveis, simplesmente porque o esforço necessário para criá-las seria exorbitantemente caro. Acredito que, no futuro, projetos repetitivos não serão relevantes em termos de atribuição de honorários. Se você tem uma solução e a repete indefinidamente, ela não deveria ser taxada novamente. Mas quando você olha para projetos gerativos o resultado está sempre variando, o que significa que você pode cobrar seus honorários por cada nova versão. Contudo, faz sentido adaptar a metodologia pela qual os honorários são calculados, cobrando não por um projeto mas pelos algoritmos desenvolvidos para aquela solução. Deste modo, o escopo do trabalho não seria definido pela quantidade de alternativas que derivam do sistema generativo, mas pela complexidade destas soluções. É o caso, por exemplo, da quantidade de trabalho requerida para criar um algoritmo para um projeto específico. O uso repetitivo de alguma coisa que já existe vai ser cada vez mais barato, enquanto a criação de algo único para um projeto é algo que mantém seu valor, justamente, por ser algo único.

Como citar este capítulo

CELANI, G; BARBOSA NETO, W; FRANCO, J. M. S. **Do projeto à fabricação**. Entrevista com Peter Mehrtens. In: CELANI, M. G. C.; SEDREZ, M. (Organizadores). Arquitetura contemporânea e automação: prática e reflexão. São Paulo: ProBooks, 2018. p. 182 a 188.

Versão traduzida do inglês e reeditada de CELANI, G; BARBOSA NETO, W; FRANCO, J. M. S. **An interview with architect Peter Mehrtens. From Design to Fabrication**. *Entrevista*, São Paulo, year 16, n. 063.02, Vitruvius, jul. 2015 <http://www.vitruvius.com.br/revistas/read/entrevista/16.063/5541/en>.

D06

Milos Dimcic

Aprendendo com os erros dos outros

Milos Dimcic graduou-se na Faculdade de Arquitetura da Universidade de Belgrado, em 2006. Continuou seus estudos em Stuttgart, Alemanha, onde terminou seu doutorado em 2011, sob a orientação do Prof. Dr. Ing. Jan Knipper. Durante os estudos, Dimcic trabalhou no escritório Knipper Helbig, em Stuttgart. O arquiteto possui mais de oito anos de experiência na integração entre arquitetura, engenharia de estruturas e programação. Desde 2007 tem desenvolvido métodos de automação utilizados em alguns dos projetos mais famosos do mundo. Em 2009 programou a maior fachada do mundo gerada parametricamente. Em 2011 fundou a empresa *Programming Architecture* e vem desenvolvendo diferentes tipos de software (incluindo plug-ins gratuitos) para os mais diversos projetos de todo o mundo. Estes são alguns dos projetos para os quais Dimcic contribuiu: Aeroporto Bao'an — Shenzhen, China (M.Fuksas), EXPO Axis — Shanghai, China (SBA Architects), Institute of Peace, Washington DC, EUA (Moshe Safdie), KAPSARC Research Center, Riyadh, Arábia Saudita (Zaha Hadid), Crystal Hall, Baku, Azerbaijão (GMP).

Em julho de 2015 Dimcic veio ao Brasil para participar da conferência CAAD Futures, realizada no MASP, como palestrante convidado. Nessa entrevista, feita em Stuttgart em 21 de agosto de 2015, ele descreve o tipo de trabalho que faz e fala sobre as dificuldades em ser contratado por outros arquitetos para participar nas fases iniciais de um processo de projeto, desenvolvendo soluções a partir de algoritmos.

Esta entrevista foi realizada presencialmente em Stuttgart (Alemanha), em 21 de agosto de 2015. Gabriela Celani viajou à Alemanha por meio do programa Connect, patrocinado pela Fundação Alexander Von Humboldt. A tradução é de Maycon Sedrez.

1. O escopo do trabalho

Gabriela Celani: O trabalho desenvolvido no escritório *Programming Architecture* pode ser comparado ao trabalho de outros consultores, como *Design-to-Production, designtofabrication, OnetoOne* ou *Imagine Computation*?

Milos Dimcic: Eu não sei exatamente o que fazem, mas, em termos gerais, o que fazemos deve ser semelhante. Nós temos o mesmo tipo de escritório. Uma diferença entre meu trabalho e o dos outros é que eles colaboram principalmente com arquitetos, e eu colaboro com engenheiros estruturais e construtoras, como a Seele. Alguns deles também colaboram com construtoras, mas acredito que apenas eu colaboro com engenheiros estruturais, porque desenvolvi meu doutorado com vistas ao nicho de pesquisas em análise estática. Eu posso rodar algoritmos que rapidamente geram as estruturas para fazer um estudo de otimização estática. Eu não sei dizer se alguma destas empresas consegue prestar este tipo de serviço; acredito ser esta a razão pela qual tenho recebido muitos trabalhos de engenheiros estruturais.

GC: E quanto ao projeto das estruturas? A *Design-to-Production*, por exemplo, não projeta os edifícios. Eles recebem o projeto dos arquitetos e fazem o modelo paramétrico ou desenvolvem o detalhamento algoritmicamente. Qual a relação entre o seu trabalho e o trabalho do arquiteto em termos do projeto?

MD: O problema é que eu sou jovem e não sou alemão. Eu não tenho nenhum contato aqui. Pessoas como Arnold Walz têm atuado no mercado há muito tempo e eles têm muitos contatos, amizades, etc. Então, se ofereço algum serviço para um arquiteto, mas ele não me conhece, não somos amigos, não temos nenhuma conexão, ele jamais me daria o trabalho, por uma simples razão: na fase de projeto você não está limitado ou amarrado a nada. Não tem prazos, não tem precisão sobre o que você quer fazer. Quando eu trabalho com empresas como a Seele, não há espaço para experimentação. Eles me dizem exatamente o que eles querem que eu gere; eles me dão as regras e eu devolvo a eles elementos precisos, com parafusos e porcas, etc.. No entanto, na fase de projeto, ainda há espaço para criar. Então, um arquiteto pode vir me perguntar: o que você pode fazer? E eu direi eu posso fazer isso, e aquilo, e aquilo outro. O arquiteto poderia, então, compreender o que propus e, se não quiser me pagar, ele simplifica o problema de um modo que um estagiário que sabe Grasshopper consegue fazer, pois, na fase de projeto, é possível fazer de uma maneira simplificada. E eu sinto que é por isso que eu não recebo projetos de arquitetura, sinto que é por isso que outros pegam este tipo de trabalho, por conta dos bons contatos, então os arquitetos pedem que eles façam. Talvez pudessem fazer com um estagiário, mas, como se conhecem por vinte anos, então dizem “eu vou deixar você fazer pra mim”.

GC: Isto nos traz a um tópico muito interessante na arquitetura, que é a necessidade de incorporar o desempenho estrutural logo nas fases iniciais do projeto, o que geralmente não ocorre, pois os arquitetos não têm esse conhecimento e não querem pagar alguém que tenha. Então, o que seria ideal em termos da relação entre o design estrutural e o projeto conceitual?

MD: Isto é exatamente o grande problema, e eu disse um milhão de vezes na minha vida: arquitetos querem economizar dinheiro no começo, por isso não contratam alguém que programa. Se você começa a trabalhar no projeto logo no início e desenvolve algum algoritmo durante o processo, quando a fase conceitual terminar, você tem tudo parametrizado, já tem seu algoritmo, e daí em diante pode automatizar o processo inteiro. Mas o problema é que os arquitetos não estão preocupados com o que acontece depois. Geralmente tentam economizar dinheiro na parte que compete a eles no processo. Então, somente se você trabalhar para uma empresa que faz tudo, do projeto conceitual até a construção, eles conseguem entender o valor da automação. Mas os arquitetos não têm interesse nisto, e eu tenho tentado mostrar a eles as vantagens de se ter um programador desde o início. Em um orçamento para um projeto não há

verba para a programação. Há o projeto arquitetônico, há a análise estrutural, há a construção, mas não a programação. Então, quando pessoas como nós precisam ser contratadas e um dos envolvidos tem que nos pagar, aí eles brigam entre si sobre quem irá pagar. Recentemente estive envolvido em um projeto com esse problema. Os arquitetos disseram que iriam entregar uma estrutura de cobertura com forma livre para que os engenheiros estruturais pudessem analisar. Mas a estrutura era muito complexa, então deveria ser programada. E a questão era quem iria pagar por isso: os arquitetos ou os engenheiros. No final os engenheiros estruturais foram os que me pagaram pela automação, mas eu não acho justo. Os arquitetos deveriam entregar uma estrutura resolvida, mas isso nunca acontece.

Quando eu estava no Brasil, depois de conversar com a Caroline Bos (sócia do UNStudio que também foi palestrante no CAAD Futures), percebi que existem grandes escritórios de arquitetura que fazem o projeto e há essas grandes empresas de construção, como a Seele, que constroem esses projetos. Entre eles não há competição ou sobreposição de tarefas. O objetivo dos grandes escritórios de arquitetura ou das grandes construtoras é fazer o que eu faço dentro dos escritórios, para que não precisem terceirizar. Assim, só consigo pegar projetos se fizer algo que ninguém dentro dos escritórios deles consegue. A Seele está em 15 países e tem mil funcionários e, somente quando ninguém consegue fazer algo, é que eles vêm a mim. E,muitas vezes, me pedem para dizer o que eu faria, daí dizem que é muito simples e que podem fazer sozinhos. Eles somente me contratam se é algo extremamente complexo, o que nem eu sei exatamente se posso fazer, mas geralmente digo que posso. Então eu me estresso até achar um jeito, e isso é bom pra mim, pois aprendo e evoluo. É muito estressante, mas é a única maneira que você consegue trabalho. Então o que fazemos é muito instável no mercado hoje em dia.

GC: Você poderia me contar sobre os projetos em está trabalhando agora?

MD: Eu estou trabalhando no prédio da Bloomberg em Londres atualmente, do Foster, e a Seele está fazendo a construção. Eu estou fazendo a programação de uma balaustrada e será por 2 a 3 meses. E o sistema de fachada paramétrico Schüco ainda está acontecendo, pois nós estamos fazendo algumas análises estáticas adicionais. Agora estou incorporando algumas peças de silicone e estou calculando as forças sobre elas. E isso tem sido feito por quase um ano. Eu também estou trabalhando em um pavilhão, com Göran Pohl, do PohlArchitects. É um projeto desenvolvido na universidade de Saarbrücken e está sendo produzido pela Fiber-Tech (5). Parece um projeto que o Pohl fez anteriormente, o Cocoon.

GC: E você trabalha por conta própria?

MD: Neste trabalho que estou fazendo em Londres eu não sabia que seria tão intenso. Eu não tinha experiência em trabalhar para uma companhia tão grande e calculei errado a quantidade de trabalho. Agora a minha irmã está me ajudando, mas ela mora na Sérvia. Eu gostaria que ela viesse para a Alemanha, mas ainda não posso pagar a ela o suficiente para que venha. Alguém me disse que, como eu trabalho em uma área instável, deveria calcular quando eu preciso e então multiplicar por cinco. Mas o que eu estou fazendo agora é calcular o quanto eu preciso e dividir por dois, pois está sendo muito difícil conseguir (trabalho).

GC: Sua irmã também é uma programadora?

MD: Ela é arquiteta e estou ensinando-a a programar, mas no momento ela está ajudando com coisas não relacionadas a desenvolver código.

2. A ponte entre os escritórios de arquitetura e a fabricação digital

GC: Em um artigo que publiquei recentemente no Brasil (Novas tecnologias na construção de edifícios: estabelecendo a ponte entre o processo criativo e a produção por controle numérico), falei sobre a conexão entre os escritórios de arquitetura e a fabricação digital e a programação, e sugeri que existem três maneiras de fazer isso: com um grupo interno, por exemplo, o *Specialist Modeling Group* do escritório Foster and Partners, que é apenas acessível para grandes escritórios; algumas vezes a empresa de fabricação tem sua própria equipe de especialistas, como a Bemo Systems, que tem Peter Mehrtens trabalhando na comunicação com os arquitetos; e, finalmente, por meio de consultores independentes como você, pessoas que estão no meio do processo. Qual desses modelos você acha que funciona melhor? E, apesar de todas as dificuldades que já me explicou, gostaria de entrar em um grande escritório de arquitetura e ser integrante de um time como o Specialist Modeling Group do Foster?

MD: Esta é uma questão complexa. Pessoalmente eu jamais faria isso, pois eu tenho vivenciado como é trabalhar para alguém, ou em grandes escritórios, e isso para mim é muito improdutivo. Isto porque você tem trabalho quando os projetos grandes entram, mas depois você não tem, então precisa fazer outras coisas no escritório; você não pode simplesmente ir para casa. Acredito ser muito improdutivo trabalhar em um sistema como este, e esta é a razão pela qual eu decidi nunca mais trabalhar para alguém novamente e, por isso, tenho minha própria empresa. O problema é que meu trabalho, como descrevi antes, é muito instável. Tem forças de todos os lados te pressionando. Você só pode fazer isso por um longo período se você tiver muito bons contatos e amizades. Em um mercado livre é muito difícil ser bem-sucedido trabalhando desse modo. Eles (os grandes escritórios de projeto) tentam tirar você do jogo, fazendo, dentro da empresa, as coisas que você faz. Eles tentam formar grupos dentro dos escritórios, mas não têm pessoas com o mesmo conhecimento que eu, que, além de tudo, sou capaz podem programar dez horas por dia. E, por ter desenvolvido trabalhos para muitos escritórios, aprendi muito e adquiri muita experiência. Por outro lado, os arquitetos ainda não acham que precisam dessa experiência, eles acham que podem resolver apenas com o Grasshopper. Essa é a razão pela qual eu direcionei meu trabalho para os engenheiros estruturais, pois eles têm problemas que são extremamente complexos e não é possível simplificar.

GC: Como um arquiteto, você sente falta da atividade de projeto?

MD: Eu sinto falta sim, eu amo projetar. Se eu pudesse escolher, sempre trabalharia com arquitetos, mas eles não querem trabalhar comigo como consultor, apenas se eu for um empregado nos seus escritórios, mas isso, na minha experiência, apenas funciona com contatos e amigos, como eu disse. Pois até mesmo eu, se tivesse um escritório de arquitetura, não iria terceirizar. Eu sempre iria simplificar e fazer eu mesmo.

GC: Quando você faz a otimização estrutural, também entra no detalhamento? Isto também é projetar, mas em um nível diferente.

MD: Eu ainda não cheguei a este nível, no qual as pessoas confiam a mim uma parte do projeto. Geralmente eu recebo um problema matemático, com um conjunto de regras que tenho que resolver: como gerar algo automaticamente ou como otimizar algo. Portanto, raramente eu projeto algo, pois geralmente trabalho para empresas que desenvolvem apenas componentes construtivos. Quando eu começo meu trabalho a fase de projeto já terminou. Eles sabem exatamente o que querem fazer e apenas querem automatizar o processo.

GC: E quanto ao processo de fabricação? Você também prepara arquivos para isto?

MD: Sim, também faço, para a Seele, que

produz, mas também terceiriza a produção. Eles estão em muitos países, na Alemanha, Áustria, Reino Unido, Abu Dhabi, Dubai, aproximadamente 50 lugares. Na Alemanha são muito conhecidos nos segmentos de estruturas metálicas e vidro. Por exemplo, eles fizeram o cubo da loja da Apple em Nova Iorque, e as escadas de vidro. Agora eu estou trabalhando no prédio da Bloomberg em Londres, gerando uma geometria muito complexa da balaustrada de vidro. Ficará fixo no concreto, e há milhares de elementos de aço que são singulares. Eu tive que programar um conjunto de ferramentas para gerá-los, e no final eu estou praticamente entregando os arquivos para as máquinas CNC e as plantas com as dimensões, que são, em teoria, desnecessárias, mas eles precisam para checar. Eu gostaria de focar mais nisso; é algo que eles não podem fazer por si próprios. Na minha experiência, ninguém irá me pedir para fazer algo, a não ser que eles não possam fazer sozinhos. A vida me ensinou que eu preciso fazer algo que ninguém mais consegue fazer. Eu gostaria de ser como essas pessoas que conseguem um trabalho mesmo que outra pessoa possa fazer igual. Mas infelizmente o motivo é por causa da minha posição, pois eu sou estrangeiro, eu não tenho contatos. Por isso estou focado nesta coisa extremamente complexa e precisa, que é a fabricação com CNC de elementos complexos e sua otimização. Muitas pessoas estão trabalhando com projeto paramétrico com Grasshopper, que é suficiente para o processo de projeto. O meu nível (de programação) é apenas necessário para coisas mais complicadas. Os arquitetos dirão: “esses não precisam ser elementos únicos; vamos fazer apenas 5 únicos e copiá-los”. Eles podem sempre simplificar e eu não serei necessário.

GC: A Seele tem especialistas em CNC?

MD: Grandes empresas têm especialistas, mas me procuram quando estes não possuem o conhecimento necessário para resolver o problema do projeto. Eles contratam especialistas cada vez melhores e eu sempre tenho que ser melhor e melhor que eles. Mas às vezes os especialistas deles cometem erros e, infelizmente, para eles, eu consigo muitos trabalhos quando isso acontece. Eu preferia participar desde o começo do projeto para que esses erros não existissem. Isso seria muito mais eficiente. Certa vez, trabalhei em um projeto que tinha elementos de forma livre na fachada; haviam polígonos de diferentes formas, muitos deles eram únicos. Eles produziram, no CATIA, cada elemento, com todas as barras de aço e detalhes, em um arquivo, separadamente. Depois, enviaram para a empresa que supostamente produziria os elementos, mas todos eles estavam inseridos no ponto de origem de coordenadas do software, em vez de efetivamente no local do modelo 3D e, portanto, não havia a certeza se os elementos fariam o fechamento correto, relacionado à geometria do edifício. Isto poderia ter sido evitado com uma simples conexão no começo, mas não foi feito, e eu tive que fazer de trás pra frente. Desenvolvi um algoritmo de inteligência artificial que importava os arquivos CATIA, reconhecia a geometria e colocava de volta no local do modelo 3D. Uma vez que o algoritmo foi aplicado para posicionar todos os elementos nós encontramos muitos erros no processo, então, na verdade, economizei dinheiro para eles, mas muito mais poderia ter sido economizado se eu tivesse trabalhado por duas horas em um estágio inicial do projeto, em vez de um mês corrigindo tudo. E o projeto em que estou trabalhando agora em Londres tem algumas similaridades nas balaustradas. No entanto, não possuem forma livre; são geradas por uma curva descrita matematicamente. Em teoria, os elementos deveriam ser similares, mas a construtora havia instalado alguns suportes de aço que não podiam ser removidos, e tinham uma posição aleatória estranha, então precisei programar a forma da balaustrada para encaixá-la nesses elementos de aço. Se tivessem me chamado no começo, tudo encaixaria perfeitamente e não haveria trabalho extra. Então muito trabalho que eu faço vem do erro de outras pessoas, eu gostaria de não ter que fazer isso, mas eles teriam que me contratar desde o começo.

GC: Há uma discussão sobre a arquitetura performativa atualmente. Você alguma vez teve que solucionar um problema multi-critério, onde, além de lidar com a otimização estrutural, teve que lidar com outro objetivo, como o desempenho térmico?

MD: Não, mas eu gostaria de fazer isto. É possível, mas jamais me pediram para fazer, pois não sou incluído em todo o processo. Somente quando as pessoas ficam travadas em um grande problema é que me procuram para resolver essa parte específica. Então eu faço um algoritmo, resolvo, e então eles continuam por conta própria. Eu gostaria de estar envolvido nos projetos desde o começo, então eu poderia mostrar a eles como o processo pode ser eficiente. Neste momento a única maneira seria trabalhando para alguma empresa, mas eu não quero fazer isto. Faz sentido para estas empresas terem sua equipe interna para economizar dinheiro, mas eu tenho muito mais experiência, comecei muito cedo e trabalhei em diferentes problemas. Eu estou ficando melhor em resolver problemas que, aparentemente, não podem ser resolvidos. Eles me dão os problemas mais difíceis e, quando eu os soluciono, adquiro experiência. Eles estão me fazendo ficar cada vez melhor.

GC: Mas você sempre tem sido capaz de resolver?

MD: Sim, sempre! Eu frequentemente passo algumas noites sem dormir, pensando, "isto não dá pra resolver", ou "isto é geometricamente impossível". No final eu sempre dou um jeito, mas é sempre muito estressante. Eu gostaria de fazer meu trabalho de maneira mais estável, mas a maneira de fazer isso seria entrando na área. Ou vou para a produção, fazendo contato com algumas empresas pequenas que tenham máquinas CNC, para entrar em concorrências com empresas grandes, e digo: ok, você é uma empresa de mil empregados, o seu valor é de um milhão de Euros para produzir um elemento, mas eu ofereço por cem mil Euros. Eu acredito que, com conhecimento em programação, nós podemos fazer o que as grandes empresas estão fazendo sem esse conhecimento. Talvez, também, na fase de projeto. Eu poderia me associar com algum escritório de arquitetura bem pequeno com apenas cinco funcionários e dizer: olhem, nós entraremos nessa concorrência e vamos desenvolver esse algoritmo que irá desenhar algo que ninguém mais pode fazer.

GC: E sobre concursos de arquitetura? Você participou de algum?

MD: Eu tenho essa obsessão em não perder meu tempo. Tenho quase uma fobia de perder tempo, e essa é a razão pela qual praticamente não me permito entrar em concursos. Para que eu participasse, somente seria com alguma grande ideia, ou com algum arquiteto me procurando, me inspirando e me dizendo "vamos tentar isso com alguma programação", mas isso nunca aconteceu. Talvez porque eu não tenho muito contato com arquitetos, e é difícil competir com grandes empresas. Eles não competem, eles arriscam. Eles fazem um jogo de probabilidade. Eles entram em vinte concursos por mês, eles colocam estudantes para fazer o trabalho, e acabam ganhando alguns. Se eu estou sozinho não posso bancar isso, mas é como as grandes empresas crescem.

3. A formação do arquiteto

GC: Eu gostaria de perguntar algo relacionado com educação. Você não recebeu seu diploma na Alemanha, mas completou o doutorado na Universidade de Stuttgart, e você tem ensinado também em Stuttgart e em Graz. Qual a sua opinião sobre o ensino de arquitetura na Alemanha? É ainda tradicional, ou os alunos já estão sendo preparados para as situações que você descreveu, com a automação de todo o processo?

MD: Eu não acredito que seja tradicional. Muitos estudantes veem o que está acontecendo e eles tentam fazer por si próprios, com Grasshopper e programas como esse, até mesmo no primeiro e segundo anos de estudos. Até agora o que eu vi é que a faculdade responde a isto. Eles oferecem os cursos que os alunos querem, e há institutos trabalhando nisto.

GC: E a fabricação digital? As máquinas estão disponíveis?

MD: Não no começo do curso, mas um pouco mais tarde estão disponíveis para

eles. As escolas têm máquinas CNC, de corte a laser e, agora, impressoras 3D... nós temos um braço robótico (na universidade de Stuttgart), e a TU Graz comprou três braços robóticos, não tão grandes como em Stuttgart, no entanto.

GC: Você acha que isto aconteceu somente nas melhores universidades técnicas ou está se espalhando na maioria das escolas de arquitetura?

MD: Eu não sei se está se espalhando, mas acho que está bastante comum. Eu tenho estado mais em Stuttgart e Graz, que são consideradas escolas de excelência (para isto). Mas eu também ensino na Saarbrücken, com o escritório Pohl Architects, com o qual eu tenho cooperado, e você está certa, eles não estão familiarizados. Mas, de uns 20 estudantes, sempre há alguns interessados em Grasshopper e programação.

GC: Mas isto não está inserido no currículo, certo?

MD: Não, geralmente não. Mas eu sou muito cético sobre como deveria ser implementado. Eu entendo programação não como uma ferramenta para experimentação, mas como uma ferramenta para automatizar e fazer trabalhos sérios. Mas o que eu tenho visto é apenas experimentação. Eles usam Processing e Grasshopper para explorar de um modo não muito útil. O produto dessa exploração é geralmente apenas algumas fotos bonitas.

GC: Você acha que isto pode acontecer por que os professores ainda estão aprendendo sobre isto? Pode ser que eles ainda não tenham certeza do que pode ser feito com isto...

MD: Essa é uma das razões principais. Esses institutos (ou laboratórios) estão abrindo em todo o mundo, como o Instituto para Projeto Computacional da Universidade de Stuttgart. Eu sinto que os líderes desses institutos são pessoas que vêm mais da teoria do que da prática. Eu não posso dizer se isso é melhor ou não. Do meu ponto de vista isso não é bom. Eles mesmos não sabem como programar em alto nível. Eles pegam alunos de doutorado que sabem algo e eles tentam produzir algo de alguma maneira. Mas sem a compreensão do que é possível, geralmente os produtos não são satisfatórios. Aqui em Stuttgart talvez seja um pouco melhor, pois eles estão construindo esses pavilhões... você pode realmente ver alguma aplicações. Mas minha inclinação é que tudo aconteceu por conta do professor Jan Knipper's, do *Institute of Building Structures and Structural Design* — ITKE, onde eu estudei; no ITKE eles trouxeram a aplicabilidade, fazem análise estática, pensam na produção.... Na maioria dos casos você não tem esse tipo de parceria. Se você buscar no Google a expressão projeto paramétrico e olha as imagens, não há objetos construídos. Há apenas infinitas imagens de objetos paramétricos e algumas formas orgânicas da Zaha Hadid, o que não é realmente projeto paramétrico. Eu estou familiarizado com muitos desses edifícios e, apesar de haver muitas explorações feitas no Grasshopper, no final descobrem os limites desses programas e fazem manualmente, pois não têm tempo para implementar. Projeto paramétrico verdadeiro é muito raro. Do que as pessoas consideram ser projeto paramétrico no mundo, 95% não é realmente.

GC: E o que você acha do papel da análise estrutural na formação de arquitetos?

MD: Os estudantes aqui não sabem o suficiente, e eu também não sei o quanto seria. Tudo tem se tornado tão complexo que você não consegue cobrir tudo. Tem uma piada famosa sobre arquitetos e engenheiros. Os arquitetos tendem a saber menos e menos sobre mais e mais, até que eles não sabem nada sobre tudo, enquanto os engenheiros tendem a saber mais e mais sobre menos e menos, até que eles sabem tudo sobre nada. Na educação de arquitetos o que tem que ser decidido é se você quer continuar nesse caminho ou não. O campo está se tornando muito vasto. O projeto estrutural e o projeto paramétrico estão se tornando tão complexos, a programação é tão complexa... você quer realmente cobrir tudo isso? Então irá se tornar alguém que sabe muito pouco sobre muitas coisas. E, se sair da universidade assim, não pense que está preparado para fazer tudo. Eu penso que você deve escolher uma direção bem cedo, por exemplo, no máximo, até um ano depois de formado. Você tem que escolher. Eu quero continuar com programação e me aprofundar em design estrutural, etc. E então passa mais quatro anos em um treinamento específico. Em projeto paramétrico, se teve apenas um semestre experimentando com Processing ou Grasshopper, esqueça, isso não é nada. Para mim isso é jardim de infância, apenas experimentar com modelos, é só isso. Se quer programar com seriedade, faça isso por quatro anos. Aprenda uma linguagem, como C++ ou C# e então faça algo aplicável, automatize um desenho arquitetônico, por exemplo. Se, por apenas um semestre, você fica criando esferas infinitas, experimentando com *swarming* em Processing, é só um exercício, mas, depois, se for trabalhar e precisa projetar um edifício, tudo se torna muito mais complicado. Alguns estúdios e escritórios podem bancar experimentações. Um amigo que trabalha para a Zaha Hadid me contou que eles gastam bastante em experimentos. Passam seis meses pesquisando, fazendo programação e *scripting* abstratos e, teoricamente, ao final, obtém um projeto. Acredito que isso seja, no entanto, apenas um processo de experimentação; não vejo a aplicabilidade, é muito nebuloso.

4. O ornamento na arquitetura

GC: Estamos fazendo uma pesquisa sobre o retorno do ornamento na arquitetura. Em sua opinião isso está realmente acontecendo? Você fez alguma programação que trabalha com superfícies e gera ornamentos automaticamente?

MD: Eu acho que o ornamento deveria retornar; é mais trabalho para nós, porque o ornamento é algo que você pode programar e parametrizar. Eu fiz um *plug-in* para gerar ornamentos. Se chama *Eve Ornament*. Ele não está no meu site para download, pois não é gratuito.

GC: O que o plug-in faz?

MD: Minha esposa é arquiteta e trabalha para uma grande empresa que constrói edifícios em Meca para clientes muçulmanos. Eles têm um departamento de ornamento com 30 pessoas e um casal de amigos trabalha lá. Eles tentaram fazer parametricamente, mas não sabem como, então fui lá e mostrei o que pode ser feito. O plug-in que fiz lê qualquer desenho que você fizer, dentro de um quadrado, e popula uma superfície com ele. Você também pode extrudar em 3D... Eu fiz alguns *sliders* para mostrar o que pode ser feito, e depois é possível exportar para uma máquina CNC. Disse a eles que fiz em 2D, mas você pode ter padrões muito mais complexos, etc. Sabe o que aconteceu depois da apresentação? Eles têm algumas pessoas no escritório que sabem trabalhar com Grasshopper, e os chamaram para uma reunião depois que eu saí. Disseram a eles para tentar fazer o que eu havia acabado de mostrar. Depois de um ano eles não fizeram nada realmente útil, mas eles não se importam, pois é um escritório gigante, são 200 pessoas trabalhando lá, eles têm projetos de qualquer forma... Teoricamente eu poderia ir para o rei da Arábia Saudita e dizer: "olhe, eu posso fazer esses ornamentos parametricamente", mas como eu chego até o rei da Arábia Saudita? E ele se importa se está pagando um milhão ou cem milhões para a mesma coisa? No mundo real, há muito de irracionalidade. Eu posso fazer melhor que eles, mas eles não se importam. Preferem tentar fazer internamente no escritório. Eu já enfrentei isso muitas vezes: sim, você é mais eficiente, sim, você pode fazer um monte de coisas, mas eles ainda preferem tentar fazer por si próprios.

GC: Esta seria uma aplicação bem específica para ornamento na arquitetura islâmica. E sobre arquitetura contemporânea em geral? Qual a sua opinião sobre isso? Você tem incorporado no projeto estrutural?

MD: Ainda não, mas eu gostaria, pois acredito no projeto inspirado pela natureza, e gostaria de saber se a arquitetura de 2100 terá formas orgânicas, como na ficção científica, com Voronois, e isso incluiria ornamentos, pois a natureza é cheia deles. Mas não tive contato com ninguém que quisesse desenvolver isso. Eu gostaria realmente de fazer um algoritmo nessa área, pois acho interessante. Ornamentação

não é necessária, e isso me incomoda um pouco, pois eu gosto de fazer coisas que são eficientes, necessárias, é o meu lado engenheiro, mas mesmo sendo desnecessário, seria legal trabalhar nisso.

GC: Há outro tópico que tem sido objeto na nossa pesquisa, que é o detalhamento, ou, mais especificamente, o detalhe digital. A revista AD recentemente publicou uma edição especial sobre futuro do detalhe e a revista Detail também tem uma edição especial sobre detalhes digitais e analógicos. Você acha que surge uma nova teoria do detalhe com esta nova forma de projetar, com programação e fabricação digital?

MD: Sim, essa é outra área onde eu ainda não tive a oportunidade de fazer nada, mas na qual eu gostaria muito de mergulhar. Quando você faz arquitetura de formas livres os detalhes se tornam complexos, e é isso que eu quero fazer; algo que seja complicado. Esta é outra razão pela qual eu não trabalho na fase de projeto, pois as coisas são feitas de um jeito muito conceitual e simples. Mas assim que você tem a sua forma é preciso produzir os elementos de fechamento, saber como conectá-los com parafusos e tudo isso... Por exemplo, a fachada paramétrica da Schüco, que eu mostrei na minha palestra (no CAAD Futures). Eu estou fazendo a análise estática de todos os elementos, pois todos eles tem diferentes geometrias. Eles podem ser triangulares ou quadrangulares, e tem diferentes tipos. Podem ser como uma pirâmide, mas o ponto mais alto pode variar. Você pode fazer uma fachada em que cada elemento seja diferente, mas quando são montados juntos formam um padrão emergente. Disse a eles que me deixassem fazer os detalhes automaticamente, mas me disseram "não, faremos com nossos colaboradores".

GC: Eles farão um por um?

MD: Não, eles estão fazendo automaticamente, mas com seus colaboradores, que devem resolver o problema. Eles apenas me chamam para coisas que não conseguem fazer sozinhos. Eu gostaria de ter contato, eles poderiam ter dito: "vamos fazer tudo isso juntos".

GC: Outra edição da revista AD foi sobre tolerância zero na arquitetura. Qual sua opinião? Nós ainda precisamos de tolerância com a fabricação digital?

MD: Nós ainda trabalhamos com tolerância, mas a diferença é que nossa tolerância agora é de 0,5 milímetro. Tolerância zero é apenas na teoria, pois as máquinas de produção não são tão precisas, e você monta na obra, e tem dilatação, etc. Mas eu gosto da precisão. Você está fazendo as perguntas certas: ornamento, detalhes, tolerância, isso é o que nós fazemos.

5. Impressões de São Paulo

GC: E a última pergunta, qual a sua impressão sobre São Paulo e a arquitetura brasileira?

MD: Eu gostei muito! Parece europeia, mas também um pouco americana, algo entre as duas. O que eu mais gostei de São Paulo é que é possível descrever todas as experiências que eu tive em uma única palavra: diversidade. Diversidade de comida, de pessoas, de arquitetura...Eu realmente gostei. Foi como uma colagem de diferentes cores, diferentes tipos... Vocês tem um edifício que está quase caindo, e um edifício tecnológico do lado, eu realmente gostei desse tipo de atmosfera. É um grande contraste com a Alemanha, onde tudo é regulado, bonito e perfeito.

Como citar este capítulo

CELANI, M. G. C. **Apreendendo com os erros dos outros**. Entrevista com Milos Dimcic. In: CELANI, M. G. C.; SEDREZ, M. (Organizadores). Arquitetura contemporânea e automação: prática e reflexão. São Paulo: ProBooks, 2018. p. 189 a 197.

Versão reeditada de CELANI, G. **Aprendendo com os erros dos outros**. Entrevista com Milos Dimcic. *Entrevista*, São Paulo, ano 16, n. 064.05, Vitruvius, dez. 2015 <http://www.vitruvius.com.br/revistas/read/entrevista/16.064/5824>.

D07

Tobias Wallisser

LAVA, arquitetura visionária em Berlim

Tobias Wallisser é professor de Construções Inovadoras e Conceitos Espaciais e vice-presidente da Academia de Belas Artes de Stuttgart. Foi arquiteto associado do escritório UNStudio por 10 anos, onde foi o responsável por muitos projetos, incluindo o Museu Mercedes-Benz. Atualmente leciona em universidades pela Europa e já recebeu diversos prêmios por sua arquitetura. Junto a Alexander Rieck e Chris Bosse, Tobias criou, e até hoje é um dos sócios, do escritório LAVA (*https://www.l-a-v-a.net/*).

O LAVA é um escritório instalado em uma antiga fábrica de cerveja a norte da Alexanderplatz, famosa praça localizada no lado leste de Berlim, que, nos últimos anos, tem recebido várias empresas ligadas à indústria criativa. Faz parte de uma rede de três escritórios de arquitetura fundados em 2007. Os outros dois estão em Stuttgart e Sydney, na Austrália. O LAVA é conhecido por ser inovador na utilização de meios digitais, por estudar e aplicar princípios estruturais encontrados na natureza, e por se apropriar das últimas tecnologias de fabricação digital para criar, nas palavras deles, "um futuro mais inteligente, mais amigável e mais responsável social e ambientalmente". LAVA é o acrônimo de *Laboratory for Visionary Architecture*, um nome que denota a orientação experimentalista desses jovens arquitetos. Tobias Wallisser falou de sua formação, de sua relação com a academia, sobre os projetos do escritório e como vê o futuro da arquitetura.

Esta entrevista foi realizada presencialmente em Berlim, em 31 de agosto de 2015. Gabriela Celani viajou à Alemanha por meio do programa Connect, patrocinado pela Fundação Alexander Von Humboldt. A tradução foi feita por Maycon Sedrez.

1. Educação

Gabriela Celani: Tobias, por favor, conte-nos sobre a sua formação. Você estudou arquitetura na TU Berlim, depois fez mestrado na Universidade de Stuttgart, e então outro mestrado na Universidade Columbia. Qual parte da sua formação foi mais importante para o tipo de trabalho que faz aqui e para seu entusiasmo com as novas tecnologias?

Tobias Wallisser: Deixe-me começar pelo início. Nos primeiros anos na TU Berlim tínhamos disciplinas de projeto integradas. Trabalhamos em equipes de quatro pessoas por quase dois anos. Aprendi a trabalhar com um mesmo grupo do planejamento urbano até o detalhamento, e aprendi a realizar tarefas em um curto período de tempo, como desenhar uma casa, começando pela manhã e entregando o projeto algumas horas depois. Esse é um tipo de formação que lhe permite trabalhar de maneira bastante flexível, focando em algo mais profundo, mas também aprendendo como produzir rapidamente e, além disso, aprendendo a entender as conexões e como cada decisão está relacionada a outras.

Projetar é tomar decisões e a coisa mais importante a se desenvolver é um método que lhe ajude a estruturá-las. Nessa época eu projetava manualmente.

Quando me formei, em 1995, ainda usava AutoCAD 11 ou 12, mas não para geometrias muito complexas, e sim para gerar modelos simples, para imprimir em perspectiva e usar como base para traçar um desenho à mão. Quando me mudei para Columbia decidi não mais fazer nada à mão. Fiz duas disciplinas de projeto *paperless* com Jesse Reiser, e foi aí que tive a ideia de usar o computador, não para fazer algo mais rápido, mas para pensar sobre a arquitetura de certo modo. Eu estava mais interessado em estudar a percepção do espaço para desenvolver algo que era muito mais complexo do que eu jamais havia imaginado de outros modos.

GC: Você aprendeu a programar nessa época?

TW: Quando criança, meu primeiro computador foi um Commodore 64. Comecei programando nele, escrevendo códigos simples em Assembly, e assim entendi como era programar. Mas o trabalho que eu fiz na Columbia foi muito apoiado em Maya e Alias, criando animações a partir de modelos; não havia muito o que programar. Isso aconteceu entre 1996 e 1997.

Logo depois fui trabalhar no UNStudio, onde fiquei por 10 anos. Comecei trabalhando em um grande projeto, para a construção de um terminal intermodal em Arnhem, que só terá sua obra terminada neste ano, depois de 17, 18 anos... é, realmente, um longo processo. Comecei este projeto desenhando à mão e depois o modelei com Maya e Alias Wavefront. É tudo *freeform*, tudo *Nurbs*, é um projeto bastante fluido. Logo percebemos que seria muito complicado passar para outro software, para fazer a modelagem com o objetivo de produzir desenhos automaticamente, então definimos como fazer a tradução da modelagem feita no Maya e Alias para o AutoCAD, pois todos no escritório usavam o AutoCAD para produzir os desenhos. Escolhemos utilizar o formato DXF, porém ele consome muito tempo.

Então, no concurso para o museu Mercedes, ficou claro que precisávamos de algo com o qual pudéssemos fazer a comunicação interna mais rapidamente. O museu Mercedes foi o primeiro projeto de muitos em que era preciso copiar, mover e rotacionar repetidas vezes a mesma coisa, então eu deveria projetar um sistema que tinha um módulo central, mas que não parecesse ser modular, que tivesse uma lógica subjacente clara, que organizasse as diferentes partes. Quando vencemos o concurso percebemos que essa lógica precisava ser programada. Se você tem uma lógica é fácil de programar e testar um monte de maneiras diferentes de fazer. Por isso, entramos em contato com Arnold Walz, que começou a fazer essa programação. Eu expliquei a ele como o projeto tinha sido desenvolvido, sobre a hierarquia de decisões, o que é algo que influencia muito a sua programação. Se você mudar a sua hierarquia de decisões, tudo será diferente.

GC: E sobre fabricação digital? Quando você começou a trabalhar com isto e qual a influência da fabricação digital em seus projetos?

TW: Também começou com o museu Mercedes. Começamos a perceber que, se você propõe uma estrutura não repetitiva ou não padronizada, as pessoas podem entender isso como um grande problema, que esta não-repetição aumentaria o custo enormemente. Portanto, foi preciso explicar ao pessoal do museu que o projeto não era baseado em formas totalmente livres, como o projeto de Arnhem era no começo, mas que havia uma lógica por trás, que tem a ver com a possibilidade de montagem ou construção de partes. Se você propõe uma superfície torcida, é preciso saber quais são as propriedades do material, quanto é possível curvar aquele material. Ou, caso esteja projetando estruturas de concreto, é preciso fazer as formas

Para o museu Mercedes, fomos pesquisar como criar formas para superfícies de dupla curvatura para elementos torcidos. Uma maneira de fazer seria com aço, e você poderia usar a mesma forma diversas vezes, mas, no final, por que queríamos uma superfície bastante lisa, usamos compensado de madeira, em camadas bem finas. Testamos o quanto seria possível torcê-las, e então tivemos que refazer as superfícies, para ser possível moldá-las a partir das curvaturas máximas permitidas pelo material.

O interessante sobre a fabricação digital é que você tem um retorno rápido, pois o projeto também está ficando cada vez mais rápido. Você usa os parâmetros que vêm de um protótipo 1:1 e pode readaptá-los em seu projeto. Assim, o processo de projeto não é mais linear, em que você apenas tem uma ideia e uma forma e acha alguém capaz de fabricar esta forma. Agora é possível produzir tal forma como protótipo, propor mudanças, para que possa fabricá-la mais facilmente, e então talvez você consiga controlar o orçamento.

2. Ensino

GC: Você poderia falar sobre sua atividade de ensino na Academia de Artes em Stuttgart? O que vocês estão ensinando lá?

TW: A Academia de Artes é um lugar muito especial. Na Alemanha existem grandes universidades técnicas, e também há as universidades tecnológicas, que formalmente são ainda mais técnicas. Por outro lado, existem apenas duas escolas na Alemanha onde é possível estudar arquitetura como programa de bacharelado e mestrado, e isso é visto como um modo muito artístico de olhar para essa questão. O que tentamos fazer é deixar que as pessoas encontrem sua própria abordagem para a arquitetura. Nós não apenas ensinamos aos alunos como fazer algo; queremos formar alunos interessados e motivados em aprender como fazer.

Eu ensino no programa de mestrado. É um ateliê sobre diferentes tipos de espaços, muito relacionado com o uso de diagramas, tentando abstrair ou visualizar as relações e conexões que são suporte em um projeto, com o propósito de criar algo que você não criaria baseado na sua vivência cultural ou na sua experiência. Trata-se de permitir que as pessoas desenvolvam algo sem saber exatamente o que elas querem fazer. Eu também dou uma disciplina sobre projeto digital. A ideia é mostrar o processo completo aos alunos, como desenhar uma geometria complexa, como construir protótipos usando máquinas CNC, aprendendo o que funciona bem e o que não funciona, as limitações das máquinas, quando adaptar seu modelo digital de novo, e então desenvolver um projeto final.

O que estamos tentando fazer é mostrar aos alunos que há elementos interessantes em cada parte do processo, desde que você trabalhe em um ciclo. O processo não é linear; é um processo recursivo. Não importa mais se você começa de cima para baixo ou de baixo para cima. Quando você se move por todo o ciclo tem que combinar ambas as abordagens. É preciso ter uma ideia, que precisa se materializar em detalhes, e cada um deles precisa ser manufaturado. Vendo a

manufatura, você tem algumas ideias sobre o partido, se era o conceito correto ou se é preciso adaptar a geometria ou mesmo o partido. É muito sobre ensinar um método: "como trabalhar", ao invés de "o que fazer".

GC: Você traz muitas experiências do seu escritório em Berlim para os ateliês de projeto que leciona em Stuttgart?

TW: Como arquiteto praticante, consigo aplicar, no ateliê o conhecimento desenvolvido no escritório; questões relacionadas à análise e síntese realmente podem ser aplicadas nos cursos. Nossa prática também é beneficiada pela oportunidade que temos em experimentar abordagens mais teóricas no ateliê de projeto. Por exemplo, sempre olhamos para as possibilidades de manufatura no uso de certas máquinas. É espantoso ver como as pessoas usam impressoras 3D, mas acreditam que não é preciso se preocupar com a geometria; acham que é só apertar um botão para construir qualquer geometria em 3D, porém existem limitações na fabricação de modelos impressos em 3D.

Sempre acredito ser mais interessante informar que o modelo impresso em 3D é construído em camadas, e tentamos tirar partido desta característica do processo tecnológico dentro do processo de projeto, pois as camadas sobrepostas de material são visíveis no produto final; não se trata, portanto, de imprimir algo que se pareça com uma superfície totalmente lisa, pois estamos olhando, também, em como a tecnologia da impressão 3D pode ser usada a partir dos atributos estéticos do que é impresso.

Você pode manufaturar a mesma geometria, mas se imprimir em um ângulo diferente as coisas podem sair um pouco diferentes e, em vez de ser algo que simplesmente aconteceu, pode ser que, na realidade, você tenha projetado dessa maneira. É uma decisão que você toma. É preciso estar ciente disto e levar isso em consideração quando projeta um objeto para ser impresso em 3D. Se precisar dividir um objeto em partes menores tem que pensar sobre as junções; desse modo, estas junções tem que ser projetadas com a mesma qualidade do restante do objeto, ou seja, não podem ser tratadas como algo de menor importância.

GC: Qual sua opinião sobre a educação dos arquitetos na Alemanha? Quais novas tecnologias estão efetivamente sendo incorporadas no treinamento profissional?

TW: É importante que aprender a usar uma variedade de ferramentas, como inserir a informação no computador e como retirar a informação dele, mas pessoas acabam aprendendo a fazer essas tarefas de alguma maneira. No meu ponto de vista o que é mais problemático na educação é que ainda estamos ensinando as pessoas com uma visão do século 19 sobre o arquiteto criativo.

Continuamos ensinando que o arquiteto é aquele que tem uma ideia, um *insight*, e que a criação é algo pessoal, e que você idealiza o projeto sozinho e depois tem outras pessoas que o ajudam a executá-lo. Isso é uma ideia muito antiquada do trabalho do arquiteto. Hoje a profissão está muito mais ligada ao processo colaborativo, onde cada um contribui com diferentes habilidades e conhecimentos.

Na prática, o sucesso de um projeto está muito mais relacionado à colaboração entre arquitetos e engenheiros. E é preciso aprender uma determinada linguagem para se comunicar com um engenheiro. Essa linguagem é a programação, e isso é fantástico, mas não funciona para todo mundo. Geralmente uma pessoa sabe programação, outra sabe algo diferente e elas precisam se comunicar sobre o projeto.

Portanto, penso que a coisa mais importante é ensinar a comunicação para uma equipe de arquitetos ou arquitetos e engenheiros. Comunicação é a parte mais valiosa e não estamos dando a atenção necessária a isso. Nós ensinamos habilidades e destrezas, mas também precisamos aprender como ensinar a tomar decisões. E também precisamos ensinar cultura arquitetônica, e não apenas história da arquitetura, mas a história da manufatura, a história do projeto, entendendo que tecnologia é importante, é o que torna possível fazer algo diferente.

Eu gostaria de citar Cedric Price: "se a tecnologia é a resposta, então qual é a pergunta?". No fim, sempre nos perguntamos por que estamos fazendo isso, e a resposta é porque é algo para as pessoas. Não se deve projetar um edifício somente por ser possível apertar um botão em uma fantástica ferramenta nova que permite que você crie um edifício que se pareça como isto ou aquilo. Isto é bom para o ambiente acadêmico, é um ponto inicial, mas o objetivo de vida de um arquiteto não deve ser o de projetar edifícios com formas malucas, com superfícies duplamente retorcidas, apenas para deixar uma marca, como o cara que fez a forma da última moda.

Por outro lado, podemos juntar as habilidades técnicas que permitem projetar coisas malucas para fazer algo que tenha sentido? Isso é algo em que eu sempre penso, mas nunca temos tempo suficiente para chegar a esse ponto. Sempre estamos ocupados tentando ensinar o básico e nunca falamos sobre quais os próximos passos que um arquiteto deve tomar depois de adquirir os conhecimentos básicos.

GC: Você está fazendo pesquisas na Escola de Artes?

TW: Somos uma pequena escola com um orçamento limitado, então não podemos montar um grande espaço de fabricação. Temos máquinas pequenas e fazemos pesquisas básicas. Um exemplo é aquele que eu descrevi anteriormente sobre a impressora 3D. Em outra pesquisa, alteramos, em uma CNC de três eixos, o código do caminho de fresagem da máquina, para que não seja preciso criar um monte de polígonos para ter uma superfície bastante complexa.

Assim, projetamos uma superfície simples e então alteramos o código para, em vez de ter a máquina fresando suavemente, ela avançar rapidamente sobre o material; o resultado é baseado puramente no processo de fabricação, e não na geometria. O que projetamos é, na realidade, o movimento da fresa, e seu rastro se materializa no objeto. Então nós olhamos para isto, como um arquiteto, onde você pode interferir no processo de manufatura. É o oposto de dizer que, primeiro, produzimos uma geometria complexa e, depois, encontramos a máquina que seja capaz de produzir aquela complexidade da melhor maneira.

Nossa proposta diz respeito a como usar uma máquina simples, mas aumentado a complexidade do resultado ao utilizá-la de modo diferente. É como "hackear". Quando eu trabalhava com no meu Commodore 64 a memória do computador era tão pequena que eu constantemente tinha que ser criativo sobre como armazenar dados.

Olhávamos mais para o processo, em como reutilizar as coisas e minimizar o trabalho. Acredito que isso é apropriado para uma escola que não tem recursos para comprar o equipamento mais moderno. Mas nós também colaboramos com outras pessoas. Nós temos um *workshop* de robótica com a TU Graz, no qual nós cortamos isopor, procurando usar o robô para minimizar o desperdício.

3. Prática

GC: Você poderia falar sobre sua experiência no UNStudio e como ela contribuiu para o seu trabalho no LAVA?

TW: Quando eu me formei na Columbia, queria combinar duas coisas. Uma era a experiencia que adquiri em projeto *paperless*, com as ferramentas digitais, e também os conhecimentos práticos que adquiri quando trabalhei como estagiário por dois anos, depois de me formar na Alemanha. O UNStudio era o lugar em que eu podia combinar ambos. Havia muitos trabalhos acontecendo na Holanda naquela época, no final dos anos 90 e começo dos anos 2000.

Quando comecei era uma época fantástica, quando o UNStudio se tornou um escritório renomado internacionalmente, com muitos estrangeiros formados na A.A. ou na Columbia. Trabalhávamos em concursos internacionais e fomos introduzindo ferramentas digitais. Podíamos desenvolver ideias livremente, os grandes detalhes, suavidade, a organização do espaço e organização da matéria no espaço. Nós combinamos a abordagem acadêmica com o

conhecimento, a possibilidade e o otimismo de implementar as ideias produzidas em computador para o canteiro de obras.

GC: A experiência no UNStudio ainda influencia a maneira como você ensina?

TW: Sim, claro, no trabalho com diagramas e na abstração. Descontextualizar e então recontextualizar certas informações. Tentando trabalhar com as principais conexões entre as duas coisas, o que Ben e Caroline chamam de forças invisíveis, que tem influenciado meu método de ensino. E, com as ferramentas digitais de análise, é possível tentar visualizar as tais forças, mesmo que elas lhes deem apenas uma ideia de como algo pode ser feito. Algumas ideias vão além da sua imaginação. Nós podemos produzir diagramas para instigar a sua imaginação, encontrar outros caminhos, através dos quais certas coisas podem ser descritas. Dessa foram, podemos dizer que temos um método de resolução de problemas apoiado em termos tecnológicos.

GC: A respeito do trabalho que vocês fazem no LAVA. Por que o estúdio está dividido em três escritórios separados (Stuttgart, Berlim e Sydney)?

TW: O escritório começou em Stuttgart, pois Alexander estava morando lá e eu morava em Amsterdam. Mas, por questões familiares, me mudei para Berlim. Há muito trabalho aqui e há a liberdade de se fazer certas coisas. E meu emprego como professor em Stuttgart era, inicialmente, apenas por 6 anos. Berlim é um centro internacional, onde existem muitas empresas inovadoras e muitas pessoas criativas. A ideia era ter um escritório em Stuttgart, que é o *Silicon Valley* alemão, onde existem muitas empresas de alta tecnologia e empresas pequenas de manufatura, produzindo máquinas inteligentes e trabalhando com essas ferramentas, combinando isso com Berlim, que tem uma cultura internacional. E, como ensino em Stuttgart, posso estar em ambos os escritórios toda semana. Com o escritório em Sydney nós precisamos usar comunicação digital.

GC: Você desenvolve projetos junto com os outros escritórios LAVA?

TW: No começo, tínhamos grandes projetos em Abu Dhabi, onde trabalhamos juntos. Pequenos projetos são feitos localmente, mas os grandes são feitos em conjunto. Cada escritório precisa ter um tamanho adequado para se sustentar. Às vezes, é melhor fazer um projeto menor, localmente, pois você conhece melhor todas as pessoas no escritório e tem envolvimento direto no que está acontecendo. No momento temos quatro projetos em Berlim, mas também estamos fazendo projetos internacionais em conjunto.

Por exemplo, participamos de alguns projetos na China, com o escritório de Sydney, organizados como um consórcio internacional. Ainda estamos testando diferentes abordagens. A ideia é fazer os projetos grandes em conjunto, tirando vantagem das diferentes capacidades e experiências que Chris, Alexander e eu temos. Estamos frequentemente envolvidos em discussões sobre grandes projetos. Nos reunimos por Skype todas as sextas-feiras e montamos algumas páginas de cada projeto no servidor, assim cada um sabe o que precisa ser feito.

4. O futuro da arquitetura

GC: Muitos autores têm falado sobre complexidade e o retorno do ornamento como algo relacionado a tecnologias generativas e fabricação. Você está incorporando esse novo tipo de ornamento na sua arquitetura?

TW: Se observar a história da arquitetura do ponto de vista das ferramentas, pode dizer que as ferramentas digitais lhe permitem reintegrar o ornamento na arquitetura. No modernismo, tudo é baseado em regras simples, genéricas, por um lado e, por outro, universais. Para muitos, parece que as coisas, desse modo, são ordenadas, estruturadas, fáceis de entender. Ao olhar para a natureza, pode ser que pareça um sistema completamente caótico, e com ferramentas digitais é possível compreendê-lo. Aí é que está a beleza disto tudo.

Por exemplo, para programar o projeto Barcelona Pavillion, de Mies Van der Rohe, seriam necessárias muito mais etapas do que para programar uma árvore. A geometria de uma árvore, como resultado, pode parecer muito mais complexa, mas as regras que eu preciso para descrevê-la são muito menos complexas. E isso muda a maneira como você olha para a arquitetura.

Complexidade geométrica não é algo que precisa ser computacionalmente complicada para ser alcançada. A maneira como você trabalha pode ser bastante estruturada e muito simples, mas o resultado pode ser muito complexo. Ao projetar um edifício, não é mais separar a sua volumetria, que geralmente é simples, dos ornamentos, que normalmente são complexos, e que serão aplicados às superfícies dos volumes. Com as novas ferramentas podemos criar superfícies e volumes com uma aparência complexa.

Uma questão muito interessante é que muitas das teorias modernistas são baseadas em ideias da Renascença, quando há a separação das funções entre projeto e obra: entre o cara que teve a ideia, o arquiteto, e o construtor, que executa. É por isso que existe a separação entre o esqueleto e a pele, e entre a pele funcional e algo que dá ao edifício uma certa aparência, e aí você chama isso de ornamento, mas acho que agora não será mais preciso diferenciar essas coisas. Nem tudo tem que ser branco ou preto; com arquitetura digital tudo pode ser em tons de cinza, e sempre é possível mudar os parâmetros e criar um meio termo.

Isto significa que não é preciso ter uma ideologia de que preto é melhor que branco ou branco é melhor que preto. Não acho que tudo que é paramétrico precisa ser curvo. Nós também trabalhamos parametricamente para criar caixas. Podemos superar a dialética entre formas livres (*blobby*) e retas (caixa) e nos concentrar em como as coisas são feitas e no que queremos fazer. Se tudo é possível, o que nós queremos fazer?

Podemos fazer escolhas e precisamos ter argumentos para defendê-las, caso contrário voltaremos para a otimização racional; eu não estou interessado nisto. Devemos procurar a melhor solução possível considerando certos parâmetros, e olhando para o que acontece, se um ou outro parâmetro se torna predominante.

Se der diferentes valores para diferentes parâmetros pode sempre ver alguma solução potencial, e isso é a coisa mais interessante. A escolha não precisa mais ser baseada em opções pessoais, ou preconceitos, ou em uma ideologia.

GC: Alguns autores também escreveram sobre o novo detalhe arquitetônico, tendo em vista as máquinas de controle numérico. Como vocês incorporam isto na prática? Vocês estão fazendo por exemplo, um detalhamento programado computacionalmente, de modo que, se as formas mudam pelo edifício, não seja preciso desenhar manualmente cada detalhe?

TW: Estamos sempre interessados em usar as máquinas para o que elas são boas. Máquinas são boas em repetição. E a coisa interessante é que, ao utilizar uma máquina, não significa que você irá produzir o mesmo resultado, mesmo que queira partir para uma produção em massa. O mesmo processo pode terminar com objetos diferentes. Claro que usamos este processo para desenhar. Jamais desenhamos nada manualmente para representar algo que poderá ser alterado.

Criamos uma regra e depois montamos uma estrutura para desenvolver um conjunto de desenhos. Primeiro, nós projetamos, desenvolvendo nossos detalhes. Depois, os entregamos aos construtores e eles criam seus próprios detalhes. Nossos desenhos jamais vão diretamente para a obra. Desenvolvemos princípios para explicar a alguém como algo pode ser potencialmente fabricado, ou seja, um detalhe proposto por nós não é algo fixo, é mais parecido com uma fotografia instantânea. Sabemos quais são as premissas, e o restante da solução cabe aos construtores. Por exemplo, em um telhado onde a inclinação muda gradualmente, a calha precisa corresponder a isso.

GC: Quais são as oportunidades para quem quer produzir arquitetura visionária, que é o objetivo do escritório LAVA?

TW: Quando começamos com o LAVA, tínhamos um projeto muito louco. Era um resort de esqui em Abu Dhabi, em um clima desértico. Isto foi um desafio tecnológico, assim como geométrico. Era um edifício de 2.5km de comprimento anexado a uma montanha com uma rampa de 500m. Sem um projeto paramétrico não havia realmente como lidar com isto. Parece uma ideia maluca, mas, ao mesmo tempo, se você olhar para a história da arquitetura, nós tínhamos palmeiras em estufas em Londres há 150 anos; se pessoas em climas frios querem ter um clima quente, por que as pessoas de climas quentes não podem querer um clima frio? A ideia era usar energia solar para criar o resfriamento. Foi nosso ponto de partida.

Depois nós vencemos o concurso de Masdar, para uma praça no centro da cidade. Tivemos a ideia de criar uma área externa confortável no clima do deserto, para as pessoas se reunirem e terem festas de aniversário de crianças em um espaço público, em vez de dentro de um shopping. Isso somente é possível com o uso de novas tecnologias, mas deveríamos fazer isto considerando a sustentabilidade. Fomos pagos para desenvolver ideias. Desenvolver visões é algo fantástico, é preciso ter alguém que financie isso.

Às vezes fazemos pequenos projetos para desenvolver algumas ideias ou pesquisas. O projeto Sipchem, na Arábia Saudita, é um edifício que tem uma fachada com um metro de espessura de isopor, com um sistema não repetitivo, criado com uma máquina CNC. A razão é que o cliente produz isopor, então a fachada do edifício se torna uma aplicação para o material.

O que nós mais gostamos de pesquisar é como nós gostaríamos de morar. Na Arábia Saudita, temos um projeto sobre como transpor a tipologia da casa de pátio para uma torre de escritórios de 20 andares, para criar possibilidades de comunicação entre diferentes andares. Em termos de geometria é praticamente um prédio em formato de caixa, mas em termos de comunicação é uma torre visionária, que combina não apenas uma abordagem sustentável, mas também a ideia de misturar a tecnologia e as tradições culturais da organização. O edifício é específico para o local e para a cultura, mas usa a tecnologia para o desempenho.

GC: Estou impressionada com o fato de vocês serem fiéis ao nome do escritório, *Laboratory for Visionary Architecture*. Parece-me que vocês sempre fizeram pesquisa, como em um laboratório de verdade, e tentam demonstrar teorias a partir dos projetos que vocês desenvolvem.

TW: É ótimo que consiga enxergar isso em nosso trabalho, pois, para nós, é a coisa mais importante. Enquanto arquitetos, estamos sempre pensando sobre como podemos contribuir para o mundo em que vivemos, pois temos o privilégio de poder mudar o espaço. Não somos capazes de resolver os problemas da sociedade, mas podemos visualizar um futuro em potencial. E um laboratório não é algo caótico. Ninguém conduz um experimento sem ter um objetivo, sem ter uma estrutura para alcançar resultados. A coisa mais importante é o método. Se você tentar explicar para um cliente que você é um laboratório, vão pensar que é experimental, e coisas experimentais são um risco, pois nunca se sabe se o experimento vai falhar ou não. As pessoas não gostam de se sentirem como ratos de laboratório, então tentamos explicar que nosso trabalho é fundamentado em metodologia, relacionado a entender o que é realmente necessário ser feito, quais são os fatos, e como eles podem ser combinados.

Como citar este capítulo

CELANI, M. G. C. **LAVA, Arquitetura visionária em Berlim**. Entrevista com Tobias Wallisser. In: CELANI, M. G. C.; SEDREZ, M. (Organizadores). Arquitetura contemporânea e automação: prática e reflexão. São Paulo: ProBooks, 2018. p. 198 a 205.

Versão reeditada de CELANI, G. **Lava, arquitetura visionária em Berlim**. Entrevista com Tobias Wallisser. *Entrevista*, São Paulo, ano 16, n. 064.02, Vitruvius, out. 2015 <http://www.vitruvius.com.br/revistas/read/entrevista/16.064/5808>.

D08

Howard e Mark Raggatt

Tecnologia e política

O ARM Architecture (Ashton Raggatt and McDougall) é um escritório de arquitetura, urbanismo e interiores de Melbourne, Austrália (*http://armarchitecture.com.au*). Os projetos são inspirados por uma fusão de elementos do pós-modernismo e novas tecnologias, tendo recebido diversos prêmios por suas obras. Nesta entrevista, Howard Raggatt e seu filho, Mark, falam do uso da tecnologia em projetos antigos e recentes. Mesmo com técnicas "rudimentares" eles foram pioneiros ao usar scripts para projetar e moldes para fabricar sua arquitetura. Eles enfatizam o aspecto político da profissão do arquiteto, uma oportunidade para relembrar a cultura, para apontar erros e acertos da história, ou provocar um debate sobre a teoria da arquitetura. Por fim, explicam como o ornamento é essencial em seus projetos, desempenhando funções além da estética.

A entrevista foi realizada por Maycon Sedrez no escritório ARM em Melbourne, em 07 de outubro de 2015. A tradução também é de Maycon Sedrez.

1. Sobre o projeto RMIT Storey Hall

Maycon Sedrez: Gostaria de saber mais sobre o projeto do RMIT Storey Hall (fig. 96). Poderiam explicar um pouco sobre o projeto e o que os motivaram a usar o ladrilho de Penrose?

Howard Raggatt: Roger Penrose é um matemático e físico que tem uma tremenda influência na matemática da cosmologia e, em particular, nas singularidades do espaço-tempo e a teoria do *Big Bang*. Ele também é fascinado por geometria e por sistemas de organização de ladrilhos. Nos anos 70, se interessou pela ideia do ladrilho aperiódico, que consiste na capacidade hipotética de se ladrilhar uma área infinita sem repetir o padrão. Nos anos 60, estudiosos desta teoria acreditavam ser necessários 20.246 ladrilhos diferentes, mas, em meados dos anos 70, Penrose ajudou a reduzir para apenas 2 o número de peças diferentes! Provavelmente, no início, era um tipo de jogo, um exercício intelectual, mas estudar esses ladrilhos traziam implicações ricas e profundas, haviam simetrias quintuplamente dobradas e conceitualizações tridimensionais dos ladrilhos que levaram a descoberta de quasicristais, o que antes se pensava ser impossível. O ladrilho de Penrose propõe uma composição por dois tipos, um chamado de "grosso" e outro de "fino", e as regras que produzem aperiodicidade tem a ver com a maneira que são organizados, como se encaixam. Essas regras foram inscritas nos ladrilhos propriamente ditos, que é o que você pode ver nas juntas dos ladrilhos do Storey Hall. Se um ladrilho é colocado errado o sistema entra em colapso; você não poderá colocar mais nenhum ladrilho, de acordo com as regras. Nós fizemos isso na fachada do Storey Hall, olhe para cima e verá que há um ladrilho faltando, nós deixamos de propósito, quebramos as regras. Fomos convidados para projetar um prédio para a Universidade RMIT, algo emocionante, e também relevante para eles, como uma universidade de tecnologia. Buscamos os ladrilhos, pois acreditamos que a repetição era mais barata que a diferenciação, e buscamos obter o mesmo efeito utilizando um ladrilho estranho, talvez animalístico, mas eficiente. Arquitetura é, geralmente, uma questão de custos. Começamos a procurar por ladrilhos eficientes, e os ladrilhos de Penrose eram muito eficientes! Fizemos a fachada principal do edifício em bronze. Estávamos fortemente interessados em tentar incorporar, na fisicalidade do edifício, a ideia de consciência. Roger Penrose é fascinado por consciência. Os ladrilhos são como isso, uma combinação de geometria, regras que organizam a matéria, e consciência, e os produzimos como se fossem feitos por um artesão, para se parecerem a um tecido. Tem cordas e tiras de renda, uma cinta liga e pedaços de tecido e folhas de alumínio. Esses elementos contam a história do edifício propriamente dito. O Storey Hall foi construído pela comunidade *Hibernian* católica de Melbourne, em 1860. Os poderes dominantes daquela época eram protestantes, que oprimiam os católicos, e queríamos que nossa arquitetura registrasse essa história de alguma forma. Por exemplo, a cor verde é utilizada pela comunidade católica irlandesa e também pelas sufragistas, que tinham, em sua

96
RMIT Storey Hall.

bandeira, as cores verde, branco e roxo. Eu acredito bastante nestes simbolismos. Acho que, se, por um lado, um escritório como o ARM seja progressista, pois tem um interesse em resultados gerados por computador, por outro lado também somos talvez, tradicionalistas; somos contemporâneos no que diz respeito aos interesses em projeto generativo, e ainda assim somos arquitetos barrocos com relação ao nosso senso de agenda social, o que, certamente, traz para nosso trabalho um simbolismo subversivo. Assim, poderia se dizer Storey Hall tem muitas influências barrocas: a totalização do interior, a totalização do exterior, a noção de figuração, bem como da produção da forma. Tudo isso, contudo, foi filtrado através da tecnologia e filosofia contemporâneas. Ainda estamos interessados, como linha mestra que orienta nossos trabalhos, no discurso que problematiza tudo, e questiona tudo, o oposto do arquiteto-gênio, voltado para resolver problemas. Em outras palavas, nos sentimos profundamente subversivos. Acredita-se, normalmente, que arquitetura tem uma tradição de resolver problemas, mas, na verdade, não temos ideia alguma de como resolvê-los, acreditamos que não resolvemos nada.

2. A prática

Mark Raggatt: O que a maioria das pessoas pensam serem problemas não são problemas reais, são? O problema de como organizar os ambientes, por exemplo, não é um problema real. Tampouco, um problema filosófico.

HR: Nós gostamos de pensar a arquitetura como sendo um problema real. Poderia ser a arquitetura um tipo genuíno de questionamento? Ou todas as respostas já são conhecidas? Geralmente pensamos que a maioria dos arquitetos acreditam que sabem todas as respostas. Porém, não temos a mínima ideia do que pode ser a resposta, filosoficamente. A Austrália é um país colonial, e existe um tipo de embaraço sobre a nossa importância cultural no mundo. Nós reproduzimos coisas aqui que vemos em outros lugares. Mas, em vez de tentar dizer, 'ah, podemos fazer uma arquitetura puramente australiana' — o que não é algo interessante para mim — entendemos ser possível adotar a reprodução e a transformação como metodologia crítica de projeto. Nós pegamos coisas e as transformamos em australianas, por assim dizer.

MS: Eu acho que o mesmo ocorre, de certo modo, com a arquitetura brasileira.

HR: Acho que isso é verdadeiro para todos os tipos de arquitetura realmente interessantes. Chamamos isso de arquitetura marginal, que traduz o que é dito pelas culturas centrais para as periferias. O barroco na América do Sul é fantasticamente interessante, possivelmente mais interessante que na Itália.

MR: Os processos generativos iniciais no ARM eram criados com base em uma maneira crítica de praticar arquitetura na Austrália, em vez de um maneira simbólica compositiva. Os processos generativos do ARM não são puramente o pós-moderno estilizado, não são apenas a aplicação de um símbolo; acreditamos que estejam em um lugar confortável, entre os pós-modernos simbolistas e o design generativo.

HR: Temos uma série de projetos que tem origem no projeto da casa da mãe de Robert Venturi. Um deles foi feito fotocopiando fisicamente a planta, por exemplo, mas movimentando o original enquanto copiando. Por um lado isso produz algo que seria apenas a cópia da planta da casa da mãe de Venturi, mas é algo mais, que requer interpretação, requer tradução para que possa ser construído, pois tivemos que achar precisão nas manchas. Nesse caso, em particular, fizemos diversas pixelizações; é a casa da mãe de Venturi, mas extremamente transformada. Provavelmente você não iria reconhecê-la imediatamente. Outro projeto é produto do posicionamento de um cone no centro da casa de vidro de Philip Johnson, criando uma anamorfose canônica da planta. Inverte completamente o edifício de dentro para fora, de tal maneira que tudo que está dentro se torna exterior. Novamente uma transformação extrema, pode se dizer, de uma condição local. A anamorfose provavelmente atingiu seu auge como um método crítico no Barroco, como um tipo de visão cataclísmica, questionando as mais profundas perguntas. Isso foi o simbolismo conectado com a anamorfose que agora se tornou apenas trivial, uma brincadeira de criança.

MS: Qual o motivo de haver uma reação tão forte à arquitetura contemporânea, relacionada a novos edifícios, aqui em Melbourne? Eu ouvi que, quando algo novo surge as pessoas não gostam muito, a princípio, mas depois se acostumam.

HR: O Storey Hall é um desses exemplos. Contudo, acredito que ninguém se choca com mais nada. Mas, talvez, a arquitetura seja uma exceção; as pessoas ainda são afetadas ou insultadas pelo nosso tipo de arquitetura, pois pensam que sabem o que arquitetura deveria ser. Mas nós não sabemos o que deveria ser. Algumas vezes somos mais diretos em nossa abordagem. O *Australian Institute of Aboriginal and Torres Strait Islander Studies* é vizinho de um projeto nosso, o *National Museum of Australia,* em Canberra. Este museu é a versão em preto da Villa Savoye, de Le Corbusier. Não tentamos inventar ou tornar real ou, de alguma maneira, propor uma arquitetura aborígene:

como nós poderíamos fazer isso? Mas, em vez disso, pensamos em prover as pessoas com algo que é um tipo de protesto. Este projeto foi realizado em um período em que trabalhávamos sob um governo conservador. Então, como um primeiro projeto 'marginal', importamos esse ícone de arquitetura, todo em branco, disseminado do centro do mundo, europeu, e trouxemos para a Austrália; nesse processo, se tornou uma imagem espelhada em preto do original, é negativo. Estamos interessados em um tipo de disciplina arquitetônica erudita, em que pegamos uma séries de regras ou ícones e adicionamos nosso conhecimento; por exemplo, com relação à escada externa, que Le Corbusier propôs no projeto original e documentou, mas nunca foi construída na Villa Savoye... fizemos a escada, mas a pintamos de preto. Também notamos, por exemplo, que quando a revista Domus publicou a Villa Savoye em uma edição especial sobre Le Corbusier, utilizaram uma foto invertida; então, construímos também uma versão invertida, como se estivéssemos copiando diretamente da revista. Porque estamos aqui 'em baixo' e somos 'ignorantes'. E pela razão de que sabemos somente aquilo que vem dos livros. Conceitualmente, nunca estivemos lá na Villa Savoye — é claro que estivemos, mas conceitualmente nunca estaremos lá de verdade, nós estamos muito longe do centro, da Europa.

3. Projeto computacional

MR: A outra coisa interessante sobre esse processo é que a anamorfose canônica é desenhada precisamente por um computador.

MS: Eu gostaria de lhes perguntar sobre os processo computacionais que vocês usam...

MR: Temos uma rotina LISP que faz o desenho. Essa rotina é de 1991, e nós a publicamos, pois acreditamos que é importante para mostrar a prova, o rigor do processo. O ARM contratou um matemático e um programador para escrever o código. Agora nós podemos fazer em uma tarde, pois as ferramentas que temos se tornaram patenteadas, mas naquela ocasião foi necessário fazer as ferramentas a fim de criar o projeto.

MS: E como vocês fazem hoje em dia, vocês tem um especialista em computação?

MR: Não, somos todos amadores...

MS: Vocês tem alguém da ciência da computação trabalhando aqui, ou vocês são todos arquitetos que aprenderam a programar, a escrever códigos?

MR, HR: Geralmente nossos arquitetos querem escrever os códigos.

MS: Quais programas vocês usam? Grasshopper? Programam em Python?

MR: Nós usamos Grasshopper, um pouco de MaxScript também. Python é menos popular aqui. Estranhamente, tendemos a não trabalhar a partir do script; procuramos trabalhar da ideia para o código. Há muita conversa e desenho, e então o código se desenvolve a partir dessa conversação.

MS: Você poderia falar um pouco sobre como trabalham com fabricação digital? Vocês usaram um processo bastante artesanal na produção da fachada do Storey Hall; hoje em dia, provavelmente, vocês têm um processo mais digital...

MR: Nós tivemos a sorte de voltar ao Storey Hall por meio de um projeto vizinho do RMIT, chamado *The Green Brain* (O Cérebro Verde), que é logo ao lado. O Storey Hall foi finalizado em 1995, e é tudo artesanalmente feito em bronze, e o The Green Brain tem uma geometria distinta porém familiar. A geometria suave tem o ladrilho de Penrose como origem, mas não se apresenta artesanalmente detalhada, nem possui simetria precisamente matemática; a matemática contemporânea permite que as superfícies criadas sejam tão complexas a ponto de parecerem não ter bordas, de serem difíceis de distinguir. Quanto mais você se aproxima delas, mais difícil é para vê-las.

MR: Quanto à fabricação, em vez ser um molde artesanal de bronze, nós modelamos as peças digitalmente; não há praticamente nenhum desenho feito para aquele edifício. Trabalhamos com uma empresa que imprimiu o edifício. O projeto nasceu totalmente de um processo digital, do conceito até a montagem. A engenharia é toda feita diretamente nas malhas propriamente ditas. A empresa com quem trabalhamos, a MouldCAM, faz iates, e estão acostumados a lidar com cargas livres incríveis e forças imprevisíveis. Para eles, produzir essa arquitetura é fácil como fazer um brinquedo de criança.

HR: Mas, novamente, suponho, há um dilema ou problema, relacionado à questão do reconhecimento. Ainda que a última versão de projeto seja descendente da primeira, elaborada na fase de concepção, porém com algumas condições modificadas, você consegue reconhecê-los como parte do mesmo processo? Às vezes, ao alterarmos as divisões das peças, processo utilizado para fazer peças maiores, novas formas podem surgir, e isso pode nos trazer outras analogias visuais, que podem nos interessar, e portanto decidir separar dessa maneira em vez de outra.

MR: O processo de fabricação nos permite juntar duas variantes, função e ornamento, em um gesto. Nós vemos isso no *The Green Brain*, no *National Museum*, no *Melbourne Shrine of Remembrance* e no *Melbourne Recital Centre* (MCR). A objetivo do projeto do MCR é proporcionar um ambiente que tem um bom desempenho, acústica e visualmente. Parte da nossa análise e proposição foi afirmar que a música barroca de recital vem de salões de dança barrocos, e a razão da música soar daquela maneira é porque os ambientes foram projetados especificamente para receberem festas. Eles tem um bom desempenho por causa dos seus materiais e ornamentos. O ambiente cria a música e a música cria o ambiente; e o ornamento faz parte do significado do ambiente, do seu conteúdo, da sua estética e é um elemento fundamental por sua... função.

MS: A função!

MR: E apenas os processo digitais nos permitem fazer isso (projetar ornamentos com função de melhorar a qualidade acústica de um ambiente), pois qualquer outro método para projetar um ornamento fará dele apenas um objeto para composição; ele nunca vai terá um desempenho tão bom como outro, que foi computado até o enésimo grau.

HR: Nós terminamos com um padrão figurativo tipo granulado que sugere imagens emergentes. O olho e orelha do David de Michelangelo, por exemplo, ou o Êxtase de Santa Teresa de Bernini.

MR: Com o digital há sempre um processo de translação — como você traduz um produto de um processo digital em uma arquitetura significativa? Como entendem o produto criticamente? Esses processos, essas traduções que ocorreram, começam a se tornar coisas que você pode reconhecer, começam a pedir outras interpretações. Por isso usamos processos generativos, pois assim podemos ver coisas que de outra forma não veríamos ou não poderíamos ver. Como ver uma baleia nas nuvens, ou imaginando-a, em vez de desenhando-a. Os dois dependem um do outro; o conhecimento erudito histórico e o processo generativo dependem de entre si para criar algo novo, algo que é arquitetônico.

4. Booleanas

MR: Outra operação que o ARM desenvolveu nos meados dos anos 90 e, desde então, se popularizou, foi a subtração booleana. Imaginamos um tipo de figura em laços que se desenrola por toda Melbourne e pelo país. Há uma rua, a *Swanston Street*, que corre diretamente ao centro de Melbourne. Desenhamos diversos projetos ao longo desse eixo e imaginamos um laço que liga e corta esses projetos, deixando traços da sua passagem. Uma dessas vertentes dobra-se ao redor do *Shrine of Remembrance* e forma quatro pátios, que dão acesso ao *Shrine*, sem ter que subir uma grande escadaria.

HR: A ideia era criar uma figura de dupla hélice booleana que segue a rua Swanston. O *Shrine of Remembrance* é um monumento à vida e à morte, e a dupla hélice é a figura do nosso DNA — que também representa a vida e a morte. A figura booleana ascende, laça e corta os pátios. Eu acho que as ideias da emoção e do invisível são, provavelmente,

as mais importantes na arquitetura; tudo aquilo que você não pode ver, para nós, é o principal, e é um tema de grande interesse nos nossos trabalhos. O *National Museum of Australia*, por exemplo, foi imaginado como um nó gigante. O nó é, para nós, um ícone da problemática. A ideia foi fazer um nó dentro de uma caixa, um grande nó, uma coisa tridimensional, que então é subtraída da caixa, como uma estátua de um molde.

MS: Positivo e negativo.

HR: Sim, então a 'arquitetura', a forma construída, se torna residual, em vez de uma coisa crítica, o nó por si próprio. É aquilo que sobra. De novo, nós temos o problema da legibilidade: quando você olha para aquele espaço — que é bastante fantástico — é quase impossível 'ler' o grande nó do seu molde negativo. Nem todo mundo consegue fazer isso.

MR: É um incrível espaço complexo e tem muitas coisas estranhas, mas é claro todas são superfícies compreensíveis, se curvam sempre em apenas uma direção. Então é relativamente fácil de construir, não é preciso criar superfícies complexas, nem usar moldes impressos em 3D; são utilizadas habilidades e técnicas de construção padrão, é um método inteligente!

HR: Tem uma história completa de como a corda booleana viaja pelo *National Museum* e faz diversas coisas, corta o interior do museu, corta o espaço que nós chamamos de Circunsição, que é uma espécie de varanda, como um grande ferida aberta, um ferimento ou sacrifício.

MR: Partes das fachadas do *National Museum of Australia* e do *Australian Institute of Aboriginal and Torres Strait Islander Studies* são feitas de grandes painéis de concreto moldados digitalmente (fig.97). Eles são pintados de preto e ficam parecidos com borracha. Eles tem uma forma senoidal; para produzi-la digitalmente, o ARM utilizou um simples gráfico de uma senoide e o envolveu ao redor de um cilindro.

HR: Nós mapeamos em um cilindro para parecer que o edifício é, na realidade, plano. Nós queríamos desaparecer com as bordas,

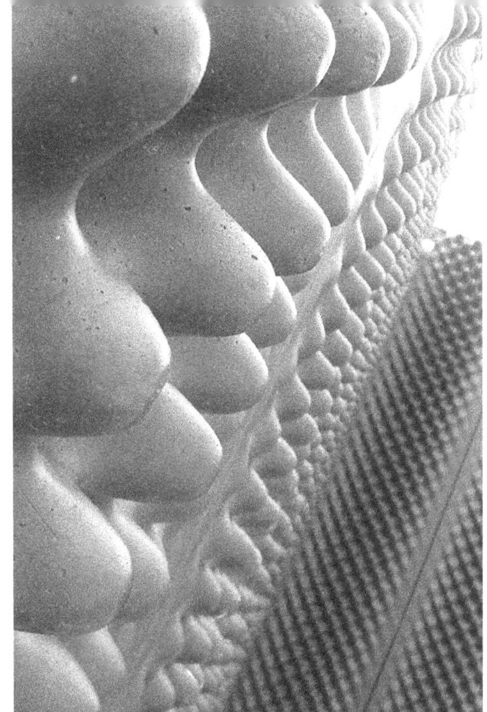

97
Painéis de concreto.

pois, caso contrário, se você faz uma coisa planam você termina com um canto que não é possível de ser construído. Então você quer algo que desaparece gradualmente.

MR: É, não é possível conceber esta forma apenas desenhando. É preciso construí-las digitalmente.

Como citar este capítulo

SEDREZ, M. **Tecnologia e política**. Entrevista com Howard e Mark Raggatt. In: CELANI, M. G. C.; SEDREZ, M. (Organizadores). Arquitetura contemporânea e automação: prática e reflexão. São Paulo: ProBooks, 2018. p. 206 a 211.

D09

Guto Requena

Fabricação digital no Brasil

Guto Requena graduou-se em 2003 pela FAU USP. Durante nove anos foi pesquisador do Centro de Estudos de Habitares Interativos da USP (NOMADS.USP). Em 2007 defendeu seu mestrado na EESC USP e, em 2008, fundou o escritório que leva seu nome. Guto é um arquiteto brasileiro que tem desenvolvido objetos e projetos que buscam a integração do ser humano com a tecnologia, o que reconhece por cultura ciborgue. Seu escritório tem alcançado destaque internacional por seus projetos inovadores. Recebeu diversos prêmios por seus projetos, palestrou e expôs em mais de 20 países.

Nesta entrevista, o arquiteto conta, em detalhes, como desenvolve seus projetos e opina sobre os desafios enfrentados pela fabricação digital no Brasil. Guto, como muitos arquitetos brasileiros, faz parte de uma geração que está entre a transição do analógico para o digital.

A entrevista foi realizada presencialmente em São Paulo no dia 27 de outubro de 2014.

Maycon Sedrez: Eu já vi um pouco do seu trabalho na internet e assisti ao vídeo da sua palestra em Moscou[28]. Gostaria que você nos contasse sobre a sua formação e trajetória.

Guto Requena: Eu entrei na FAU USP em 1999, ano que foi um divisor de águas na minha vida, quando tive o primeiro contato com e-mail e redes sociais. No fim daquele entrei em contato com o trabalho do Nomads[29], grupo de pesquisa do qual fiz parte por quase dez anos. Assim que terminei a graduação, engatei direto o mestrado. Fiz em quatro anos, na Escola de Engenharia de São Carlos, participando do Nomads. Ao terminar o mestrado, em 2007, poderia escolher entre fazer um doutorado ou por a mão na massa e sentir a realidade do mercado, escritório, e foi, de fato, o que eu fiz. Os dois primeiros anos de escritório se deram em uma estrutura muito informal, na minha casa. Comecei por fazer projetos de interiores, foi o caminho mais natural para que as coisas acontecessem. A partir de 2010 consegui retomar a minha pesquisa, e comecei a aplicá-la dentro da minha produção de fato.

O primeiro trabalho em que surge a questão do uso de sensores, tecnologias interativas e interação digital, foi a cenografia de uma exposição chamada Ateliê de Cibercostura, para o SESC Pompeia. Criar uma grande instalação, intervenção dentro do SESC, era muito simbólico para mim, pois tenho uma grande identificação com a arquiteta Lina Bo Bardi. E o prédio do SESC é muito importante. Foi uma grande honra, um grande desafio. Resolvi trabalhar com a ideia de estranhamento, e criei uma grande superfície, chamada de membrana interativa, que dialogava com o prédio a partir das suas proporções, de sua altura, suas medidas. Depois, instalamos oito grupos de sensores dentro do prédio, que reconheciam o movimento e o barulho das pessoas. A membrana respondia de uma maneira muito simples ao estímulos captados pelos sensores: ela trocava de cor, sendo que as cores mais quentes indicavam mais barulho e movimento, e cores mais frias, o oposto. Fizemos tudo com um orçamento reduzido, tudo programado dentro do Hacklab do SESC. E usamos plástico-bolha para fazer toda a vedação.

GR: Quero, em meus projetos, utilizar cada vez mais o discurso de que não se constrói arquitetura somente com instâncias físicas, concretas, mas que é possível trabalhar com instâncias virtuais e misturar as duas coisas. Este era o tema do meu mestrado, e continuei a fazer mais investigações e projetos, até que, em 2011, resolvi fazer o meu primeiro produto, que deu origem à coleção Era uma vez. Esta foi a primeira oportunidade em que, mais explicitamente, experimentei a projetar de modo imerso na questão da cultura digital.

Convidei a minha avó para me recontar algumas fábulas de infância. Recriamos um ritual, onde ela se sentava em uma cadeira e eu, no chão. Gravei várias das histórias e selecionei as minhas quatro favoritas. Depois, criamos uma programação em Processing que analisa o drama narrativo que pode ser identificado no registro de voz da minha avó com o propósito de reconhecer certos padrões de humor. Tais padrões dão origem a um desenho que, depois, é assoprado. Então entrou a questão da tecnologia artesanal.

MS: Acompanhei o seu vídeo mostrando o trabalho dos artesãos.

GR: Depois desse trabalho eu comecei a entrar um pouco em crise. Entendi que usar a cultura digital daquela maneira não fazia sentido, uma vez que toda a cultura, hoje, é 100% digital, mesmo que você não trabalhe com *chips* ou com *bits*: ela é digital. Está impregnada pelo digital. Portanto, "digital" se tornou um termo que eu tenho tentado não usar mais, apesar das pessoas entenderem melhor o que faço, quando coloco essa palavra. Comecei a ver, especialmente do ano passado pra cá, que a minha questão não é a tecnologia digital. Lendo meus trabalhos anteriores, percebi que uma coisa que se repete não é a questão da tecnologia, mas sim a questão da memória, que aparece de várias maneiras. Seja a minha memória, a memória dos meus clientes, a memória cultural do Brasil, a memória dos lugares que eu passei... Tem sempre essa questão da manifestação de memória em meu trabalho; assim, entendi que a tecnologia digital é um meio para eu chegar até a memória, e quero continuar experimentando. Mas eu posso fazer projetos 100% artesanais e ainda assim serem virtuais, digitais.

MS: Aproveitando esse gancho da memória, como é o seu processo de projeto? Como funciona a questão de você ter uma ideia, de buscar a memória de alguém, ou a sua, e traduzir isso como um conceito?

GR: Vem acontecendo de uma maneira muito orgânica. O legal de estar na academia é aprender que tudo o que deve ser feito tem que ter base em uma metodologia. Essa é a melhor herança que adotei no meu trabalho: dentro do possível, tento eu fazer um planejamento, um cronograma, desenvolver uma metodologia, entender os processos. Na prática, porém, a coisa é muito orgânica, o mercado de trabalho é muito diferente da academia. Na academia você tem prazos longos, um ano para entregar um relatório. No mercado, às vezes você tem uma oportunidade, aparece um cliente que quer um projeto em duas semanas... É muito orgânico esse processo: para mim, foi como tirar um pouco os ranços da academia, que tudo tinha que ser muito planejado.

MS: E que, na realidade, não é tão linear...

GR: Exatamente, não é tão linear. E, para mim, a questão da memória aparece de mil maneiras, como no caso dos vasos da linha Era uma vez, que tem muito a ver com a minha memória de infância. Então, percebi que poderia criar narrativas baseadas na minha própria memória. No caso da cadeira Noize (fig. 98), tinha a ver com a memória coletiva dos móveis da Lina. Na minha opinião, a cadeira Girafa é a peça mais importante do mobiliário brasileiro, está no imaginário coletivo de muita gente que conhece design.

Outras inspirações que tenho vem da rua, da memória da paisagem sonora, que é uma coisa que me interessa: a música, o áudio, o som. Ler a arquitetura e ler o espaço a partir do áudio são coisas que me interessam desde sempre. Se não fosse fazer arquitetura, provavelmente faria cinema ou música. No fim das contas, estas áreas se misturam muito em meu trabalho, tanto é que, sempre que faço um projeto, escrevo um roteiro, faço um vídeo, gravo. Aprendi a gravar e editar, eu gosto de fazer isso. A música sempre aparece, não apenas quando eu falo música, literalmente, mas também me refiro à cultura da música, por exemplo, à ideia de *remix*. De quem que é a Noize, é minha mesmo? É dos caras que programaram? É da Lina? Ela é um *remix*. Na verdade, estamos fazendo outra versão, que vai chegar amanhã, é que é o *remix* do *remix*, é uma Noize remixada. Usamos outra técnica, a gente "*remixou*" a Noize, para produzi-la de uma maneira mais barata.

Assim, aparecem as questões: quem é o autor? Sou eu? É o pessoal que fez o software? É a equipe que faz a programação comigo? O marceneiro que mudou uma coisa e, portanto, também tem parte no processo?

MS: Quando você está trabalhando, existe uma preocupação com as formas complexas, ou é o resultado do processo de projeto? Você realmente busca formas complexas?

GR: A forma complexa, no meu caso, tem surgido em produtos e em algumas investigações de interiores. Eu não fiz em

98
Noize Chair.

arquitetura, estou louco para fazer, para algum empresário acreditar na gente e nos pedir um serviço em que possamos testar formas complexas. Para mim, a questão prioritária é o processo. O objeto precisa ter uma função; por exemplo, essa cadeira tem que estar de pé, senão vira arte, o que também não tem nenhum problema. Mas, neste momento, estou interessado em uma investigação que precisa apontar caminhos para que eu tenha um resultado funcional, além de estético. A questão é o processo e o resultado final é sempre uma surpresa, e isso eu sempre acho mais legal.

A cadeira Noize tem um processo de parametrização, você tem controle dos parâmetros: dependendo dos valores, a cadeira não fica de pé, ou fica esquisita... Mas é sempre o resultado de um processo. No caso dos vasos, acontece a mesma coisa. No último projeto, o Love Project, a gente não tem controle absolutamente nenhum. Na verdade, temos um mini controle, a gente criou um campo gravitacional, para as partículas crescerem em volta dele, garantindo uma função. No caso de um vaso, as partículas devem crescer em torno de um eixo. Essa é uma postura que adotamos, vamos criar um eixo de gravidade para garantir que essas partículas não vão cada uma para um lado. Senão, o objeto viraria uma escultura, que seria muito bonito, mas o que a gente quer fazer é design, não é arte.

GR: Por outro lado, fazemos parte de uma geração que cresceu muito influenciada pelo Dezeen, Yatzer, Designboom, essa coisa dos *blogs*... as formas complexas, essa geração Zaha Hadid, todos esses grandes

arquitetos que usam formas complexas para criar edifícios. Não dá para falar que eu não olho para isso, que não vejo interesse. Isso está muito no meu DNA, no DNA na minha geração.

Tem um trabalho muito bonito, chamado *Losing my America*, que foi organizado pelo grupo chileno *Great Things to People*. Eles convidaram alguns arquitetos e designers da América Latina pra criar produtos baseados nesse conceito, que é pertinente e tem a ver com o que você está falando, eu fui o convidado brasileiro. Eles pediram para a gente trabalhar com um artesão, usando tecnologias absolutamente artesanais. A grande questão é, a gente entra nesse momento da era digital em que tudo vira fractal, tudo tende a ter essa estética da lapidação e do triângulo. Quando você "escaneia" uma coisa e diminui a resolução ela vai ficando cada vez mais triangulada. Quando você perde a resolução, tudo tende a ficar triangulado, e aí se gera essa estética da lapidação, dos fractais e dos triângulos, que assistimos surgir de um monte de maneiras, e isso se torna tanto um movimento estético quanto um movimento de processo.

Para este projeto chileno, selecionei uma santa brasileira, a Nossa Senhora da Aparecida, esculpida à mão em madeira. A gente escaneou a peça e a cortamos pela metade; a outra metade foi feita por impressão 3D, mostrando essa perda de resolução. Depois, juntamos as partes, e surge a Nossa Senhora Des-Aparecida. Trata-se de uma metáfora, uma simbologia deste momento em que a gente tem o retorno do artesanal e o crescimento do digital.

MS: Acho que os arquitetos estão voltando a ter interesse por saber como as coisas são feitas, e tem vontade de estarem envolvidos diretamente no processo de produção, da fabricação, principalmente.

MS: A produção digital tem trazido outro tipo de ornamento para a arquitetura. A respeito da triangulação de superfícies, que você havia comentado... como vê essa questão em seu trabalho?

GR: A triangulação já apareceu em alguns trabalhos de maneira estética, eu queria que o resultado fosse este. Por exemplo, a gente fez um tapete para uma empresa chinesa chamada Tai Ping, umas das empresas mais tradicionais de tapeçaria do mundo. Novamente, para mim, a questão do processo é importante, eu jamais conseguiria ir lá e desenhar um tapete só por desenhar. Como é uma empresa chinesa, busquei que tipo de relação eu poderia encontrar na história da China com o Brasil. Comecei a pesquisar e descobri um artista alemão que pintou a primeira colônia de imigrantes chineses no Brasil, 200 anos atrás, que vieram plantar chá verde no jardim Botânico, no Rio de Janeiro. Encontramos uma imagem muito interessante, pelo que simbolizava, e começamos a "pixelar" a imagem, até chegar em 5 tons de pixels. A maneira que a gente parametrizou foi usar todos os pixels brancos e ligar os pontos. Virou uma grande malha de triângulos.

Eu quis, também, trabalhar com a questão da música. Utilizei uma música de um artista chinês, que eu adoro, que fala de separação e reconciliação. A canção é executada por uma orquestra, sem vocal. A gente separou 5 tons/cores da pintura e, conforme a música toca, vai dando os parâmetros para o uso das cores, as cores vão sendo utilizadas de acordo com a música. É um processo semi controlado: de um lado, não sabíamos como essa ligação de pontos iria ficar, com relação à estética e, por outro, a gente não sabia como seriam as cores finais, mas foi determinado que fossem 5 *pixels* finai, com 5 cores finais. Ao se comparar as imagens, a original e a criação, eu diria que a imagem criada por nós é uma superabstração da original. De alguma maneira você reconhece a imagem original ao colocá-la ao lado da outra.

GR: Entre 2010 e 2011 fizemos o projeto de um escritório chamado D3. Foi o primeiro ambiente interativo que projetamos que não era uma instalação; era, de fato, um escritório. Pesquisando a história da D3 e dos seus clientes, como o próprio nome já sugere, partimos do conceito dos 3 pontos. Usei o triângulo como elemento estético e como referência para modelar o escritório deles, um espaço de 35 m². Comecei colocando uma malha, para depois desconstruí-la, puxando os pontos dentro dessa malha. Quando você puxa os pontos, os triângulos se formam naturalmente, o resultado é superbonito. Foi um recurso utilizado com propósito estético, eu diria que foi quase uma escultura, puxando esses triângulos até eles se formarem. Depois, espalhamos um grupo de sensores, que reconhecem vários tipos de comportamentos, e criamos um papel de parede digital, feito por uma malha de triângulos. Eu diria que foi quase um ornamento, uma coisa decorativa. Poderíamos ter escolhido um círculo, um quadrado, mas escolhemos um triângulo em função de várias questões, entre elas o próprio histórico da D3.

MS: Eu percebi que vocês trabalham com programação no Grasshopper e programação textual. Alguma vez vocês utilizaram a geometria fractal, ou recursividade?

GR: A gente não fez nada baseado nos fractais. Na verdade, eu não trabalho com programação, por incrível que pareça. Não sei mexer no Processing nem no Grasshopper. Eu fico muito em cima da ideia e do conceito... Qual é próximo projeto? O que me instiga nesse momento? O que me interessa? Conheci uma área de pesquisa, durante o mestrado, que mudou muito a maneira de olhar para os meus projetos, de olhar para sociedade de maneira geral, relacionada à questão da cultura ciborgue, à questão do corpo em crise. Isso impactou demais na minha vida, no meu trabalho, na minha produção. Tenho pensado muito sobre isso, o que aprendo com essa cultura ciborgue. Acredito que, de certa maneira, isso aparece nos meus trabalhos.

O Love Project é o trabalho em que este tema aparece de maneira mais explicita. É a primeira vez em que eu coloco sensores no corpo de uma pessoa para coletar seus dados e usá-los como *input* paramétrico. Criamos as regras para processar esses dados, mas o resultado é absolutamente inesperado: o resultado formal tem que parar em pé, para ser utilizado como um vaso, ou virar de certa maneira para ser uma luminária...

MS: Vocês utilizaram uma máquina CNC para cortar o mármore dos bancos. Que outras máquinas vocês já utilizaram? CNC, corte a laser, impressão 3D? Isso está se tornando frequente em seu trabalho?

GR: Tenho interesse muito grande por investigar e experimentar tais tecnologias. A gente vê uma série de Fab Labs sendo montados dentro das empresas, porém elas apenas compram as máquinas e não se importam com conteúdos. O que eu quero fazer, onde acredito que minha contribuição pode ser maior, especialmente por ter feito minha pesquisa acadêmica, é sugerir conteúdos para isso. O que eu estou fazendo, de fato, é uma investigação, é muito experimental, tem coisas que eu gosto, e outras, não. Por outro lado, estamos experimentando em um ritmo bastante acelerado, pelo tempo de história que a gente tem.

No caso do banco Samba (fig. 99), de novo, que história eu iria contar? Qual é a coisa que me motiva? Eu amo carnaval, amo samba, adoro pular carnaval no Rio de Janeiro. Tenho um banco de dados muito grande de sambas, então escolhi músicas que são importantes para a história do samba. E fizemos uma programação muito simples: a partir dessas músicas, coletamos graves, agudos, médios, além dos vocais e timbres, para usar como input paramétrico. Então, conforme as músicas vão tocando a peça vai sendo construída. Os arquivos resultantes são enviados para uma fábrica que fica em Carrara, onde a peça de mármore é esculpida. Conceitualmente, também, tinha uma ideia bacana: a peça de mármore deveria ter 1 x 1 x 1, ou seja, um cubo perfeito. A partir deste cubo é que a gente vai esculpir, não pela mão do homem, mas pela mão da máquina, para criar essa peça. É quase como se a gente conseguisse implantar um samba diretamente em uma máquina para ver a reação dela. Claro que, tudo isso, controlado.

Teve uma coisa engraçada: os italianos me perguntaram se eu não queria deixar a peça oca por dentro. Respondi que não, de jeito nenhum, seria como fazer uma peça de ouro e tirar a parte de dentro para ficar mais leve. Não faria sentido, o mármore é uma

99
Banco Samba.

coisa que está dentro da terra, um material nobre, uma pedra superbonita. E ainda tive a honra de fazer com mármore de carrara, em Carrara, na Itália. Bom, como resultado, o banco pesa 400 kg, não sai do lugar, não há como transportá-lo, é inviável. Então, agora, estamos revendo o projeto, diminuindo um pouco o tamanho da peça. Vai ter que ser oco por dentro, o que acho uma pena. Daí, o que estamos tentando fazer é reaproveitar o que está dentro para criar outras peças.

Recentemente fizemos uma versão mais barata do Samba, com chapas de madeira cortadas em CNC. Utilizamos exatamente os mesmos *inputs* paramétricos de uma das músicas para programar cortes em placas, que é o que eu estou fazendo, também, com a cadeira Noize. Fatiar a cadeira em um programa e mandar para a CNC cortar. O desafio foi como fazer para ter menos sobra, aproveitar melhor a placa, estou aprendendo mais sobre corte em CNC. Temos utilizado impressão 3D de várias maneiras diferentes. A gente já usou ABS, a Noize foi feita em ABS pelo site i.materialise. Outra coisa que acho super rica no processo é imaginar que, em um clique, a minha cadeira chega à Bélgica, e três dias depois está de volta ao Brasil, é uma lógica completamente diferente.

A gente trabalhou com a Metamáquina, no ano passado, na São Paulo Design Week, imprimindo com um polímero feito de cana de açúcar, que tem uma resolução baixa, porém assumindo a baixa resolução. Neste ano, voltamos a trabalhar com ABS, e também trabalhamos com poliamida. Fizemos objetos com a Solid Concepts, que tem impressoras nos Estados Unidos e na China, não tem no Brasil ainda, e usam este material, que é muito legal. Uma poliamida parece uma cerâmica, mas é mais parruda, bem legal, mas é supercara. Este é o grande problema dos meus projetos nos dias de hoje, comercialmente são muito difíceis de serem vendidos.

MS: Você não conseguiu parceria para produzir essas peças aqui no Brasil?

GR: No Love Project conseguimos uma parceria com a Anacom, eles se interessaram em imprimir, mas o produto deles ficou muito frágil. A peça que eu faria teria um custo de uns 4 ou 5 mil reais, e ainda assim não daria para vender, pois ficou muito frágil.

O próximo passo do Love Project é criar um aplicativo para celular, para que qualquer pessoa pudesse contar sua própria história de amor. Então pretendemos analisar a história através da voz e das emoções e, se a pessoa colocar o dedo no *flash* da câmera, a gente consegue captar o batimento cardíaco. Isso seria uma simplificação da interface que desenvolvemos para o Love Project original, democratizando-o. A ideia é permitir que qualquer pessoa baixe o aplicativo, conte a história que quiser, visualize a peça e já mande o arquivo imprimir onde quiser.

MS: A última pergunta é também relacionada à indústria. Como tem sido a recepção dos seus projetos pela indústria? Você envia seus arquivos de imediato, ou tem que fazer ajustes? Como é essa conversa com eles?

GR: No caso da Noize, que produzimos pela i.materalise, aconteceu uma coisa supertriste. A gente produziu lá, eram três cadeiras, era a distorção de três clássicos do design: Lina Bo Bardi, Sérgio Rodrigues e Carlos Motta. A primeira cadeira que veio foi a da Lina, e as outras duas ficaram paradas no porto, pois fizemos um processo de importação errado. Entramos com advogado, gastamos uma grana, não conseguimos tirar as cadeiras e, teoricamente, elas foram queimadas. A gente perdeu essas cadeiras, que custaram 5000 euros para serem impressas, fora o transporte, advogado, um grande prejuízo. No Brasil não tem máquina grande, não dá para fabricar na escala real. Tudo o que a gente tem tentado fazer no Brasil sai muito caro.

No caso do Love Project, fizemos uma segunda experiência; uma performance na Galeria Baró. Uma empresa chamada Akad topou participar. Emprestaram duas impressoras, deram todo o material e o treinamento para a gente utilizá-las. E deixaram as impressoras lá. Mas, me parece que a tecnologia está na mão das pessoas erradas. Ao meu ver, ainda está sendo muito mal explorada pelas empresas.

A impressão 3D no Brasil ainda é muito utilizada pelas engenharias, para fazer ensaios de peças muito funcionais, tem pouquíssimo uso artístico e de design. O impressionante é que em 2, 3 anos, aumentou muito a quantidade de empresas que abriram, e de pessoas interessadas. Parece que todo mundo que abre no Brasil vem conversar comigo. Manda e-mail, quer ir ao escritório.

GR: Eu fiquei fascinado quando entrei em contato com o pessoal da Metamáquina, que é uma impressora 3D brasileira de código aberto. Eu quero experimentar mais, trabalhar mais com produção digital. Eu escrevo para a Folha, e o último artigo que escrevi se chama *Makers* e o Abismo Digital, onde falo sobre o impacto destas tecnologias na minha vida: nos anos 2000 eu vi a primeira impressora 3D, as primeiras máquinas de CNC, de corte, etc., em uma fábrica nos Estados Unidos. Aquilo impactou a minha vida para sempre, até hoje eu estou investigando isso.

Neste artigo, reflito sobre a importância de ter esse contato com a tecnologia, que o ensino dessas ferramentas seja acessível para todo mundo, que seja uma política pública. Não ter tal tecnologia apenas nos Fab Labs das universidades, onde somente 0,001% da população consegue entrar, mas levar para as escolas, ter workshops, pois isso tem um impacto inacreditável na vida das pessoas.

MS: Existe esse parque industrial com máquinas CNC de diferentes tipos, alguns que realmente nem conhecemos, que poderia receber aplicações para arquitetura. Mas não tem uma interface entre arquitetos e as indústrias para se produzir essas coisas. No Lapac existem diversos equipamentos e os alunos estão bem familiarizados com a produção digital. Eu acho que essa nova geração de arquitetos formados já virá com a utilização dessas máquinas incorporadas no seu processo.

GR: Estou muito a fim de testar mais essas máquinas para ver se consigo, de fato, colocar diretamente a música na máquina, para ver de que maneira ela pode se comportar, se eu criar esses *inputs*. Em uma performance, no ano passado, projetamos a cadeira Noize na parede e colocamos uma impressora e um microfone. As pessoas podiam fazer sons, ver a distorção provocada pelos sons que faziam, ao vivo, na projeção da cadeira, e imprimir mini Noizes pra levar pra casa. Por algum motivo as crianças do bairro descobriram e invadiram, tinha muita criança todo dia, elas amavam brincar lá e isso fez muito sentido. Uma criança sugeriu que a gente colocasse o microfone na própria impressora 3D, pois ela produz um barulhão, a Metamáquina é barulhenta. E a gente fez um sistema de loop, a impressora fazia um barulho, que entrava no microfone,que entrava no software, que mandava para a impressora, foi uma coisa muito louca.

No ano passado , fui ao Ars Electronica, em Linz, na Áustria, e foi superlegal, foram feitas várias experiências com arte e tecnologia, e uma das coisas que mais me impactaram foi o laboratório de fabricação digital para crianças. Eles recebem escolas do país inteiro, que vão até lá para aprender a usar softwares de modelagem 3D, e entender como é a interação com as impressoras 3D e as máquinas de CNC. E tudo o projeto do laboratório foi muito bem feito, muito lindo, com uma luz dramática, móveis mais baixinhos, todos vestidos de branco. Muito lúdico. O resultado é que as crianças vão muito além, pois, para elas, é algo muito orgânico.

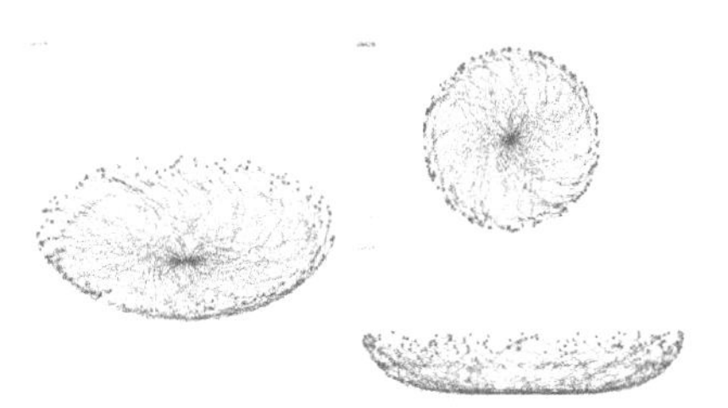

100
Love Project - Processo generativo da fruteira.

Existem duas questões que tem me preocupado muito. Uma delas é: estou usando a tecnologia como maquiagem? Eu não quero usar a tecnologia como maquiagem. Quando crio alguma coisa, o que eu tento fazer é tirar toda a tecnologia. Se eu conseguir tirar toda a tecnologia, o projeto ainda acontece? Se a resposta for "sim", então eu não precisava usar a tecnologia digital, eu posso usar outras tecnologias. Por outros lado, se o projeto não se mantém, é porque ele de fato só pode existir com as tecnologias computacionais.

A outra questão é: de que maneira é possível usar essas tecnologias para fazer a gente refletir sobre alguma questão humana, nos humanizar, fazer a gente olhar para o próximo, para o outro, melhorar, solucionar problemas. Usar a tecnologia de uma maneira mais orgânica, mais humanizadora, mais quente. Esse, para mim, é o uso que tem mais me interessado.

O Love Project (fig. 100), neste sentido, é um projeto muito mais maduro em relação aos outros, porque traz a questão do *remix*, da coautoria, da história compartilhada, de usar a tecnologia de um modo mais humanizado. Quando a gente fez a performance na galeria Baró, coletamos 53 histórias de amor. Eu diria que quase todo mundo saiu chorando, eu não esperava, a pessoa fica numa sala, isolada, a gente ouvia o coração batendo do lado de fora. No caso do Love eu não gravo as histórias, me interessam as reações físicas que acontecem enquanto a pessoa conta a história. Essa emoção é o que quero usar como input paramétrico. Você entrava na galeria e lá estava o barulho da batida do coração acelerando. Você olhava do lado de fora, as duas interfaces funcionando, e via que a pessoa estava emocionada, e via os sensores funcionando. E as pessoas saiam chorando, aos prantos. Muito legal constatar que uma experiência de design fez as pessoas se emocionarem, pois as fez pensarem sobre a própria vida. E, ao final, as pessoas levam uma lembrança.

Eu acho interessante pensar na sustentabilidade a partir de um ciclo mais afetivo: essa peça, independente do material utilizado, vai ter um ciclo de vida mais longo, pois não é algo comprado porque está na moda. É uma peça adquirida porque carregada a história da pessoa, foi gerada com a emoção dela. Acho que faz muito mais sentido a gente pensar nesse tipo de sustentabilidade, mais para o viés afetivo. Meus trabalhos tendem a caminhar nesse sentido, e espero que consigam fazer isso de maneira mais afetiva.

Como citar este capítulo

SEDREZ, M. **Fabricação digital no Brasil**. Entrevista com Guto Requena. In: CELANI, M. G. C.; SEDREZ, M. (Organizadores). Arquitetura contemporânea e automação: prática e reflexão. São Paulo: ProBooks, 2018. p. 212 a 219.

D10

Jürgen Mayer H

Paramétrico e responsivo

Jürgen Meyer H estudou arquitetura na Universidade de Stuttgart, na Cooper Union e na Universidade de Princeton. Em 1996, fundou o escritório *J.MAYER.H und Partner* (*www.jmayerh.de*) conhecido por projetos como o Metropol Parasol (fig. 101), em Sevilha, na Espanha. Sua arquitetura, porém, vai muito além desta obra. Com uma formação internacional, Jürgen Mayer H busca, desde o início de sua carreira, integrar, em sua arquitetura, um pensamento algorítmico. Neste diálogo, o arquiteto explica os detalhes da fabricação do Metropol Parasol e comenta como as novas tecnologias têm provido arquitetos e engenheiros de ferramentas para desenvolver ideias inovadoras.

A entrevista foi realizada no escritório do arquiteto, em Berlim, em 27 de Junho de 2016, por Maycon Sedrez.

1. Formação

Maycon Sedrez: Gostaria de saber sobre a sua formação. Qual parte dos seus estudos foi importante para o trabalho que você faz atualmente?

Jürgen Mayer H: Comecei na Universidade de Stuttgart, estudei um ano no exterior, na Universidade Copper Union de Nova Iorque, e depois regressei para terminar a minha graduação. Mais tarde fui para Princeton, para fazer o meu curso de mestrado. Acho que as três escolas são parte importante da minha agenda educacional. Na escola de Stuttgart foi onde eu realmente aprendi como ser e atuar como um arquiteto sério. A Cooper Union, então, questionou tudo isso: por que você escolheu arquitetura como um meio? O que você quer expressar com arquitetura? E então, indo para a Princeton, submeti meu conhecimento profissional e minha motivação pessoal a um contexto que me fez questionar a importância da cultura, como repensar certos padrões, normas e conformidades. Acredito que a

101
Metropol Parasol.

combinação de tudo isso ajudou muito, mas o estudo na Cooper Union foi o que começou a desafiar a compreensão convencional do que arquitetura pode ser.

MS: Você diria que a Universidade de Stuttgart é mais técnica?

JMH: Eu estou falando de 1985 à 1992. A situação mudou bastante desde então, pois agora existem mais programas de intercâmbios acadêmicos e novos métodos pedagógicos. Os perfis de cada escola, na Alemanha, não são mais tão claros. Naquela época o ensino era mais técnico, voltado para a prática profissional. Não era tanto sobre teoria ou conceito no projeto. As questões eram mais diretas.

MS: Perguntei isso porque entrevistei algumas pessoas, nos últimos anos, que são de Stuttgart, e são mais ligados aos conceitos de fabricação na arquitetura, produção digital.

JMH: Você está falando sobre a *Design-to-Producton*, por exemplo, de Arnold Walz ou, Achim Mengers. O Arnold, naquela época, era parte de um grupo específico que girava em torno de dois professores. O professor Rittel foi um dos primeiros a pensar sobre teoria do projeto, projeto como argumentação, tecnologia da informação e participação de pessoas, como mediar a comunicação da arquitetura altera o modo como as pessoas pensam, decidem e produzem. Ele foi um importante pensador. E o outro foi Frei Otto, trabalhando mais no lado da engenharia e repensando o processo de projeto, e como outros parâmetros substituem ferramentas simples. Era um grupo pequeno, que formou um tipo de nicho de interesse; contudo, a maioria da escola era bastante direta. Mas também tínhamos professores na escola trabalhando com projeto sustentável, o que era chamado, na época, de arquitetura ecológica. E é bastante interessante ver como essa maneira alternativa de pensar terminou por produzir ideias convencionais, anos mais tarde.

2. Tecnologia

MS: Você poderia falar um pouco sobre sua experiência com geometrias complexas, ou como vem produzindo complexidade? Gostaria de saber, também, Como idealizou o projeto Metropol Parasol.

JMH: Houve, recentemente, uma exposição dos últimos 20 anos de trabalho do escritório, no espaço Haus am Waldsee, em Berlim, que inclui também uma parte do meu trabalho, no início da carreira, como a Arca de Noé. Foi um exercício inicial sobre as transformações e mutações geométricas que aconteceram em um período importante dos meus estudos. Considero-o, de alguma maneira, o ponto de partida do nosso trabalho: se você comparar o Metropol Parasol com a Arca de Noé, poderá perceber que há uma certa linha ou pesquisa e desenvolvimento.

Nós começamos o projeto da Arca de Noé a partir do respectivo texto da Bíblia, e nada mais. Eu desenvolvi, baseado nas proporções da arca, conforme descrito na Bíblia, um grelha ortogonal, que transformei, por meio de uma técnica de doze tons, em uma composição espacial. Cada passo foi bastante preciso e o projeto transformou-se, de um grelha ortogonal em uma geometria triangulada curva. Com isso, aprendi que pontos que são, em princípio, opostos na arquitetura, como a *Neue Nationalgalerie,* de Mies Van der Rohe e a *Berliner Philarmonie*, de Hans Scharoun, por exemplo, não estão em posições tão contrárias, expressam um diálogo e há uma linha conectando os dois. É mais sobre um gradiente entre os dois. É mais sobre gradação do que transições polares.

Desenvolvi tais transformações à mão, desenhando com lápis, pois eram muito complexas. Em seguida, entregava os desenhos para estudantes de engenharia, como uma tarefa do semestre. Isso era em 1990. Os estudantes tinham que desenvolver um programa, fazendo no computador o que eu fazia à mão. Então, na exposição, você pode comparar os desenhos técnicos à mão livre, feitos com lápis, e essas capturas de tela do computador das estruturas em grelhas se transformando. Em 1990 eu estava encontrando um ponto de partida para o meu trabalho, como tomar decisões de projeto.

MS: De certa maneira você já trabalhava com projeto paramétrico, mesmo fazendo as transformações manualmente... Esse processo evoluiu para projetos que você fez mais tarde?

JMH: Eu acho que não é a única ferramenta ou argumento para desenvolver um certo projeto. Claro que há uma beleza geométrica e uma lógica subjacente, mas outros fatores também são considerados, como o contexto, as ideias para o programa, e as tecnologias.

3. Fabricação

MS: Quando você está projetando, você pensa sobre a fabricação digital do edifício? Ou isso surge no final do processo?

JMH: Nós usamos o projeto paramétrico como uma das muitas ferramentas e, claro, isso contribui para certas soluções geométricas, mas não é o único princípio norteador. Se for necessário, nós usamos. No processo de projeto estamos mais interessados em criar um conceito e uma atmosfera total, que tem referências no que nós pensamos, com o propósito de expandir o potencial do contexto. Nós não pensamos sobre materiais nesse momento. Apenas mais tarde nós buscamos soluções estruturais. Por exemplo, o Metropol Parasol foi projetado sem um material específico em mente. Nós sabíamos qual seria a qualidade especial e atmosférica que nós queríamos alcançar. E, com os engenheiros, clientes e construtores, passamos por um conjunto completo de processos de avaliação.

Pesquisamos construção em madeira com acabamento em poliuretano, pois foi o sistema que desenvolvemos, anteriormente, para uma sala de jantar. Pesquisamos aço, madeira sem acabamento ou concreto reforçado com fibra de vidro. Por fim não foi nem uma decisão estética. Nós analisamos parâmetros que deram informações para a elaboração de argumentos decisivos sobre

diversos aspectos. Entre eles, o custo de desenvolvimento do material (o aço foi descartado, pois a China estava consumindo muito aço e o preço subiu rapidamente), o comportamento em caso de terremoto, a expansão no calor e o resfriamento no verão a noite, a poluição sonora no local, a resistência às chamas, tudo isso. A solução de madeira com o acabamento em poliuretano foi sempre considerada a melhor nas três etapas do processo de pesquisa: antes da licença da obra, depois da licença e, novamente, quando o projeto foi entregue para a construtora. Em resumo, o material tem que dar respaldo à atmosfera que desejamos criar e sua implementação deve ser possível de ser realizada.

MS: Você enfrentou algum problema ou dificuldade no processo de escolha do material ou montagem do edifício?

JMH: Quando fizemos a escolha pela madeira com acabamento em poliuretano, o material tinha algumas vantagens: por si só o material não tem muita contração ou expansão durante variações na temperatura, já possuía a espessura necessária para o suporte estrutural (com aço, teríamos problemas com torção). O maior desafio que, talvez, nos fez levar três anos para resolver o problema, foi como transferir os esforços de um elemento para o outro. A carga nas extremidades dos elementos era tão forte que tivemos que trazer os esforços mais a fundo na seção da madeira.

Desenvolvemos articulações que têm varas de aço, como um garfo, dentro da madeira, e que têm que ser coladas. Você não parafusa as articulações, pois a cola transfere os esforços das varas de aço para a madeira de uma maneira completa. Os engenheiros e a empresa construtora dos elementos de madeira discutiram bastante, para entender como fazer isso funcionar. A cola criada pelo Fraunhofer Institute estava no mercado há apenas dois anos. E tudo está unido pela cola, o aço é colado dentro da madeira; nós fizemos testes para saber como a solução se comporta em caso de incêndio ou mudanças no clima. E agora temos a maior construção em madeira do mundo e, talvez, também a maior construção com peças coladas.

MS: E sobre o aquecimento por causa do sol?

JMH: A madeira é bastante densa, e apenas os primeiros 5 cm aqueceriam. O resto, que são de 50 a 90 cm, não são afetados. E, basicamente, quando ocorre um problema estrutural, isso empurra você para ser inovador e encontrar novas soluções.

MS: Acredito que não seriam problemas; vejo como desafios a serem resolvidos. Outro assunto: com quais programas vocês trabalham?

JMH: Nós estamos programando e usando Grasshopper com Rhino.

MS: Você acha que uma nova estética surge no projeto contemporâneo, quando são utilizadas novas tecnologias como corte a laser ou plasma, impressoras 3D, CNCs, braços robóticos?

JMH: Com os avanços na tecnologia dos materiais você pode criar novas complexidades, no projeto e na produção. Essa madeira laminada que usamos não existia 15 ou 20 anos atrás, porquê a tecnologia dos materiais não estava lá ainda. Em termos de estética, por um lado a modelagem 3D e os sistemas paramétricos parecem desafiar o conceito de linguagem pessoal na arquitetura. Uma vez que você sabe como as ferramentas funcionam você precisa questioná-las para criar avanços, e sim, cada nova tecnologia sempre introduz algo novo. Nós estamos apenas no começo do que irá se tornar o uso de computação, tecnologias digitais e ferramentas de fabricação em projetos.

Como citar este capítulo

SEDREZ, M. **Paramétrico e responsivo**. Entrevista com Jürgen Mayer H. In: CELANI, M. G. C.; SEDREZ, M. (Organizadores). Arquitetura contemporânea e automação: prática e reflexão. São Paulo: ProBooks, 2018. p. 220 a 223.

D11

Arno Pronk

Moldes flexíveis

Arno Pronk se formou em arquitetura na TU Delft e, desde 2002, é professor na TU Eindhoven, onde ensina e pesquisa a criação e o projeto de superfícies curvas usando moldes infláveis. Com seus alunos, desenvolveu um pavilhão de gelo, construído a partir de um molde inflável, recoberto por gelo e feno, que pode ser, em seguida, desinflado. A sua pesquisa busca aprimorar as técnicas de moldes com materiais ajustáveis, infláveis e reutilizáveis. Nessa conversa, o professor Pronk fala sobre métodos para fabricação de estruturas e elementos curvos e com dupla curvatura.

A entrevista foi realizada na TU Eindhoven, em Eindhoven, Holanda, em 24 de abril de 2015, por Maycon Sedrez.

1. Moldes flexíveis

Maycon Sedrez: Estou pesquisando como usar fabricação digital para produzir complexidade, e também pesquiso tecnologias como impressão 3D, máquinas CNC e outras ferramentas que estão sendo incorporadas à arquitetura contemporânea. Gostaria de saber como essas tecnologias estão sendo usadas na Holanda e como esse conhecimento, na sua opinião, poderia ser transferido para o Brasil. Eu também gostaria de saber mais sobre sua pesquisa com moldes flexíveis.

Arno Pronk: A principal corrente é partir para a fresagem para fazer estruturas curvas. Se as pessoas quiserem fazer dupla curvatura, normalmente tentam fazer fresagens e moldes e então fabricar painéis com essas partes. A coisa mais importante é tentar produzir algo que pareça como uma curva livre, mas que na realidade não precisa ser. Se você prestar atenção no trabalho do Frank Gehry e do Anish Kapoor, perceberá eles fazem um tipo de imagem daquilo que querem fazer, como se fosse uma escultura, e então tentam otimizar. Eles tentam fazer o máximo possível de painéis planos ou com curvatura simples; eles tentam evitar a dupla curvatura. Essa é a coisa mais importante para otimizar. O mais importante é como você percebe a forma do que como realmente ela é. A maior parte das estruturas é feita deste modo. Então, tente limitar o uso das partes difíceis. Se você realmente precisa de partes com dupla curvatura, a maioria das pessoas tentam fazê-las com fresagem; assim, fazem um molde e, por fim, aplicam painéis sobre tudo.

MS: Como estão fazendo na Sagrada Família, em Barcelona...

AP: Às vezes, o que eles também fazem é usar ladrilhos, de modo bastante inteligente. Ao utilizarem ladrilhos e gesso, na realidade, é como se fizessem, mais ou menos, a forma sem moldes; utilizam apenas algum suporte extra, como varas e cordas. Isso é também o que você vê com estruturas curvadas em forma de concha: as pessoas tentam erguê-las com estruturas de madeira curvadas. Você tem uma grelha bastante grosseira em formato de concha e isso é o que segura os ladrilhos que irá aplicar. Por causa da rigidez dessa estrutura pode-se adaptar as lacunas entres as grelhas da concha.

Por outro lado, há muita pesquisa em impressão. Olhar para a impressão em pequena escala é tentar pensar à frente, ver o que pode ser aplicado na construção civil. Atualmente, não há muitas aplicações ou algo construído, então é mais um tópico de pesquisa do que algo que as pessoas estejam fazendo

O que eu estou fazendo é pesquisar moldes flexíveis, moldes de tecido, infláveis, manipulações com braços robóticos, manipulações de têxteis, usando isso como um molde para despejar o material. Existem apenas duas pessoas pesquisando isso. Há também muita pesquisa em moldes ajustáveis, mais ou menos quatro ou cinco pessoas pesquisando em lugares diferentes.

MS: Eu desconhecia essa tecnologia, você pode explicar um pouco mais?

AP: O que você tem é uma superfície apoiada em pistões e nós os movimentamos para deformar, modificar a superfície.

MS: E então você despeja concreto?

AP: Sim, você pode despejar concreto ou outros compostos, e pode reutilizar o molde ajustável. No momento, tenho dois estudantes trabalhando com moldes ajustáveis, e descobrimos que se você tem uma malha de metal, pode transformar a forma apenas deslizando a grelha. De um jeito seria mais curvado, de outro mais plano, e é possível, ainda, curvar de outras maneiras (Pronk mostra as transformações em um pedaço de metal). Isso é apenas um simples pedaço de metal: se você empurrar aqui vai ter um ponto marcado, se você tem alguns pistões aqui, vai ver umas barrigas. O que fizemos, então, foi achar uma malha feita de mola de aço, pois ela é rígida e, depois de torcida, vai retornar à sua posição inicial. Se você tem uma malha de mola de aço e cria suportes locais, não terá essas barrigas. Essa estrutura agrupada (Pronk mostra um modelo em escala) é feita com uma malha pendurada em um forno: você aquece o vidro até a temperatura de saturação e o vidro se molda na malha. Mas, com pistões, você pode fazer mais formas, então é isso que estamos tentando pesquisar, tentando desenvolver mais moldes.

MS: E em termos de valores?

AP: Na realidade, não é muito caro produzir isso. Nós achamos que é um produto interessante. É possível fazer um molde ajustável por volta de 2.000 euros, não é tão caro.

MS: Você tem algo construído com essa tecnologia?

AP: No momento, o que temos está em pesquisa. Estamos tentando fazer um domus de vidro. Há uma empresa que também está trabalhando com molde ajustável, a Optimal Forming do Sebastian Boers. É um sistema diferente, com pinos pequenos, chamado de molde com cama de pinos. E outro pesquisador nesta área é o Karel Vollers, em conexão com a TU Delft, que está fazendo aproximadamente o que eu estou fazendo; o que eu não sei é como ele faz a superfície, ele não quer contar. Na Dinamarca existe uma empresa conduzida por dois jovens, chamada Adapa, que faz um trabalho semelhante: eu não sei exatamente como eles fazem a superfície, mas acredito ser borracha com um tipo de aglomerante.

MS: No caso da Optimal Forming, você pode ver as barrigas?

AP: Não. Eles usam uma borracha para suavizar a superfície, essa é a maneira que encontraram. Os pinos são bastante pequenos e há um enorme número deles. Na realidade, não acredito que essa seja uma solução muito adequada, pois são tantos pinos que, se você tem uma superfície muito grande, é preciso utilizar muitos pinos. Na maior parte das vezes, são usados para a produção industrial de plásticos e ferramentas.

MS: Você controla a malha usando Rhino?

AP: Usamos Rhino e Grasshopper. Recentemente fomos à uma empresa, não muito longe daqui, e eles usam uma maneira bem simples de medir superfícies. Apenas depois de medirem a superfície é que podemos comparar com o painel modelado no Rhino para verificar se existem divergências.

Como citar este capítulo

SEDREZ, M. **Moldes flexíveis**. Entrevista com Arno Pronk. In: CELANI, M. G. C.; SEDREZ, M. (Organizadores). Arquitetura contemporânea e automação: prática e reflexão. São Paulo: ProBooks, 2018. p. 224 a 226.

D12

Michael Hansmeyer

Manufatura aditiva

Michael Hansmeyer (*http://www.michael-hansmeyer.com*) é arquiteto com mestrado na Universidade Columbia University e MBA na INSEAD Fontainebleau. Usa programação com o objetivo de explorar o uso de algoritmos para gerar formas arquitetônicas. Hansmeyer é, atualmente, professor visitante na Academy of Fine Arts em Viena, e já foi professor visitante na Southwest University em Nanjing, China, e professor no grupo de CAAD do Swiss Federal Institute of Technology (ETH) em Zurique. Ele também trabalhou para Herzog & de Meuron Architekten.

Nesta conversa, Hansmeyer explica alguns detalhes do processo de fabricação digital por impressão 3D com areia. O arquiteto tem pesquisado o projeto computacional de formas complexas e testou algumas ferramentas de fabricação na ETH Zürich. Um diferencial no trabalho de Hansmeyer é o resgate do ornamento na arquitetura.

A entrevista foi realizada por e-mail (Campinas — Brasil / Zurique — Suíça) em março de 2015, por Maycon Sedrez

1. Projeto computacional

Maycon Sedrez: Quais linguagens de programação você usou e quais usa hoje em dia? Qual a importância da programação para os arquitetos?

Michael Hansmeyer: Eu uso principalmente Processing e Java. Eu não estou certo de que os arquitetos devam aprender a programar. É apenas uma ferramenta dentro de um conjunto muito grande de possíveis abordagens. No entanto, os arquitetos sempre têm sido rápidos em adotar e explorar qualquer nova ferramenta disponível. E a computação é, sem dúvida, atualmente, uma das ferramentas mais interessantes.

MS: Nós podemos observar, claramente, em suas experiências, uma evolução no projeto e nas técnicas. Você pretende continuar trabalhando com fractais?

MH: Muitas pessoas afirmam que auto-similaridade é um elemento chave para um fractal. Nenhum dos meus projetos exibem qualquer auto-similaridade; então, de acordo com essa definição, eles não são fractais. O que eles têm em comum com os fractais é a possibilidade de múltiplas escalas, com transições fluidas entre eles.

MS: Você poderia explicar como fractais são usados nos algoritmos, no projeto *Digital Grotesque*?

MH: Os projetos *Platonic Solids, Columns* e *Digital Grotesque* dependem de processos de subdivisão (fig. 102), como operação geométrica primária. Para ser mais preciso, eles usam derivações dos algoritmos Catmull Clark e Doo Sabin. Novamente, eu não vejo esses processos como fractais; contudo, admito que isto depende da definição do que seja um fractal.

102
Michael Hansmeyer "Subdivided Column".

2. Impressão 3D com areia

MS: Quais são os desafios para projetar e fabricar o projeto *Digital Grotesque*? Quais ferramentas você usou para projetar e fabricar?

MH: Foi desafiante achar um método para produzir tal forma geometricamente complexa sem qualquer perda nos detalhes. Nenhum dos métodos tradicionais seriam bem efetivos. Em nosso conhecimento, *Digital Grotesque* é o primeiro ambiente totalmente impresso em 3D. Até muito recentemente, impressão 3D em arquitetura era usada exclusivamente para construir modelos de edifícios em pequena escala. Agora é possível imprimir arquitetura de verdade! A tecnologia de impressão com areia foi previamente usada, sobretudo, para peças de fundição descartáveis.

Nós agora estamos usando para criar elementos arquitetônicos duráveis. Assim, tivemos que pesquisa a resistência estrutural do material e as propriedades de sua superfície. Peças pesando 11 toneladas no total tiveram que ser montadas e unidas com a precisão de milímetros. Finalmente, a resolução do *Digital Grotesque* foi um desafio: existem 260 milhões de superfícies e, portanto, um imenso volume de dados.

MS: Você escreveu na sua página na internet: "Não há mais a questão do custo associado à complexidade, pois imprimir uma caverna altamente detalhada tem o mesmo custo que imprimir um cubo primitivo". Você chegou a estimar os custos da produção do *Digital Grotesque* e de outros objetos planos, para fazer tal comparação? E quanto ao tempo de fabricação?

MH: Usando a tecnologia de impressão com areia, imprimir uma caixa plana custa exatamente o mesmo que imprimir a mais elaborada forma imaginável. O tempo necessário é idêntico também. Tudo o que importa são as dimensões da caixa delimitadora.

3. Ornamento

MS: O "novo ornamento" é apenas possível com o auxílio da fabricação digital. Por que você acha que há uma procura pela ornamentação complexa na arquitetura contemporânea?

MH: Porque é possível produzi-la. As pessoas são naturalmente curiosas para descobrir e explorar novas possibilidades. Mas também por conta da fabricação em

massa, que tem sido muito homogeneizante, e muitas pessoas apreciam heterogenia, diversidade, etc.

MS: Por que você acha que ainda existe um preconceito contra o ornamento? Por que a estética na arquitetura precisa ser justificada, a fim de ser aceita?

MH: A estética modernista, da qual alguns de nós somos fãs,é resultado direto da fabricação em massa. Superfícies lisas e planas são mais fáceis de serem produzidas do que as curvas e detalhadas. Além disso, a lógica da linha de montagem é contrária a objetos únicos adequados aos gostos individuais. Então sempre houve uma pressão para achar o mais baixo denominador comum. Com a fabricação em massa, objetos únicos e articulados são um luxo, associados ao consumo conspícuo — levando Adolf Loos a declarar o ornamento como um crime. Por outro lado, com manufatura aditiva, produzir uma forma complexa não custa mais do que produzir uma forma simples. Um objeto único custa não mais do que um objeto que foi produzido milhares de vezes. Os argumentos racionais do modernismo, sobre simplificação e padronização, estão perdendo a voz. As premissas não são mais válidas. Nós precisamos reavaliar tudo — esses são tempos emocionantes para a arquitetura.

Como citar este capítulo

SEDREZ, M. **Manufatura aditiva**. Entrevista com Michael Hansmeyer. In: CELANI, M. G. C.; SEDREZ, M. (Organizadores). Arquitetura contemporânea e automação: prática e reflexão. São Paulo: ProBooks, 2018. p. 227 a 229.

D13

Neil Katz

Análises paramétricas

Neil Katz é um arquiteto formado pelo Pratt Institute e atua no escritório Skidmore, Owings and Merrill (SOM), de Chicago, nos EUA. Ele usa sistemas computacionais em suas abordagens de projeto, partindo desta metodologia para desenvolver geometrias (simples e complexas) com o propósito de realizar análises e formular proposições, respondendo a diversos objetivos de um projeto, incluindo climáticos e sustentáveis.

Esta entrevista foi realizada no escritório SOM, em Chicago, em março de 2016, por Filipe Campos.

1. O escritório

Filipe Campos: Como funciona o escritório?

Neil Katz: Nós temos dois andares neste edifício (*Chicago Architecture Foundation*) e mais uma sala de maquetes e protótipos alguns andares abaixo. Este escritório tem, aproximadamente, 300 pessoas, e gostamos de usar o espaço desta forma mais aberta, sem salas fechadas. No andar inferior, temos também uma biblioteca de livros e materiais.

FC: O escritório SOM é dividido em equipes ou todos os integrantes trabalham em conjunto? O projeto passa primeiro pela área de arquitetura e depois vai para a engenharia ou as equipes trabalham em conjunto?

NK: O escritório é dividido em quatro equipes: projeto arquitetônico, engenharia, paisagismo e urbanismo. Como você pode ver, a equipe de engenharia fica logo ao lado, então temos muita comunicação durante o desenvolvimento do projeto. Essa interdisciplinaridade vem desde a fundação do escritório, pois Merrill era engenheiro e trabalhava em conjunto com Skidmore e Owings. Mas claro que há momentos em que o projeto fica mais em uma área ou em outra, dependendo da sua fase de desenvolvimento.

FC: Além de toda área de projeto, há também um setor do escritório que realiza pesquisas, correto?

NK: Sim, hoje temos 40 engenheiros e deles, 8 se dedicam à pesquisas, inclusive publicando artigos. Uma das áreas de pesquisa que temos tido bastante foco nestes últimos tempos é a de estruturas de vidro — pilares e vigas compostos somente por vidros laminados.

2. Ferramentas

FC: Quais programas vocês costumam usar no projeto de arquitetura?

NK: Nós usamos vários programas, dependendo da necessidade. Já utilizamos muito AutoCAD, SketchUp e outros, mas hoje usamos muito o Revit e Rhinoceros, utilizando o Grasshopper. Quando começamos a utilizar computadores no escritório, os programas de CAD não respondiam às nossas necessidades, então desenvolvemos nossos próprios programas, que apresentavam já uma interface gráfica interessante e permitiam visualizar o 3D dos edifícios, inclusive fazendo algumas análises. Mas, atualmente, utilizamos estes outros programas.

FC: E *plug-ins*, como o Dynamo, para Revit, ou ainda Processing?

NK: Nós utilizamos o Dynamo para Revit, mas o Grasshopper apresenta mais possibilidades, análises e comunicação com outros programas, e a maior parte das pessoas aqui mexe muito melhor em Grasshopper do que em Dynamo. O Processing é interessante, mas não é uma ferramenta de arquitetura propriamente dita, sendo mais gráfica e para estudos formais.

FC: E vocês efetuam análises, como de ganho térmico ou estrutural, utilizando *plug-ins* para o Grasshopper?

NK: Sim, efetuamos diversas análises nele. Para o ganho térmico, insolação e outros, utilizamos o Diva e o EnergyPlus — este através do Ladybug. As análises estruturais normalmente são feitas pelos engenheiros. Na maior parte dos nossos projetos efetuamos análises solares por um motivo ou outro, mas uma análise que utilizamos muito é a de sombras.

Trabalhamos muito com edifício altos e, em diversas áreas centrais nos EUA, não se pode construir um edifício que lance, em áreas públicas, mais sombra do que a dos edifícios existentes. Então fazemos diversas análises de sombra; inclusive em alguns projetos, começamos determinando o sólido máximo que podemos construir através das sombras já existentes. Daí, temos depois que encaixar nossa ideia dentro daquele espaço. Já ocorreu de termos um projeto quase pronto e então ser imposta essa exigência, sendo necessário retirar alguns andares.

FC: Vocês fazem essas análises desde os primeiro momentos do processo de projeto ou só depois da concepção formal?

NK: Costumamos utilizar desde o início do projeto, mas depende, há outras determinantes. Mas, sempre que possível, utilizamos como ferramenta de projeto para exploração da forma, orientação e implantação.

FC: Em um edifício alto, o vento é uma questão de extrema importância. Como vocês tratam essa questão? São feitas análises também no Grasshopper?

NK: O vento é sempre um problema; sempre enviamos modelos para empresas que fazem testes de túnel de vento. Mas estes testes são caros e demoram meses para termos os resultados, então queremos ter algumas noções antes de enviar o modelo. Fazemos análises computacionais e físicas; utilizamos programas de CFD — que por melhor que sejam, simplificam um pouco a ação do vento — e construímos o nosso próprio túnel de vento. Foi quase um ano calibrando e aperfeiçoando o túnel, mas agora podemos utilizá-lo para termos noção do que está ocorrendo no projeto. Mas mesmo, assim ainda mandamos nossos modelos para as empresas de análise.

FC: E como vocês tratam a ventilação natural em edifícios altos?

NK: Bom, isso depende muito do projeto. Em alguns projetos a ventilação natural é um requisito, mas na maior parte dos edifícios que temos feito, a ventilação natural não é desejada por diversos fatores. Em uma cidade como Pequim, a poluição é tão grande que as janelas precisam estar fechadas; em cidades como Dubai, onde há questões climáticas, as janelas também devem estar fechadas.

FC: Uma das formas que estudo, para reduzir o ganho térmico, é através do envelopamento de edifícios, ou seja, a colocação de uma segunda pele. Vocês utilizam muita essa estratégia nos projetos?

NK: Nós utilizamos em alguns, sim, mas depende do projeto. Há também a questão das ações dos ventos sobre o envelope e, às vezes, se quer a fachada envidraçada aparecendo.

FC: Sobre a utilização de vidro em fachadas com forma orgânicas, como vocês tratam isso? Pois o vidro curvo costuma ser muito caro, mas a triangulação apresenta problemas de montagem. Além disso, para cálculos e simulações, faces planas requerem menor tempo de processamento...

NK: Com certeza o triângulo garante que a peça seja plana e ajuda até com o tempo da análise, porém o vidro triangular é caro para ser produzido e tem o problema das pontas. Normalmente utilizamos vidros mais retangulares, que são mais fáceis de serem produzidos. Sobre a curvatura, existe o processo de curvatura a frio, onde prendemos três lados do vidro e, basicamente, forçamos o outro até ele encaixar. Claro que existe um limite para esta curvatura, que é dado pelos fabricantes. Normalmente, fazemos uma análise da fachada, onde identificamos a curvatura de cada peça.

Costumamos jogar este mapeamento em uma planilha de Excel, onde colocamos os parâmetros do vidro e a tabela se preenche com cores. Separamos em três tipos os vidros: os planos, em verde, os que podem ser fabricado pela deformação a frio, em amarelo, e os que precisam ser fabricados pela deformação a quente, em vermelho. Por essa identificação, podemos raidamente visualizar e decidir qual método usar.

Às vezes, pequenas modificações na forma, algumas imperceptíveis, são feitas para que todos os vidros possam ser curvados a frio, isso quando o arquiteto responsável concorda em mudar a forma.

Como citar este capítulo

CAMPOS, F. M. **Análises paramétricas**. Entrevista com Neil Katz. In: CELANI, M. G. C.; SEDREZ, M. (Organizadores). Arquitetura contemporânea e automação: prática e reflexão. São Paulo: ProBooks, 2018. p. 230 a 232.

D14

Daniel Corsi

Aplicando fractais ao processo de projeto

Daniel Corsi graduou-se pela Faculdade de Arquitetura e Urbanismo da Universidade Mackenzie em 2003 com os Prêmios Miguel Forte e Telésforo Cristófani, e obteve seu mestrado pela FAU USP em 2012. É professor da FAU Mackenzie e FAU Senac desde 2010 e trabalhou com os arquitetos Biselli & Katchborian, no Brasil, Gaeta-Springall & Higuera-Sanchez, no México, e Cloud9 e Enric Ruiz-Geli, na Espanha.

Atualmente, Daniel é sócio do escritório Corsi Hirano (*www.corsihirano.com*), que venceu o concurso para o projeto do Museu de Ciências da Unicamp.

Esta conversa foi feita do escritório de Corsi, em São Paulo, com o objetivo de entender o processo de projeto do museu, onde os arquitetos usaram geometria fractal no desenho da fachada. Corsi explica o processo generativo que escolheram e os desafios de trabalhar com formas complexas no Brasil. A entrevista foi realizada em 30 de maio de 2014.

Maycon Sedrez: Gostaria de conversar sobre o projeto para o Museu Exploratório de Ciências da Unicamp (fig. 103), onde usaram um sistema generativo fractal para a composição da fachada. Antes, gostaria que você falasse um pouco sobre o seu escritório e sua formação.

Daniel Corsi: O escritório é formado por mim, Daniel Corsi e meu sócio, Dani Hirano. Na época do concurso para o Museu de Ciências da Unicamp, havia mais um amigo no escritório, o Reinaldo Nishimura. Nos formamos no Mackenzie em 2003, estudamos sempre juntos.

O escritório surgiu formalmente a partir de outro concurso, o do Tribunal Regional do Trabalho de Goiânia, que ganhamos em 2007. Nós já fazíamos concursos juntos, mas foi esse que possibilitou a montagem, de fato, do escritório. Fomos contratados e imediatamente montamos a estrutura...

Dois anos depois surgiu o concurso da Unicamp; foi, logo de início, uma surpresa muito boa, pois era um concurso público

103
Museu de Ciências da Unicamp.

internacional, que não acontecia no Brasil há muito tempo. O tema do concurso, um museu de ciências, foi um atrativo de caráter pessoal, temos grande interesse sobre esse tema, que vai além da arquitetura, e que nos colocava esse desafio: como falar, através da arquitetura, sobre a ciência, sobre algo tão importante como o conhecimento?

Quando olhamos para essas duas coisas decidimos participar do concurso, vimos o edital e fomos ao terreno olhar o lugar. Uma coisa interessante, eu morei em Barcelona e tive a oportunidade de trabalhar em escritórios que tinham essa visão da tecnologia e experimentação. Você já ouviu falar de um prédio chamado MediaTIC (fig. 104), em Barcelona?

MS: Acredito que sim.

DC: É do escritório do arquiteto Enric Ruiz-Geli, onde trabalhei, e foi o projeto em que mais atuei quando morei lá, pois peguei do começo ao fim. Então, já tínhamos muito essa questão da ciência presente. E havia outra coisa fenomenal no concurso da Unicamp: o júri era multidisciplinar, ou seja, não tinha só arquitetos. Havia cientista, historiador, sociólogo, jurados nacionais e internacionais.

Um deles era o Jorge Wagensberg, que foi quem conseguiu implementar um museu de ciências em Barcelona que se chama *CosmoCaixa*. Eu tive a oportunidade de visitá-lo diversas vezes, inclusive em visitas fechadas, pois estávamos fazendo projetos que tinham proximidade com esse tema. E, sabendo que uma pessoa assim estava no júri, outro lado começava a pesar: não pode ser um projeto que se resuma a uma arquitetura, digamos, distante do que é a importância do tema da ciência. Pelo contrário, passava ser fundamental que a expressão do prédio fosse acima de tudo uma... não diria exaltação, pois seria uma palavra errada...

MS: Que conseguisse traduzir o conteúdo?

DC: Exatamente, uma tradução muito forte do que é a ciência. E uma das questões muito importantes que tem sudo enfrentadas pelo *CosmoCaixa* e por alguns outros museus de ciências de vários outros países, é o seguinte: há sempre uma distância muito grande entre o que é o conhecimento científico e a compreensão do leigo. É interessante, pois como estamos falando de fractal, isso se encaixa perfeitamente.

Como você explica isto de uma maneira didática, de uma maneira que não só o profissional possa entender, mas que seja um conhecimento compreensível para qualquer um? Nesse museu de Barcelona, esse era um objetivo muito forte: aproximar as pessoas desse tipo de conhecimento.

104
MediaTIC, de Enric Ruiz-Geli.

Assim, há um uso intenso da questão da interatividade, de como você mostra algumas coisas através de modelos, de experimentações,e não só de textos. O que leva a isso? Todas estas considerações que faço se refletem no projeto: a questão do desenho do fractal é uma delas. Por que isso é importante? Porque todo o espaço passa a ser importante, e não só os elementos expositivos.

Então, além desses elementos, a arquitetura é crucial para isso. Como a arquitetura também participa do processo de difusão do conhecimento, também passa a ser parte do acervo. Portanto, foram esses os elementos que nortearam a nossa concepção do projeto, antes de se chegar a qualquer desenho, como princípios e conceitos que deveriam ser respeitados, acima de tudo, em função da leitura que fizemos sobre o que poderia ser esse museu dentro da Unicamp. Tais conceitos foram fundamentais para a consolidação do projeto.

MS: Alguém de vocês já conhecia sobre fractais?

DC: Já havia um conhecimento por curiosidade, pela vontade de se manter sempre próximo ao que se pesquisa de mais novo. Essa experiência na Europa abriu um universo de possibilidades, que nós já tínhamos contato aqui, mas é diferente quando você vivencia realmente. Aprendi muito com outra pessoa com quem trabalhei, o Willy Müller, que é um dos diretores do IAAC, Instituto de Arquitetura Avançada da Catalunha, uma escola com cursos de pós-graduação, que tem uma filosofia muito parecida com a A.A. de Londres, baseada, efetivamente, na experimentação.

No entanto, havia uma preocupação em se compreender onde certas coisas são possíveis e cabíveis no nosso contexto, como a gente poderia assimilar essas coisas no Brasil. Não dá para pensar que podemos, hoje, projetar ou pensar as coisas de uma maneira equivalente. É uma questão de tecnologia. E estávamos, nestas circunstâncias, fazendo um concurso onde outras coisas pesam, o projeto tem que ter uma solidez muito grande como conceito, como proposta.

O projeto tem que ser investigativo e, ao mesmo tempo, tem que apresentar ao júri uma base com uma consistência que assegura que essa experimentação é possível. Como o intuito é construir, não adianta você mostrar uma ideia absolutamente distante da realidade. A estrutura tem grandes vãos, mas é convencional, com treliças metálicas. O fractal vai entrar aqui, realmente, como um elemento de expressão e de uma intenção muito grande nossa de que, de certa maneira, estimulasse a percepção das pessoas.

MS: Como é o processo de projeto de vocês? Como vocês trabalham?

DC: Nós exploramos muito o projeto tridimensionalmente logo no primeiro momento. Nunca há essa segmentação dos momentos do projeto, primeiro até aqui, depois até ali. Acontece de uma maneira muito específica em cada caso; no entanto, existem alguns procedimentos, que eu não encararia como metodologia, mas são importantes para a gente, como entendimento do que é arquitetura.

Independente do projeto que a gente faça, sempre existem elementos que são importantes já no começo: um deles é ter uma compreensão muito grande sobre o que é o lugar. É muito importante chegarmos a um entendimento sobre o que é lugar onde estamos intervindo. Sejam questões geográficas, questões da paisagem, questões sociais, de economia... dependendo do

105
Museu de Ciências da Unicamp, vista da praça.

projeto, você tem que saber as dinâmicas de uso, isso é muito importante. No caso da Unicamp, nós fomos visitar o terreno e é incrível como isso muda toda a história.

Visitamos o terreno em um fevereiro, estava um calor enorme, muito sol. Lembro-me de estar na praça redonda e, às vezes se via um brilho muito distante, um pontinhos de reflexo e brilho... ficamos pensando no que poderia ser aquilo (como mostra a fig. 105).

Depois nos demos conta de que os reflexos eram o sol no parabrisa dos carros, pois existe uma grande convergência de estradas, mas, por causa de topografia, você não as vê sempre. Às vezes o relevo oscila e uma estrada aparece. Por um acaso completo, não sei se foi pelo dia ou pelo horário, observamos esse fenômeno. Em um primeiro momento aquilo foi só um fato curioso, e só depois aquilo ficou registrado, em nossas cabeças, como um fato relevante do lugar.

E isso articulou uma primeira concepção, que era o seguinte: se nós estamos aqui, conseguimos enxergar o parabrisa de um carro que tem 1,5 m por 1,0 m, que esteja a 5 ou 10 km de distância, e o contrário? Se esse museu fosse visto a uma grande distância? Não pela construção dele como edifício, mas como um fenômeno, algo absolutamente incontrolável? Vamos tentar buscar elementos da arquitetura que possibilitem isso, se vai acontecer ou não, ou quando, não sabemos. Não está sob nosso domínio, pois é um fenômeno, e estamos fazendo um museu de ciências e isso convergia diretamente.

Depois, independente do projeto, uma coisa importantíssima é o programa, o que caracteriza o edifício que a gente está pensando. O Louis Khan tem isso muito claro, quando fala das instituições: ele não chama de programa ou uso, ele chama de instituição, que é uma maneira até mais poética de entender, mais sensível. Não estou lidando com um programa de museu, estou lidando com uma instituição que é um museu.

Quando você começa entender dessa maneira, uma instituição representa uma questão social, uma questão cultural. Não é uma coisa pragmática de números e metros quadrados, é o que ela simboliza para o ser humano. Isso é muito importante para nosso escritório: vamos fazer um museu, um tribunal ou uma casa? Quem vai usar esses espaços? Queremos entender o que de fato aquilo significa como instituição. O que é um museu de ciências? O que torna isso único, específico, singular?

É um museu exploratório de ciências dentro da Unicamp, uma universidade que tem a natureza da pesquisa muito reconhecida. Compreender tudo isso é muito importante previamente a qualquer

ação projetual. Sem isso, não conseguimos sentir segurança para começar a investigar e propor. São princípios, acima de tudo, são importantes para começarmos a projetar. E aqui isso surgiu da mesma maneira, sobre essas duas questões, primeiro entender o que é o lugar e o que era a instituição.

MS: No processo de projeto, em que momento vocês decidiram trabalhar ou testar a geometria fractal na fachada?

DC: Antes de falar das superfícies, algumas coisas são importantes entendermos. Primeiro é a ocupação longitudinal norte-sul, que fio a opção de implantação escolhida para manter a vista da praça, uma vez que isso era requisitado pelo concurso. Por isso ele é tão horizontal nessa parte, e só aqui é onde surge o elemento vertical, que, como comentei antes, tem a função de situar na paisagem um acontecimento marcante. E isso vai organizando o programa.

A ideia dos elementos construtivos que constituem um edifício desempenham uma série de papéis, um deles é o que significa, representa, expressa. Mais ainda, nesse caso, o que comunica através do seu desenho, através da sua imagem. O que ele desempenha como matéria física.

A estrutura do prédio é solta, para tornar isso como se fosse uma varanda contínua em toda extensão que você pudesse sair (fig. 106). O museu, pela questão da paisagem, tem uma relação com o exterior muito grande. Por uma questão da ideia do conhecimento, também, como você vai descobrindo as coisas e sempre tendo uma referência quando você descobre algo. Isso gera um espaço que vai ter estrutura e um vazio; essas chapas começam a proteger o interior da radiação, da incidência de calor.

O que acontece internamente, a iluminação, vai ter outro papel muito importante. Tanto que, nas duas salas, na exposição temporária e exposição permanente, são duas situações distintas em termos de espaço e de luz.

MS: São varandas que você pode acessar sempre ao redor do prédio inteiro? Qual era a intenção das chapas perfuradas?

DC: Das duas faces principais. São como terraços, teria a fachada de vidro, que veda realmente o edifício, e essas portas de correr, que estariam sempre disponíveis para um percurso exterior. Portanto, a ideia do percurso é importante, tendo em mente que é como a ciência entra no projeto. Como eu chego, como circulo, o que vou encontrando a cada momento, e depois, como deixo esse lugar, como vou embora e como esse percurso se encerra. Através das imagens isso fica evidente. E tem outra questão interessante, o concurso foi realizado em duas fases.

Quando a gente fez isso na primeira fase tínhamos intenções, como expliquei, de percepção, significado, tradução do que é ciência. Sinceramente, não sabíamos ainda

106
Detalhe da fachada.

como isso iria se concluir. Sabíamos que eram superfícies metálicas, chapas perfuradas e cortadas, mas ainda não existia um critério claro de como poderia ser geometrizado, poderia ser pensando como uma ideia de séries. A ideia do fractal, como instrumento, ainda não estava consolidada claramente.

Existia mais como uma intenção de gerar uma coisa esfumaçada, que ia abrindo e fechando. Que isso provocasse efeitos de luz no seu interior, uma curiosidade a quem chegava no museu. Através do percurso, do que ele encontrasse lá dentro, ele iria entender melhor o que são essas superfícies e perfurações. Os temas relacionados à ciência e matemática já tinham surgido como discussão, como parte conceitual, que é uma coisa que gostamos de falar, sobre a integração com a arquitetura.

Já tinha surgido a ideia de buscar inspiração em conceitos como Teoria do Caos, fractal, espaço, repetição, eram coisas que a gente, teoricamente, conhecia, e que surgiram como pautas. A ideia era ter uma superfície difusa que você não pudesse compreender onde começa e acaba, uma fumaça, um pouco ilegível, ora aberta, ora fechada. Não queríamos informar imediatamente para as pessoas o que é o edifício, mas permitir que elas descobrissem. Isso gerou internamente esses efeitos,permitindo a visão do exterior.

MS: Como isso surgiu?

DC: Sem dúvida nenhuma, a fachada foi uma das coisas mais difíceis. Foi interessante, pois naquele momento nós ampliamos a equipe, no mês e meio em que ficamos desenvolvendo a segunda fase, relembrando um pouco o processo, havia sempre uma pessoa pensando como se resolveriam as fachadas. Experimentando quase como uma pesquisa contínua, paralela, que acontecia independente de qualquer coisa, mas que acontecia, pois eram umas das coisas mais difíceis para resolver.

Em dado momento, começaram a entrar as questões da modulação, da construção, uma preocupação em como isso iria ser construído. E como fazer convergir uma primeira intenção muito abstrata, também como uma conceituação sólida, se a gente falava de matemática, falava de ciência, como isso se consolida efetivamente nessa construção. Por que surge o fractal como dado, como um elemento conceitual? Na nossa leitura é um campo tão distante do nosso conhecimento que realmente parece ser algo muito complexo.

O que temos aqui talvez não seja uma expressão absolutamente precisa do que seja a teoria do fractal, pois nem dominamos isso pra saber, estudamos o assunto como arquitetos de uma maneira periférica.

Deixamos muito claro que esta foi a visão e a interpretação que estabelecemos. Com o maior cuidado possível, é óbvio, pois isso tinha a intenção de se tornar um acervo do museu, pois o museu é parte do acervo. A partir de determinado momento, dentro de todo esse conhecimento cientifico, abrimos uma licença poética, digamos assim, que se traduz em arquitetura. Quando apresentamos o projeto, sempre brincamos, perguntando se tem algum matemático presente, pois é possível que não estejamos falando alguma coisa plenamente correta. Esperamos que compreendam que não estamos fazendo matemática, estamos fazendo arquitetura, e que às vezes algumas coisas vão se transformar, e isso que é interessante. Dentro do nosso entendimento, jamais se distanciando do que é a definição de fractal, tentando ser o mais preciso possível. A ideia do fractal veio de uma maneira muito conceitual, então, o que era nosso entendimento de fractal? Algumas coisas que havíamos lido.

A matemática lida com algumas questões que procuram explicar, como qualquer ciência, como é o universo onde vivemos. Entender o que já existe. A arquitetura assim como outras expressões, lida com a origem daquilo que não existe. Então, temos aqui a possibilidade de integrar arquitetura e ciência de uma maneira muito bonita. Mas, no caso da ideia da matemática, do fractal, do caos, nem vou lembrar o nome de todos... do Von Koch, Sierpiński... como entender o desenho das costas litorâneas a partir de uma repetição, a partir da ideia de um elemento primário que vai se reproduzindo,

tanto em escala, quanto em forma. Quando a gente começava a tratar desse vocabulário, repetição, forma, até uma ideia de módulo, quase como de um elemento básico a partir do qual tudo vai se originando...

MS: Chamamos de uma forma inicial.

DC: Exatamente. Ao começar a falar a partir desse vocabulário, vinha sempre um entendimento de que são termos muito próximos da arquitetura. Precisávamos da matemática e da geometria para tornar isso algo sistematizado. Daí a ideia da geometria fractal, que possibilitaria essa coisa do infinito que vai se transformando sempre, mas que respeita esses princípios, a forma inicial, um critério para ordenar como as coisas aumentam e diminuem. Não é aleatório, tem uma ordem, uma razão que vai sendo respeitada. Tudo isso foi se mostrando um ferramental adequado àquilo que deveria ser o nosso envoltório, a superfície. Associado a isso havia a preocupação sobre como estabelecer níveis de luminosidade, vistas e transparências em função do programa.

MS: Vocês fizeram manualmente essas transformações, ou automatizaram?

DC: Conhecíamos alguns programas, e até programação, mas, sinceramente, na situação que estávamos e no nível de complexidade que precisávamos alcançar... não tínhamos o domínio disso. Não tínhamos o conhecimento das ferramentas digitais para produzir isso através de uma programação. Então foi manualmente, e foi difícil. Passamos por um processo muito empírico. E, se soubéssemos o trabalho que iria dar, provavelmente teríamos parado antes.

Estávamos em um concurso, com tempo reduzido, com pressa. Teríamos parado aqui, mas não contemplava uma coisa ou outra. Então tivemos que dar um passo mais longe. Primeiro a gente tinha isso cada vez mais claro como solução estrutural de projeto com engenheiros. Começava a ser necessário a compatibilização disso tudo. Não se poderia mais pensar nisso como uma superfície continua. Tínhamos que pensar que era subdividida em módulos, em placas, a espessura das placas, como elas se fixavam, e entender que aquela superfície que era contínua, era composta de mais de milhares de outras peças.

Como se manter fiel àquele princípio da percepção, sem que as limitações construtivas levassem isso por água abaixo. E não poderíamos apresentar, para o júri, um projeto onde cada placa fosse diferente, uma da outra, para este museu enorme. Isso seria extremamente arriscado para a viabilidade do museu. Seria inviável, você não consegue... Não tem verba para construir ou bancar uma tecnologia desse tipo. Das circunstâncias, surgem soluções interessantes. Nós tínhamos todas essas preocupações: construção eficiente, econômica, resistente, condizente com o uso e expressar tudo aquilo que a gente queria. Como fazer que tudo isso aconteça? Tem que ser modular. Mas estamos trabalhando com aquelas manchas, com perfurações distintas, uma placa vai ser muito perfurada, a outra vai ser menos, e assim por diante.

MS: Como vocês elaboraram essas regras dos fractais?

DC: Vamos nos aprofundar no que eram os diagramas dos fractais. Quando a gente pega o triângulo de Sierpiński, e começa a subdividir uma forma, e trabalhando com módulo, isso é extremamente palpável, não é uma equação de mil números. Isto nos interessa e muito na arquitetura. Começamos a buscar outras coisas que falavam sobre isso e tentar entender o que se aproximava do nosso caminho, do que imaginávamos como efeito. E a curva de von Koch (fig. 107), de imediato, nos impressionou muito como gráfico. Primeiro, lógico, como a ideia da forma básica que vai se transformando em uma unidade e vai se aplicando e depois cada linha vai se transformando. Como processo era muito interessante e, como gráfico, também.

Em um primeiro momento não havia problema em falar: essa forma veio desse cara, ela não é nossa. Era a aplicação de um gráfico de um matemático. Se a gente tinha essas chapas, poderíamos muito bem fazer que elas estampassem algum motivo imagético que fosse relacionado à ciência, por exemplo, explicar o que era uma ramificação

107
Iterações da curva de Von Koch.

microscópica de uma folha, coisas desse tipo, mais literais. Mas logo descartamos essa ideia, era importante ter um código, algo que não fosse só imediatamente entendido (por exemplo, uma folha): tinha que provocar curiosidade sem dar a resposta diretamente.

Por isso, começamos a fazer uso de um conteúdo que era mais codificado mesmo. Só que era impossível reproduzir fielmente o desenho de von Koch, pois este era diferente do que fizemos. Cada elemento iria se tornando menor. Então, a partir daí, a gente sabia que teria que mudar; se ele se reproduz desse jeito, para a gente, não funciona, teria que se reproduzir de outro jeito. Então adotamos uma regra: a partir de uma razão geométrica, cada módulo, cada linha dessas, tinha o valor 1, por exemplo. Ao invés de reproduzir o módulo, a gente ia reduzindo em escala o mesmo desenho, de modo que fosse variando em tamanho, porém sempre respeitando a escala. Um se encaixaria perfeitamente no outro por uma razão geométrica. Isso dava origem ao buraquinho pequeno, ao médio, ao outro médio e ao maior. E a gente ia distribuindo isso na chapa.

Mas começava a apresentar outro problema, que era produzir uma chapa de aproximadamente 3 por 1,20 m com recortes com esse nível de complexidade. Uma máquina a cortar um negócio desses em um museu que tem 5000 m² de superfície seria inviável, é muito complexo. Se não podemos ter isso, como simplificar sem perder a essência? Então, estabelecemos uma leitura sobre isso, específica, única e singular do que é essa história, e aí vai gerar algo novo. No meio dessa pesquisa a gente já tinha visto alguns diagramas simplificados que buscavam só explicar um pouco a razão desse negócio. Tinha esse desenho e, de repente, observamos que uma linha de outra cor mostrava que havia uma ordem, para explicar didaticamente...

MS: Explicar como funciona a transformação.

DC: Exatamente. Pensamos sobre qual é a ordem por trás dessa geometria, que seja mais simples. Assim, começamos a dar origem a esse método de desenho. Isso seria a aplicação literal do von Koch. Como estabelecemos a nossa própria leitura sobre ele? Uma leitura arquitetônica. Aí fomos para um segundo passo: a partir do diagrama, começamos a tecer uma nova geometria que respeitava os mesmo critérios de escala, modulação e reprodução. Só que, a partir daí, não estávamos mais buscando a forma, mas sim a base geométrica que permitisse que a solução final aparecesse.

Teve um pouco desse processo de construção, que dá origem à configuração final. Daí que surgem essas angulações, a diferença de ângulo de um pro outro; na hora que a gente sobrepõe isso tudo, todas fazem parte de uma mesma ordem, uma mesma unidade. Há uma lógica por trás, que ordena isso tudo, por mais que, aparentemente, tudo seja caótico, aleatório, desordenado. Não há uma aleatoriedade completa, talvez exista, mas surgiu a partir de um método compreendido de como ela acontece.

MS: O nosso olho busca encontrar qual é a ordem que gerou aquela figura, uma coisa que chama atenção nos fractais é que tentamos descobrir como aquilo se organiza.

DC: E causar isso nas pessoas era o que

a gente queria desde o começo. A gente até imaginava ter um vidro internamente e fora a chapa perfurada, em algum momento do acervo do museu, com esses desenhos, onde a pessoa se situasse em um lugar, as coisas combinariam e a pessoa entenderia.

A superfície do museu era algo faria parte do encontro com a ciência, na hora que você tem esse momento literal da luz, a hora que você alinhasse as coisas e entendesse, esse momento da descoberta era o que mais importava. Então, como metodologia, o processo de concepção do desenho, pelo menos das unidades, foi isso (fig. 108). Tinha uma retícula clara que a gente ia variando, misturando os tamanhos, e também poderíamos parar por aqui. E, quando a gente aplicava essas quatro chapas (até tentamos aumentar para seis, ou oito) parecia uma colcha de retalhos. E a ideia da fachada com um desenho contínuo, se transformava em um padrão completamente reticulado. Ainda não havíamos chegado onde queríamos...

A gente precisava de peças de transição. Aí veio o momento, talvez, mais difícil, que foi nesse aspecto, manualmente. Temos quatro placas, tentaremos trabalhar com uma placa de transição, mas não foi suficiente, então a gente decidiu utilizar duas placas para fazer cada transição entre as placas homogêneas, e que iriam sempre transitar em uma diagonal. A gente ia testando tudo ao mesmo tempo: fazia um desenho, aplicava no modelo como textura, renderizava pra ver o que gerava em várias escalas, de longe, de perto, de dentro, para ir testando os efeitos.

Concluímos que era necessária essa transição lateral e diagonal,que, na prática, se tornaram dez placas, e que com a diagonal poderiam girar e se transformar em 20 situações, por isso a diagonal era importante. A gente concluiu isso, além das quatro coordenadas (homogêneas), teríamos seis de transição; foi, também, um processo quase exclusivamente visual. A gente ia tirando e colocando os buraquinhos nos modelos. Aqui já não havia um critério de composição controlado, é realmente visual, não teve programação. Tinha a questão da necessidade de ser uma linha diagonal, pois isso potencializava os critérios de composição.

A estrutura tinha uma modulação a ser respeitada e que deu origem aos painéis metálicos. O módulo da estrutura tinha 6m por 5m, divididos horizontalmente e depois verticalmente em quatro módulos. E, onde era necessário uma maior ou menor luminosidade, fizemos a aplicação dos painéis de uma maneira diagramática. O painel 1 é o que entra mais luz, o painel 10 o que

COMPOSIÇÃO FINAL

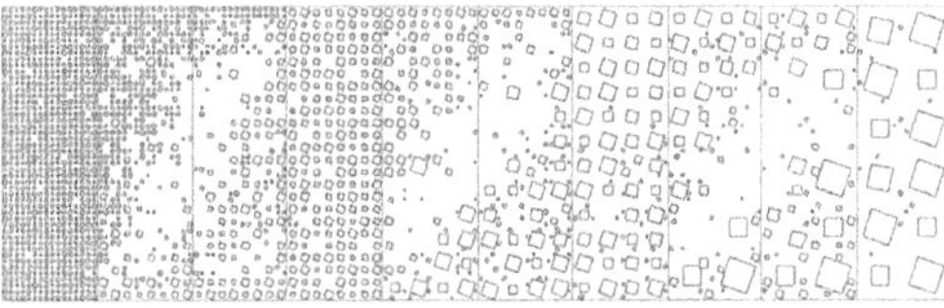

PADRÃO PARA PRÉ-FABRICAÇÃO
E MODULAÇÃO DOS PAINÉIS

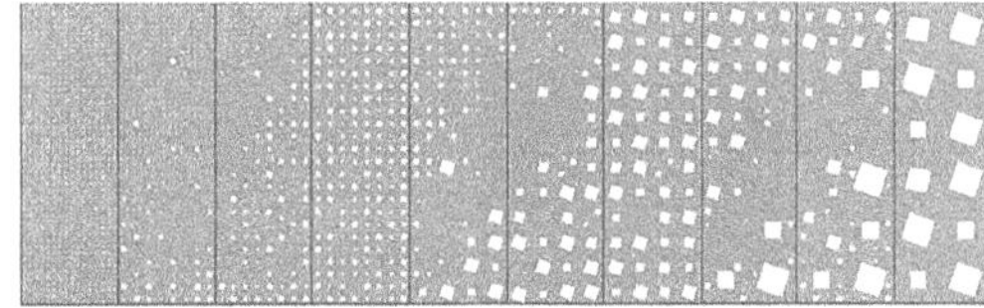

108
Diagramas dos painéis da fachada.

entra menos luz, e os outros painéis fazem as transições. Fomos configurando essas manchas, e aí onde entra aquilo sobre se transformarem em 20, pois alguns painéis ficam girados. Nesses módulos, o mais importante, sempre, são as bordas, onde um painel tem contato com o outro. Garantir a continuidade das bordas era uma premissa, nunca apresentando uma cisão visual muito clara.

MS: Quem participou do processo da criação dessa forma pode reconhecer as bordas, mas o processo atende ao que vocês estavam buscando.

DC: Exatamente. Escolhemos o branco para potencializar aquela ideia do reflexo. O branco muda em relação ao ambiente, a luminosidade, a atmosfera do dia. E você está sempre encontrando alguma coisa nova, sempre o museu apresenta a fachada variando (fig. 109). Tem aspectos distintos em relação ao dia em que você vai lá. No final, gerava esse efeito de inversão entre o que é o cheio e o vazio, o positivo e o negativo, e quando se torna noite e a iluminação se inverte, temos um pouco esse efeito. Às vezes, explicando o projeto, as alusões são diversas: parece um céu estrelado, parece uma nave...

MS: Para encerrar, fale um pouco da parte da fabricação, vocês conseguiram um parceiro para fazer a perfuração das chapas? Como seria produzido?

DC: A gente, mesmo por outros projetos, já buscava uma solução. Encontramos parceiros que produziriam isso muito tranquilamente. Tinha uma questão importante que era a espessura da chapa, em função dos seus tamanhos. Como isso não foi para o executivo, não teve uma resolução final. Mas, por exemplo, a questão das chapas serem muito perfuradas, que tem uma possibilidade de torção maior, então se torna mais frágil, e você tem que aumentar a espessura. Era o único ponto que deixava preocupação, mas são preocupações naturais de um projeto que são encaminhadas para o detalhamento. E, sempre que o apresentamos para uma empresa, ficam encantados e todos querem fazer. Tem um caráter inusitado muito grande, mostra do que a indústria é capaz. Porque, na verdade, é um sistema de fixação simples. Empresas grandes, como a Hunter-Douglas, que produz muito, já viu esse projeto; já tivemos reuniões em que mostramos a eles que já fazem coisas parecidas, lógico, partindo de seus próprios sistemas. E nos mostraram o que teriam que aprender para produzir o que projetamos.

109
Diagramas dos painéis da fachada.

Uma coisa seria a gente chegar com esse desenho inicial, e quiséssemos que, a qualquer custo, isto fosse produzido exatamente desse jeito. Mas já no princípio do processo de projeto de arquitetura, existe a ideia de se juntar tanto a expressão como a economia. Ninguém nunca falou: isso é complicado ou inviável para executar. Talvez na China ou na Alemanha você pudesse dizer: é uma peça diferente da outra, cada perfuração tem um milhão de ângulos. Para eles talvez isso seja diferente, porque a economia deles permite, para a gente, não, precisamos pensar que isso deve ser viável economicamente.

Mesmo se pudéssemos contar com esse poderio econômico para endossar todas as variações possíveis, a gente colocaria a questão econômica em pauta da mesma maneira, pois não há justificativa para a exploração destes limites; para nós, importa a síntese dessas coisas. Em qualquer lugar, estaríamos sempre buscando o limite em todos os aspectos, seja a expressão do prédio como a sua execução, economia, possibilidade de execução dentro dos recursos disponíveis... não há razão para se exceder nisso, pois aí cairia no mero ornamento, decoração, e para a gente é importante que tudo seja contemplado da melhor maneira possível.

Como citar este capítulo

SEDREZ, M. **Aplicando fractais ao processo de projeto**. Entrevista com Daniel Corsi. In: CELANI, M. G. C.; SEDREZ, M. (Organizadores). Arquitetura contemporânea e automação: prática e reflexão. São Paulo: ProBooks, 2018. p. 233 a 243.

Direcionamentos futuros

Gabriela Celani

Cedric Price afirmou, em uma palestra de 1966, que "a tecnologia é a solução, mas... qual era mesmo a pergunta?" (PRICE, 2014). Uma inteligente frase dos arquitetos Manuel e Francisco Aires Mateus, ainda que sem essa intenção, resolve a dúvida, pelo menos do ponto de vista da arquitetura:

"*A arquitetura não existe para resolver problemas; existe para tirar partido da necessidade de resolução de problemas. É aí que ela se transforma numa coisa interessante: quando acrescenta*" (Manuel e Francisco Aires Mateus apud. VILELA, 2015).

Trazendo a frase dos irmãos Mateus para o campo da tecnologia, poderíamos dizer que a arquitetura não a usa necessariamente para resolver problemas, mas para explorá-los; sendo assim, a pergunta de Price está respondida.

Assim como os métodos, analogias e aplicações das novas teorias e tecnologias à arquitetura e urbanismo foram evoluindo ao longo das últimas décadas, a maneira de introduzi-los na formação dos arquitetos também evoluiu. Nos anos 1980 as tecnologias digitais começaram ser ensinadas nas escolas brasileiras de arquitetura — já bastante atrasadas com relação aos centros de excelência nessa área — por meio do desenho bidimensional e dos modelos geométricos digitais, principalmente com o AutoCAD. Nos anos 1990 foram sendo introduzidos programas para renderização e animação, como o 3D Studio, e de cálculo estrutural, como o TQS; a partir dos anos 2000, programas de análise térmica e lumínica, como o Ecotect e o Dialux, e os de geoprocessamento, como o ArcGIS, começaram a ser explorados. No final dos anos 2000 os programas apropriados para a criação de projetos baseados em modelagem da informação para a construção (*Building Information Modeling*, ou BIM),como o Revit, começaram se tornar populares. A partir do início da década de 2010 equipamentos de fabricação digital, em especial cortadoras a laser e impressoras 3D, já mais acessíveis e fáceis de usar, começavam a equipar as antigas maquetarias das escolas de arquitetura.

Contudo, poucas escolas fizeram uma reflexão teórico-científica sobre as possíveis implicações relacionadas à introdução das novas tecnologias na área. As disciplinas de CAD sempre foram entendidas como substitutas, ou complementares, às de desenho técnico. Não houve, inicialmente, um entendimento de que todas essas novidades não eram simplesmente uma nova maneira de representar o edifício e a cidade; representam, sim, um novo paradigma, com profundas implicações para o processo de projeto e os métodos construtivos. Pouquíssimas escolas introduziram, por exemplo, disciplinas de programação para arquitetos e, assim mesmo, nenhuma delas como parte do currículo obrigatório.

O curso de arquitetura e urbanismo da Unicamp foi pioneiro, no Brasil, ao criar, em 2004, a disciplina obrigatória CAD no Processo Criativo, que se propunha a investigar conceitos computacionais. Nessa época o curso já havia oferecido uma disciplina eletiva de programação de CAD e, nos anos seguintes, foram criadas novas eletivas de programação, de prototipagem rápida e de modelagem paramétrica. O Laboratório de Automação e Prototipagem para Arquitetura e Construção (LAPAC), criado em 2006 na Unicamp, foi o primeiro a oferecer equipamentos de fabricação digital exclusivamente para alunos de um curso de arquitetura e urbanismo, além de organizar inúmeros eventos destinados à difusão das teorias que acompanharam esses avanços tecnológicos.

Percebe-se, pela quantidade de abordagens apresentadas neste livro, que não há um só modo se fazer uso das tecnologias digitais, mas diferentes alternativas para utilizá-las como ferramentas de projeto em processos contínuos de experimentação. A transformação dos métodos de projeto se dá muito lentamente, pois alunos e professores precisam de tempo para assimilar tantas novidades. Por esse motivo, o trabalho de aprofundar e mostrar as possíveis aplicações de conceitos computacionais na arquitetura por meio de publicações como esta é importante para ajudar a criar uma nova cultura arquitetônica no Brasil.

O próximo passo consiste em equipar as escolas de arquitetura com tecnologia e possibilitar a integração do projeto computacional nas disciplinas de projeto, indo além da simples representação. Acreditamos que a nova geração de arquitetos e educadores de arquitetura, da qual uma pequena amostra assina os capítulos deste livro, fará a renovação necessária. Esperamos que este livro, ao oferecer diversos conceitos computacionais de maneira acessível para o arquiteto, contribua efetivamente para o avanço da área no Brasil.

Referência

VILELA, J. S. Aires Mateus: casas brancas pelo mundo. UP Magazine. Lisboa, Maio, 2015. Disponível em: <http://upmagazine-tap.com/pt_artigos/aires-mateus-casas-brancas-pelo-mundo/> Acesso em: 20.11.2016.

Notas

[1] http://www.onl.eu/projects/a2-cockpit

[2] Emergência: um sistema exibe propriedades que emergem das iterações entre seus elementos.

[3] Auto-organização: é a capacidade do sistema de mudar sua própria organização em resposta a eventos externos ou internos (como ocorre, por exemplo, com um cardume de peixes).

[4] Nesta pesquisa foi utilizada como referência a tradução da obra De re aedificatoria, feita por Arnaldo do Espírito Santo e revisada/editada por Mário Krüger, publicada em 2011 pela Fundação Calouste Gulbenkian, em Lisboa.

[5] Parametrização pode ser interpretada como a definição dos parâmetros necessários para uma especificação completa ou relevante de um modelo ou objeto geométrico.

[6] Todos os trechos em negrito nas transcrições são para enfatizar os parâmetros envolvidos. No texto original, estes destaques não existem.

[7] Note-se que a definição do intercolúnio, que também é fundamental para a definição da largura do templo, só será apresentada no Livro Sétimo Capítulo V, § 6 – 9.

[8] Neste trecho do Parágrafo 4, considerou-se que o autor se refere às capelas das plantas circulares ou poligonais.

[9] Segundo Celani (2011), "um sistema generativo é um método indireto do projeto, no qual o projetista não se preocupa apenas com a solução de um problema em particular em um contexto específico. Ele (ou ela) procura criar um projeto mais ou menos genérico, que possibilite resolver problemas semelhantes em contextos diferentes".

[10] O método de projeto definido como CItyMaker foi desenvolvido por Duarte e Beirão (2012) e consiste em um método associado a um conjunto de ferramentas para gerar soluções alternativas para um contexto urbano. O método propõe a utilização de um conjunto combinado de padrões de projeto (*design patterns*) que codificam ações típicas de projeto usados por urbanistas. A ferramenta computacional CItyMaker inclui um conjunto de padrões de projeto paramétricos programados para gerar as operações típicas de projeto urbano, tais como ruas, malhas e espaços públicos, e um segundo conjunto de ferramentas utilizadas para medir as propriedades de densidade de espaços urbanos segundo as convenções desenvolvidas por Berghäuser Pont e Haupt (2010).

11 Os workshops realizados com os alunos do curso de Arquitetura e Urbanismo da Unicamp contaram com a avaliação dos resultados dos seguintes professores: Terry Knight (Faculdade de Arquitetura do Massachusetts Institute of Technology - MIT, especialista em gramática da forma e criadora da teoria da Gramática de Cores), José Nuno Beirão (Faculdade de Arquitetura da Universidade de Lisboa, especialista em projeto urbano paramétrico suportado em dados; projeto de suporte algorítmico e gramática da forma) e Gisela Leonelli (Faculdade de Engenharia Civil, Arquitetura e Urbanismo da Unicamp, especialista em planejamento urbano, história da regulação urbanística, gestão e políticas urbano-ambientais).

12 Isto remete ao *Post Canonical System*, criado por Emil Post, que transforma um conjunto de elementos repetidamente aplicando um conjunto de regras específicas.

13 Na Biologia, estruturas bottom-up são mecanismos através dos quais as propriedades funcionais surgem da interação entre componentes conhecidos, como as células (BRUGGEMAN; WESTERHOFF, 2007).

14 Optou-se por utilizar a sigla CA, que designa o termo autômatos celulares em inglês: *cellular automata*, plural de *cellular automaton*, em virtude de sua ampla difusão na área do design computacional.

15 Estigmergia é uma troca química de informação entre indivíduos que os permite coordenar suas ações a partir da quantidade de uma substância percebida no ambiente (GORDON, 1999).

16 O termo aleatório é utilizado no sentido de não determinístico e descreve os eventos que são imprevisíveis devido à influência de uma variável conhecida, portanto, são na verdade pseudo-aleatórios.

17 Do inglês *Quick Response Code*.

18 Go, também conhecido como *wéiqí* ou *baduk*, cuja tradução literal é "jogo de cerco" (*encircling game*, tradução nossa.) é um jogo em que duas pessoas posicionam peças de cores opostas em um tabuleiro, que podem ser capturadas caso sejam totalmente cercadas pelas peças do adversário. É mostrado diversas vezes no filme Uma Mente Brilhante (WARNER, 2001) que retrata a biografia do matemático americano John F. Nash Jr., autor de contribuições fundamentais na Teoria dos Jogos e na Geometria Diferencial.

19 Add-on ou plug-in é uma extensão de um aplicativo que o permite executar outras funções além da original. Geralmente não podem ser executadas isoladamente, mas sim, dentro desses aplicativos.

[20] Distância mínima de ambiente para ambiente

[21] Disponível para download: http://www.me.utexas.edu/~jensen/ORMM/omie/computation/unit/lay_add/lay_add.html.

[22] LEED (*Leadership in Energy and Environmental Design*).

[23] Ferramenta de projeto arquitetônico que se baseia na construção do modelo virtual por meio de parâmetros e relações topológicas entre suas partes (BURRY; BURRY, 2010).

[24] BIM: *Building Information Modeling*.

[25] Busca pela melhor solução dadas determinadas variáveis e objetivos.

[26] Definição de AG.

[28] http://strelka.com/en/summer/event/2014/08/11/the-age-of-cyberculture-storytelling-and-habitation

[29] Nomads.USP é o Núcleo de Estudos de Habitares Interativos da Universidade de São Paulo. http://www.nomads.usp.br/site/.

Índice remissivo

A

B

C

D

E

F

G

H

I

J

L

M

O

P

R

S

T

V

W

Z

Créditos das imagens

Aaron Muszalski: fig. 102, "Michael Hansmeyer 'Subdivided Column'", (2010), sob licença Creative Commons, Atribuição 4.0 Internacional (CC BY 4.0).

Alpha: fig. 97, "Concrete bumps-National Museum of Australia" (2008), sob licença Creative Commons, Atribuição 4.0 Internacional (CC BY 4.0).

André L. Araújo: figs. 39, 40, 41, 42 (2016).

Corsi Hirano: 103, 105, 106, 108, 109 (2009).

Cristian Bortes: fig. 86, "Mercedes-Benz Museum" (2013), sob licença Creative Commons, Atribuição 4.0 Internacional (CC BY 4.0).

Dave Catchpole: fig. 43, "Lego Weekend, Holt Hall" (2011), sob licença Creative Commons, Atribuição 4.0 Internacional (CC BY 4.0).

Filipe Campos: figs. 66, 67, 68, 69, 70, 71, 72, 73, 74, 75, 76, 77, 78 (2016).

Francisco Anzola: fig. 91, "Heydar Aliyev Cultural Center" (2015), sob licença Creative Commons, Atribuição 4.0 Internacional (CC BY 4.0).

Gabriela Celani: figs. 1,2,34 (2013); 4, 85 (2015).

Gabrielle Dimech: fig. 45, "Australian Wildlife health centre 2" (2017), sob licença Creative Commons, Atribuição 3.0 Share-Alike Unported (CC BY-SA 3.0).

GammaNu: fig. 107, "Fractal du flocon de neige de Von Koch (5 premières iterations) ; créé à la main donc sources extremement léger comparé à un source généré" (2006), sob licença Creative Commons, Atribuição 3.0 Share-Alike Unported (CC BY-SA 3.0).

Giovana de Godoi: figs. 6, 7, 8, 9, 10, 11, 12, 13, 14, 15 (2015).

Guto Requena: fig. 100 (2014).

Jarryer de Martino: figs. 46, 47, 48, 49, 51, 52, 53, 54, 55, 56, 57 (2015); fig. 50 (2015), Adaptada de Linden, 2008:41.

Jean-Pierre Dalbéra: fig. 88, "Le Centre Pompidou Metz" (2010), sob licença Creative Commons, Atribuição 4.0 Internacional (CC BY 4.0).

João Gaspar: fig. 70, "Impressora SLS Stratasys no CTI Renato Archer" (2017), sob licença Creative Commons, Atribuição 4.0 Internacional (CC BY 4.0).

Jobson Galdino e Portal da Copa: fig. 95, "Arena das Dunas" (2014), sob licença Creative Commons, Atribuição 4.0 Internacional (CC BY 4.0).

Jonathan Juursema: fig. 80, "Felix 3D Printer - Printing Set-up With Examples" (2014), sob licença Creative Commons, Atribuição 3.0 Share-Alike Unported (CC BY-SA 3.0).

José Luís Bernardes Ribeiro: fig. 101, "Metropol Parasol" (2013), sob licença Creative Commons, Atribuição 3.0 Share-Alike Unported (CC BY-SA 3.0).

Kecko: fig. 87, "Davos-Hotel Architecture", (2013), sob licença Creative Commons, Atribuição 4.0 Internacional (CC BY 4.0).

Kourosh Stoodeh-Hupix: fig. 99 (2014).

khunmi: fig. 89, "Goldenes Ei (Davos)" (2014), sob licença Creative Commons, Atribuição 4.0 Internacional (CC BY 4.0).

Letícia Teixeira Mendes: figs. 16, 17, 18, 19, 20, 21, 22, 23, 24, 25 (2014).

Maycon Sedrez: figs 5, 96 (2015); 26, 27, 28, 29, 30, 31, 32, 33, 34, 35, 36, 37, 38 (2016); 93, 94 (2017).

PxHere: fig. 44, Imagem sem nome (2017), sob licença Creative Commons, Atribuição CC0 1.0 Universal.

Qingyue Li: fig. 92, "Yokohama Port Terminal" (2009), sob licença Creative Commons, Atribuição 4.0 Internacional (CC BY 4.0).

Tomek Sadurski: fig. 98 (2012).

Victor Calixto: figs. 58, 59 (2016), Adaptadas de Mitchell (1990); fig. 60 (2016), Adaptada de Mitchell (1975); figs. 61, 62, 63, 64 (2016); fig. 65 (2016), Adaptada de Miller (1970).

Wereon: fig. 90, "Evolution of the Sierpiński triangle in five iterations", (2006), sob licença Creative Commons, sem atribuição especificada.

Wilson Barbosa Neto: figs. 81, 82, 83, 84 (2013).

Zarateman: fig. 104, " Barcelona - Cibernàrium-Edificio MediaTIC" (2016), sob licença Creative Commons, Atribuição CC0 1.0 Universal.

OBS: Todas as imagens que não estão com licenciamento Creative Commons foram gentilmente cedidas pelos seus autores para a publicação neste livro.

Créditos das tabelas e quadros

Tabela 01: André L. Araújo, 2016
Tabela 02: Adaptado de Hiregoudar, 2007.
Tabela 03: Filipe Campos, 2015
Tabela 04: Filipe Campos, 2015
Quadro 01: Wilson Barbosa Neto , 2013 (Adaptado de PUPO, 2009).
Quadro 02: Wilson Barbosa Neto , 2013 (Adaptado de PUPO, 2009).
Quadro 03: Wilson Barbosa Neto , 2013 (Adaptado de PUPO, 2009).
Quadro 04: Wilson Barbosa Neto, 2013.
Quadro 05: Wilson Barbosa Neto, 2013.
Quadro 06: Wilson Barbosa Neto, 2013.

Sobre a ProBooks Editora

A ProBooks é uma editora que nasceu em 2008, a partir da produção de conteúdos didáticos para os cursos do TI Lab, centro de treinamentos especializado em BIM localizado em São Paulo.

Nosso foco é editar e publicar conteúdos ligados à tecnologia e desenho digital para arquitetura, engenharia e design.

No portfolio da ProBooks estão, entre outros, os guias de uso de softwares **ARCHICAD passo a passo - volumes I** e **II**, **Vectorworks passo a passo**, **Revit passo a passo - volume I** e **SketchUp Pro 2013 passo a passo**; este último tem traduções para o inglês e o espanhol.

Em 2016, a editora publicou **O Pequeno Grande Guia de Aprovação de Projetos de Prefeitura**, para estudantes e arquitetos em início de carreira, e o livro **101 Conceitos de Arquitetura e Urbanismo na Era Digital**, obra de referência para todos os que se interessam por uso de computação em projetos.

Confira todos os livros da ProBooks no site *http://www.probooks.com.br*.

Primeira edição impressa em 2018, na gráfica psi7, em São Paulo, Brasil.

Desenvolvido em Adobe InDesign CC, com fontes das famílias IBM Plex Sans e Mono (capas) e Georgia e Trebuchet MS (miolo).

www.ingramcontent.com/pod-product-compliance
Ingram Content Group UK Ltd.
Pitfield, Milton Keynes, MK11 3LW, UK
UKHW061826190726
13853UKWH00009B/2457